창업·법인·개인사업자

절세의
기초와 노하우

창업·법인·개인사업자
절세의 기초와 노하우

2021년 6월 28일 초판 발행
2025년 3월 5일 5판 발행

지 은 이 | 장보원·조현우
발 행 인 | 이희태
발 행 처 | 삼일피더블유씨솔루션
등록번호 | 1995. 6. 26. 제3-633호
주   소 | 서울특별시 용산구 한강대로 273 용산빌딩 4층
전   화 | 02)3489-3100
팩   스 | 02)3489-3141
가   격 | 25,000원

ISBN 979-11-6784-357-9 03320

25년간 기장대리를 한 세무사가 쓴

2025년
개정판

창업 · 법인 · 개인사업자

절세의
기초와 노하우

장보원 · 조현우 지음

SAMIL | 삼일인포마인

독자 여러분들의 사랑에 힘입어 2025년에도
창업·법인·개인사업자 절세의 기초와 노하우
개정판을 출간하게 되어 영광입니다.

지난 2024년은 다사다난했다는 진부한 표현으로는 감당할 수 없을 정도로 정치, 사회, 문화, 경제적으로 부정적인 사건들이 많았습니다.

사업현장에서 느끼시는 소상공인, 중소기업인 분들의 어려움도 상당 부분 가중된 한해가 아니었을까 생각해 봅니다.

2025년 청사의 해에는 대한민국 경제가 활성화되어 사업하시는 모든 분들이 활기차게 사업활동을 영위하시고 절세하실 수 있기를 기원합니다.

사업자의 절세란 전문가만이 아는 비밀스런 영역이 아니라, 사업자가 수행하시는 경영활동에서 익히셔야 할 하나의 영역이라 생각합니다.

세무대리인에게 맡길 수 있는 부분이 있더라도 꼭 시간을 내셔서 한편 한편으로 구성된 글들을 읽어주시고 스스로 점검해 보셨으면 합니다.

대기업이 아닌 소상공인, 중소사업인이라도 10여 년 이상 사업을 유지하시면 그 자체로 유무형의 자산이 되어 큰 가치를 이루게 됩니다.

다만 예상치 못한 세금 문제로 고민하시는 경우도 종종 보았는 바, 사업 초기부터 큰 그림의 절세를 도모하시고 사업 수행과정에서는 세무조사의 빌미가 될 어떠한 편법 행위도 멀리 하시길 바랍니다.

저자는 개인 세무사무소 활동으로 고객사 대표님들과 직접 소통하고 있으나, 졸저를 통해 독자이신 수많은 대표님들과도 간접 소통하고 있으니 어려움이 있으시면 연락주시기 바랍니다.

늘 사업번창하시고 가족들과 행복하시고 건강하시길 바랍니다. 감사합니다.

2025년 2월 저자 **장보원, 조현우** 세무사

절세는 아름답습니다.
다만 그 과정을 명확히 이해하고 있어야만
완성될 수 있습니다.

대한민국 국민의 재산권을 지키는데 일조하는 절세 이야기를 온라인, 오프라인으로 알려보겠다고 5년 전 『절세테크 100문 100답』을 출간했습니다. 다만 그 초고가 사업자의 절세와 재산제세의 절세를 모두 묶어 출간하다 보니 5년간 개정세법을 반영할 때에도 그 틀은 변함이 없었습니다.

그러나 많은 독자들이 사업자 부분과 사업자 외의 재산제세 구분을 원하셨던 것 같습니다. 그래서 2021년에는 기존의 원고를 사업자 부분과 재산제세 부분의 두 가지로 구분하여 분책하였습니다.

이번에 출간되는 「창업·법인·개인사업자 절세의 기초와 노하우」는 사업자 세금의 기초, 사업자 세금의 유형, 사업자 세금의 관리, 사업자 세금의 절세와 유의사항으로 구분하여 가독성을 높이는데 주력하였습니다.

그리고 이 개편작업을 현재 서울 여의도에서 세무사무소를 운영하고 있는 조현우 세무사와 함께 하였습니다.

저자는 2000년에 서울 양천구에서 세무사무소를 개소하여 20여 년 이상 창업, 법인, 개인사업자의 기장대리를 하고 있으며 중소기업중앙회, 삼일아이닷컴에서 중소기업과 대기업의 사업소득세와 법인세의 세무자문 및 세무상담역을 수년간 이어오고 있습니다. 따라서 사업자가 반드시 알아야 할 세금 이야기를 현실적으로 추릴 수 있다고 자부합니다.

5년 전 시작한 국민들과 소통하는 절세 이야기는 그간 수천 명의 독자들 앞에서 절세 강연을 하면서 이어져 왔는데, 작년에는 코로나19로 인하여 온라인 활동에 더 매진했던 것 같습니다. 그사이 세무사 업력이 늘어 이제 저는 경력 20년 차가 넘는 개업 세무사가 되어 있습니다.

절세 이야기를 출간하고 이를 알리기 위한 절세의 봉사강연을 하기 전인 5년 이전까지만 해도 실전에서 배운 가치 있는 세무지식은 나만의 것, 나만의 무기라고 생각했습니다. 그 세무지식으로 돈을 벌면서 잘 살 수 있을 거라고 생각했습니다.

그런데 세상에서 잘 먹기는 했지만, 잘 살지는 못했던 것 같습니다. 나라의 살림살이가 크게 나아지지 않고 주변에 억울한 세금으로 인해서 고통받는 많은 국민들이 있었는데 제가 아는 세무지식이 주변에, 세상에 아무 기여도 하지 못한 채 제 머릿속에만 웅크리고 있다는 것을 깨닫게 되었습니다.

언제라도 국민들께 재산권을 지키는데 필요한 중요한 세무정보를 나눠야겠다고 생각해서 시작한 일이 5년을 넘어 갑니다. 코로나19를 극복해 내면 또다시 절세 이야기로 전국 어디든 세법을 알고 싶은 국민들을 만나뵈러 다닐 것입니다. 그리고 이 책은 그 이야기꾼 대신에 전하는 글의 모음입니다.

강연은 재밌는 사례로 귀를 즐겁게 해 드릴 수 있는데, 글이란 그 딱딱함을 깨기가 쉽지는 않은 것 같습니다. 다만, 누구라도 금세 이해할 수 있도록 가급적 쉽게 풀어썼습니다. 부디 많은 국민들께서 이 책을 통해 쉽게 세법을 이해하기를 바랄 뿐입니다. 어려운 세법을 쉽게 알리는 일은 결코 쉽지 않은 작업입니다. 그러나 세무사로서 평생을 통해 이루고자 하는 일인 만큼 독자 여러분의 더 많은 채찍질과 조언 부탁드리겠습니다.

2021년 6월 **장보원** 세무사, **조현우** 세무사

사업자를 위한 절세노하우

CONTENTS

Part 03   사업자 세금의 관리

Part 04 사업자 세금의 절세와 유의사항

사업자 세금의 기초

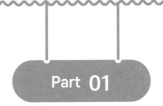

Part 01

Q1 법인사업과 개인사업의 선택

세율에 따른 법인과 개인의 선택

사업을 처음 시작할 때 법인사업을 할지, 개인사업으로 할지를 두고 고민하는 창업자가 많다. 혹은 개인사업으로 사업을 시작하고 나서 종합소득세 부담이 높아지는 경우 법인세율이 종합소득세율보다 낮다는 이유로 법인으로 바꿔볼까 하는 사업자도 많다.

법인사업자의 법인세와 개인사업자의 종합소득세를 단순히 세율로만 비교하면 법인사업자가 유리하다. 하지만 단지 명목상 세율이 낮다고 해서 법인이 유리하다고 판단해서는 안 된다. 왜냐하면, 법인재산을 급여나 상여 또는 배당으로 개인이 인출할 때 다시 소득세가 부과되어 이중적으로 과세될 수 있기 때문이다.

그러다 보니 법인사업의 경우 급여나 상여 또는 배당을 줄이고 대표자가 임의로 법인의 자금을 인출하는 경우가 많은데 이를 가지급금이라고 하여 세무상 (인정)상여 등으로 제재하고, 경우에 따라서는 형법상 횡령이 되기도 하니 주의하여야 한다.

법인세율

법인의 과세표준	법인세율	누진공제
2억 원 이하	9%	–
2억 원~200억 원 이하	19%	2천만 원
200억 원~3,000억 원 이하	21%	4.2억 원
3,000억 원 초과	24%	94.2억 원

소득세율

개인의 과세표준	종합소득세율	누진공제
1,400만 원 이하	6%	–
1,400만 원~5,000만 원 이하	15%	126만 원
5,000만 원~8,800만 원 이하	24%	576만 원
8,800만 원~1.5억 원 이하	35%	1,544만 원
1.5억 원~3억 원 이하	38%	1,994만 원
3억 원~5억 원 이하	40%	2,594만 원
5억 원~10억 원 이하	42%	3,594만 원
10억 원 초과	45%	6,594만 원

소규모 법인의 설립

개인사업과 법인사업을 두고 고민하는 경우는 통상 소규모의 투자자로 회사설립을 계획하기 때문에 개인사업이든 법인사업이든 인적 구성이나 물적 구성이 다를 바가 없을 것이다. 만일 법인을 설립한다면 주로 법무사에게 의뢰해 유한회사 또는 주식회사 형태로 설립하게 된다. 주식회사를 설립하려면 자본금이 필요한데 지금은 최저자본금의 제약 없이 법인설립이 가능하다. 또, 임원도 원칙적으로는 이사 3인, 감사 1인이지만 자본금이 10억 원 이하일 경우에는 이사 1인만으로도 법인설립이 가능하니 법인설립이 개인사업에 비해 어려운 것도 아니다.

법인과 개인의 사업상 책임

개인이나 법인이나 세무서에 사업자등록을 하고 사업을 시작하는 것은 동일하다. 그러나 법인으로 사업을 하게 되면 개인사업자와는 사업상 권리와 의무가 크게 다르다. 개인사업자의 경우는 사업에 대해 무한책임과 권리를 지지만, 주식회사나 유한회사로 사업을 할 경우에는 주주(또는 사원)로서 투자한 자본만큼만 책임과 권리를 진다. 즉, 법인사업이 망하더라도 연대보증을 선 경우를 제외하고는 법인의 채무에 대한 개인주주나 대표이사의 변제의무는 없다. 다만, 세금에 대해서는 예외를 두어 법인을 지배한 주주(50% 초과 지분권자에 한함)에게 제2차 납세의무를 부과해 체납 세금을 징수한다.

법인을 선택하는 경우 주의점과 절세포인트

이와 같은 투자자의 유한책임이라는 면에서는 법인이 더 나을 수 있다. 하지만 법인은 그 자체가 하나의 독립된 법률 주체이고, 대표이사나 주주와 동일체가 아니다. 따라서 법인의 재산은 개인의 재산과 구분해 관리해야 한다. 흔히 법인을 통해 돈을 벌면 대표이사나 1인 주주의 지위로 법인의 돈을 임의로 인출해 갈 수 있다고 생각하기 쉬운데, 그런 생각을 가진 사람은 법인사업을 하면 안 된다.

앞서 얘기한 바와 같이 법인자금을 대표자가 임의로 인출하면 적어도 가지급금(대여)으로 보거나, 법인이 대표자에게 상여금을 준 것으로 보아 세금을 부과한다. 게다가 대표이사가 거래상대방에게 결제할 금액을 결제하지 않고 회삿돈을 인출한다면 공금횡령으로 처벌받을 수도 있다. 반면, 개인사업자는 개인사업을 통해 획득한 모든 이익을 아무런 법적 제약 없이 자신이 취할 수 있고 사용할 수 있다.

앞서 말한 대로 개인사업과 법인사업이 동일한 이익을 낼 경우 당장의 세금부담 측면에서는 법인이 유리하다. 그러나 법인세를 내고 남은 이익을 대표이사나 주주가 함부로 가져갈 수 없고, 급여나 상여 또는 배당으로 가져가면 다시 종합소득세로 6~45%의 세금을 내야 한다. 그렇기 때문에 어찌 보면 법인사업으로 하는 것이 세금 측면에서 조삼모사(朝三暮四)일 수 있다. 처음에는 법인세율이 낮아서 좋아 보이지만, 나중에는 개인사업보다 더 많은 세금을 내야 하기 때문이다.

결국, 법인사업이냐 개인사업이냐는 세금을 기준으로 생각해서는 안 된다. 사업의 특징과 자금관리 등 여러 가지 요소를 살펴 의사결정을 해야 한다. 대개 규모가 큰 사업을 하면서 주주의 유한책임을 활용하는 경우 또는 법인에 상당한 부(富)를 축적하고 개인적으로 인출할 이유가 없는 사람에게 법인이 유리하다.

절세적 측면에서 보자면 개인사업을 하여 상당한 부(富)를 축적한 경우라면 법인으로 전환하면서 개인사업을 법인에게 양도하여 영업권도 챙기고 법인의 주주 구성을 가족 중심으로 전환하여 정기배당하는 등으로 향후 가업을 상속 또는 증여할 때의 세금 부담을 줄이는 방법을 활용할 수 있다.

법인설립 준비서류 작성을 위한 기재사항(법무사 준비서류 샘플)

1. 회 사 명(예비상호검색 요망)
   1차)
   2차)
   3차)

2. 본점소재지 주소(임대차계약서상 주소기재 요망)

3. 주주 및 임원명단

지 위	성 명	주식수	지분율(%)	비 고
대표이사			50	
이 사				
이 사				
감 사			50	
기타주주				
합 계			100%	

4. 자 본 금: _____원

5. 1주당 금액: _____원

6. 사업목적
   1)
   2)
   3)
   4)

   예) 1. 사업서비스업
       2. 체육시설운영업
       3. 스포츠센터시설관리

7. **결산일**: 매년 01. 01. ~ 12. 31.

8. **결산공고신문**:   (통상 매일경제신문 또는 한국경제신문 선택)

9. **준비서류**

발기인(주주가 되실 분): 인감증명서 2통 및 인감도장, 주민등록등본 1통
대표이사 : 인감증명서 3통 및 인감도장, 주민등록등본 1통
이사   : 인감증명서 2통 및 인감도장, 주민등록등본 1통
감사   : 인감증명서 2통 및 인감도장, 주민등록등본 1통

(인감증명서 및 주민등록등본은 사업자 등록신청 및 의료보험, 각종 연금가입
등에 필요하니 여유있게 준비하는 것이 번거로움을 줄일 수 있습니다.)

10. **등기비용 및 수수료**

위 사항이 확정되는 대로 연락드리겠습니다.

11. **처리절차**

귀사에서 위 사항을 확정시켜 주시면 관련서류 일체를 작성하여 회합을 가진
후 주금납입에 필요한 서류를 작성하여 가까운 시중은행이나 주거래은행에 동
반방문, 주금납입을 확인하고 주금납입보관증명서를 발급받게 되면 법원에 등
기신청하게 됩니다. 등기신청 후 등기가 완료되기까지 최소 1일에서 2일이 소
요됩니다.

Q2 법인사업을 이용한 큰 틀의 절세

법인사업을 선호하는 진짜 이유를 살펴본다면 5가지 정도를 고려할 수 있다.

ⓦ 세부담의 비교

일반적으로 개인사업보다 법인사업의 세부담이 낮다는 이유이다. 개인사업으로 이익이 2억 원일 때 약 5.6천만 원의 사업소득세를 내는 것이나, 법인사업으로 하면 법인세가 2천만 원도 안 된다는 것이다.

그러나 이는 대표이사가 급여를 가져가지 않을 때의 상황이고, 연봉으로 2억 원을 가져가면 법인의 이익은 0원이고 대표이사의 근로소득세는 약 4.9천만 원이 나온다.

구 분	개인사업	법인사업(급여)	법인사업(가지급)
	종합소득세	법인세/근로소득세	법인세
대표자급여 계산 전 이익	200,000,000	200,000,000	200,000,000
대표자급여*	200,000,000	200,000,000	0
대표자급여 계산 후 소득	200,000,000	0	200,000,000
세율	38%	0%	9%
사업소득세 또는 법인세	56,000,000	0	18,000,000
근로소득세	0	49,000,000	0

*개인사업은 대표자급여를 손비처리할 수 없고, 법인사업은 손비처리할 수 있다.

이에 법인에서 급여를 받지 않고 대여 형태로 인출해 가는 가지급이 발생하고, 이 가지급금은 추후 법인사업의 세금폭탄으로 작용한다.

적법한 절차로 법인의 이익을 가져오는 길은 대표자급여가 아니면 이익배당이 있을 수 있는데 이때 배당소득세를 절세하기 위해 법인의 주주를 가족으로 구성하여 15.4%의 배당소득세 정도를 내는 배당 구간을 특정하여 균등배당하는 것도 괜찮다.

그러나 장기적으로는 법인을 하나의 자산으로 보아 주주인 가족과 이익을 나눠 상속 및 증여 문제를 선제적으로 해결하는 것이 매우 바람직하다.

🔱 법인전환에 따른 영업권 양도

법인을 하나의 자산으로 보려면 개인이 보유한 자산이 상당히 필요하다. 법인으로부터 이익을 인출하지 않아도 될 정도의 상황이 되어야 한다는 의미이다. 개인 자산을 보유하는 하나의 방법으로 법인전환 시 개인사업의 영업권을 평가하여 법인에게 매각하고 영업원 매각이익을 취하는 것이다.

다만 법인전환 시 개인사업의 영업권 매각에 대해 매각금액의 40%를 개인사업자의 기타소득금액으로 보아 일시적인 세부담이 있다는 점은 고려해야 한다.

그리고 개인사업을 법인으로 전환하게 되는 적정시기는 개인사업의 영업권 대가가 가장 많이 산출되는 상황, 즉 과거 3년간의 수익이 최대가 될 때가 된다. 그러나 아쉬운 것은 이런 이론적 배경이 없이 개인사업의 세금이 커지면 바로 법인전환을 하여 영업권도 거의 나오지 않고, 게다가 대표자 1인 주주로 법인전환함으로써 가족법인 구성의 기회도 놓쳐버린다는 것이다.

ⓦ 기업의 영속성 보장과 가업상속공제

개인기업보다 법인기업이 집단경영체재라는 측면에서 영속성을 보장하기 쉬워 법인을 선호하기도 한다. 또한 개인기업과는 달리 주식거래가 되기도 하는데 상장이나 M&A를 통해 기업이 거래될 수 있다는 점도 장점이다.

기업의 영속성 보장은 가업상속공제와도 관련이 있는데 우리나라는 법인기업에 한하여 가업상속공제를 허용하는 일본과는 달리 개인기업도 가업상속공제 대상이므로 법인사업이 개인사업보다 더 유리하다고 특정하기는 곤란하다.

🏆 가족으로 주주를 구성하고 정기배당을 통해 절세 가능

오히려 대표자 1인 주주를 고집하여 추후 가족들에게 상속 또는 증여 문제를 고민하느니 애초부터 가족으로 주주를 구성하여 법인의 이익을 지분만큼 공유하면 된다. 또한 자금이 필요한 경우에는 적절히 정기배당함으로써 법인의 현금성 자산을 인출하는 것도 방법이다.

가업상속공제에 있어서도 법인의 현금성 자산을 가업상속공제가 아니기 때문에 가업상속을 고민하는 것보다 가족법인을 구성하는 것이 절세적 측면에서 더 우월할 수 있다.

🏆 법인을 통한 합법적 경비지출

법인기업을 운영하는 경우 차량유지, 보험, 접대, 복리후생 모두 개인적 지출이 아닌 법인을 통한 지출로 처리함으로써 합법적 경비지출을 통해 절세할 수도 있다.

그러나 교육이나 의료와 같은 개인경비를 법인을 통해 지출하여 탈세하는 문제가 있는데, 법인을 통한 영속성을 고려할 때 탈세 상담이나 공격적 조세회피는 가장 큰 문제가 된다. 특히 법인의 탈세 이력이 있는 경우 가업상속공제가 배제된다는 점에서 탈세를 가장 배척해야 할 것이다.

사업자등록의 개념

법인이든 개인이든 사업을 시작하려면 사업자등록부터 해야 한다. 사업자등록이란 자신이 하고자 하는 사업을 사업장별로 관할 세무서에 신고하고 등록번호를 부여받는 절차로, 사업자는 등록기한, 등록장소, 구비서류, 등록유형 등 사업자등록 관련 사항에 관하여 알아두어야 한다.

누가(Who)	영리목적으로 계속 · 반복적인 사업을 하려고 하는 개인 또는 법인
왜(Why)	사업으로 인한 각종 세금을 신고 · 납부할 목적으로
언제(When)	사업개시일부터 20일 이내(사업개시 전 등록도 가능)
어디서(Where)	사업을 영위하는 각 사업장마다
무엇을(What)	사업자등록신청서를 제출하면 사업자등록번호 부여
어떻게(How)	구비서류를 준비해 사업장 관할 세무서 민원실에 신청

사업자등록 기한

사업자는 사업장별로 사업개시일부터 20일 이내에(사업개시 전 등록

가능) 사업장 관할 세무서에 사업자등록을 해야 한다. 제때 하지 못하면 미등록가산세도 있고 (매입분)세금계산서의 매입세액공제를 받지 못할 수도 있다.

여기서 사업개시일이란 제조업은 제조개시일, 그 밖의 사업은 재화 또는 용역의 공급일(매출발생일)을 의미한다. 예를 들어, 치킨 가게를 창업할 장소를 정했다고 해서 곧바로 치킨을 팔수는 없다. 인테리어를 하고 장비를 들여놓은 뒤 개업식을 하는 날 비로소 사업을 개시하게 되는데, 인테리어나 장비를 들여 놓을 때 (매입분)세금계산서를 받아 부가가치세 공제 또는 환급을 받으려면 사업자등록은 사업개시 전에 미리 신청하는 것이 좋다.

물론 (매입분)세금계산서를 수수할 때 사업자등록이 없으면 대표자의 주민등록번호를 기재하여 교부받을 수도 있다. 다만, 부가가치세 과세기간 경과 후 20일 이내에 사업자등록을 신청한 경우로서 주민등록번호로 수수한 경우에는 등록신청일부터 해당 과세기간의 기산일까지 역산한 기간 내의 것은 매입세액공제하고 그 외의 경우는 공제하지 않는다.

예전에는 사업개시일부터 20일 이내에 하지 않아서 매입분 세금계산서를 사업자등록번호로 받지 않고 주민등록번호로 받으면 매입세액공제 자체를 부인했는데 요즘은 많이 완화되었다. 지금은 사업개시일이 아닌, 부가가치세 과세기간 경과 후 20일 이내에 사업자등록을 신청한 경우로서 주민등록번호로 수수한 경우에는 등록신청일부터 해당 과세기간의 기산일까지 역산한 기간 내의 것은 매입세액공제하고 그 외의 경우는 공제하지 않는다. 즉, 당해 부가가치세 신고 시 매입세액공제를 다 받고 싶다면 늦어도 상반기 개업 시는 7월 20일까지, 하반기 개업 시는 1월 20일까지 사업자등록신청해도 무방하다. 즉, 사업을 개시하고 조금 늦게 사업자등록을 해도 세금공제받는데는 큰 지장은 없다는 것이다.

🎯 사업자등록 신청 시 구비서류

사업자등록을 하려면 사업자등록신청서와 임대차계약서, 등록 또는 허가사업인 경우에는 등록증 또는 허가증이 필요하다. 사업자등록신청서를 작성할 때 개인사업자는 개인사업자용 사업자등록신청서로, 법인사업자는 법인설립신고 및 사업자등록신청서로 한다. 세무서 민원실에 가면 관련 서식이 비치되어 있다. 그래도 세무서 민원실을 방문하기 전 반드시 전화를 걸어 추가로 준비할 서류가 무엇인지 물어보는 것이 좋다. 특히 법인인 경우 법인 설립신고를 같이 하다보니 주주명부, 정관, 법인등기부등본 등을 요구하는데 준비 없이 갔다가 허탕치고 올 수도 있기 때문이다.

🎯 사업장별 등록

사업자등록이란 엄밀한 의미에서 사업장을 등록하는 것이다. 즉, 사업자가 여러 곳의 사업장에서 사업을 할 경우에는 각 사업장마다 사업자등록을 해야 한다. 만약 신규사업장에서 사업자등록을 하지 않고 기존의 사업자등록번호로 거래하다가 세무서에 발각되면 각종 가산세와 더불어 부가가치세 매입세액공제를 받지 못하니 주의하여야 한다.

🏵️ 사업자등록 유형

사업자등록 유형은 통상 부가가치세 납세의무 이행 여부를 기준으로 개인일반과세자, 법인일반과세자, 개인면세사업자, 법인면세사업자로 구분하지만 개인과세사업자 중 연간 매출액이 1억 4백만 원(2024년 7월부터) 미만일 것으로 예상되는 소비자 상대업종의 경우에는 간이과세자라는 사업자등록을 할 수 있다.

그런데 같은 사업장에서 부가가치세가 과세되는 재화·용역과 면세되는 재화·용역을 함께 취급하는 사업자가 있다. 이를 겸영사업자라고 한다. 이 경우 일반과세자로 사업자등록을 내서 과세매출과 면세매출을 모두 신고하면 된다. 즉, (개인 또는 법인) 일반과세자가 되면 세금계산서는 물론 계산서도 교부할 수 있다. 겸영사업자의 대표 사례로는 슈퍼마켓을 들 수 있다. 슈퍼마켓에서 공산품(과세)과 미가공식료품(면세)을 함께 구입하고 결제한 영수증을 잘 살펴보면 과세매출○○○, 부가가치세 ○○○, 면세 매출○○○, 총합계 ○○○ 형식으로 되어 있을 것이다.

반면 (개인 또는 법인) 면세사업자가 되면 계산서만 교부할 수 있을 뿐 어떤 경우에도 세금계산서를 교부할 수 없다. 그렇기 때문에 면세사업자가 사업장에서 취급하는 재화·용역이 과세재화·용역이 되면 문제가 발생한다. 이 경우 면세사업자의 과세재화·용역의 공급이 주된 재화 또는 용역의 공급에 부수되거나, 주된 사업에 부수되어 일시 우발적으로 공급하는 재화 또는 용역이라면 주된 사업에 따라 면세로 판단되는 것이고, 만일 독립적이고 계속·반복적으로 공급되는 과세재화·용역이라면 과세사업자로 새롭게 사업자등록을 하여야 한다.

홈택스(www.hometax.go.kr)에서도 신청할 수 있습니다.

사업자등록 신청서(개인사업자용)
(법인이 아닌 단체의 고유번호 신청서)

※ 사업자등록의 신청 내용은 영구히 관리되며, 납세 성실도를 검증하는 기초자료로 활용됩니다.
  아래 해당 사항을 사실대로 작성하시기 바라며, 신청서에 본인이 자필로 서명해 주시기 바랍니다.
※ [ ]에는 해당하는 곳에 √표를 합니다.

(앞쪽)

접수번호	처리기간	2일(보정 기간은 불산입)

1. 인적사항

상호(단체명) 율도국	연락처	(사업장 전화번호) 02-2222-2222
성명(대표자) 홍길동		(주소지 전화번호)
주민등록번호 111111-111111		(휴대전화번호) 010-0000-0000
(단체)부동산등기용등록번호		(FAX 번호)

사업장(단체) 소재지 서울시 OO구 OO길 100 허균빌딩   1층   101호

사업장이 주소지인 경우 주소지 이전 시 사업장 소재지 자동 정정 신청   ([ ]여, [ ]부)

2. 사업장 현황

업 종	주업태 소매업		주종목	전자상거래업	주생산요소	주업종 코드 525101	개업일	종업원 수
	부업태		부종목		부생산요소	부업종 코드	2025.02.01	0명

사이버몰 명칭				사이버몰 도메인				

사업장 구분	자가 면적	타가 면적	사업장을 빌려준 사람 (임대인)			임대차 명세		
			성 명 (법인명)	사업자 등록번호	주민(법인) 등록번호	임대차 계약기간	(전세) 보증금	월세(차임)
	m²	99m²	허균	888-88-88888		2025.02.01. 2027.01.31.	1억 원	2.2백만 원

허가 등 사업 여부	[ ]신고 [ ]등록 [ ]허가 [0]해당 없음	주류면허	면허번호	면허신청 [ ]여 [ ]부
개별소비세 해당 여부	[ ]제조 [ ]판매 [ ]입장 [ ]유흥	사업자 단위 과세 적용 신고 여부	[ ]여 [0]부	
사업자금 명세 (전세보증금 포함)	자기자금 2억 원	타인자금	원	
간이과세 적용 신고 여부	[ ]여 [ ]부	간이과세 포기 신고 여부	[ ]여 [ ]부	
전자우편주소		국세청이 제공하는 국세정보 수신동의	[ ]문자(SMS) 수신에 동의함(선택) [ ]전자우편 수신에 동의함(선택)	

그 밖의 신청사항	확정일자 신청 여부	공동사업자 신청 여부	사업장소 외 송달장소 신청 여부	양도자의 사업자등록번호 (사업양수의 경우에만 해당함)
	[ ]여 [0]부	[ ]여 [0]부	[ ]여 [0]부	

신탁재산 여부	[ ]여 [ ]부	신탁재산의 등기부상 소재지 또는 등록부상 등록지		

210mm×297mm[백상지(80g/m²) 또는 중질지(80g/m²)]

3. 사업자등록 신청 및 사업 시 유의사항 (아래 사항을 반드시 읽고 확인하시기 바랍니다)

가. 다른 사람에게 사업자명의를 빌려주는 경우 사업과 관련된 각종 세금이 명의를 빌려준 사람에게 나오게 되어 다음과 같은 불이익이 있을 수 있습니다.

1) 조세의 회피 및 강제집행의 면탈을 목적으로 자신의 성명을 사용하여 타인에게 사업자등록을 할 것을 허락하거나 자신 명의의 사업자등록을 타인이 이용하여 사업을 영위하도록 한 자는 「조세범 처벌법」 제11조 제2항에 따라 1년 이하의 징역 또는 1천만원 이하의 벌금에 처해집니다.

2) 소득이 늘어나 국민연금과 건강보험료를 더 낼 수 있습니다.

3) 명의를 빌려간 사람이 세금을 못 내게 되면 체납자가 되어 소유재산의 압류·공매처분, 체납명세의 금융회사 등 통보, 출국규제 등의 불이익을 받을 수 있습니다.

나. 다른 사람의 명의로 사업자등록을 하고 실제 사업을 하는 것으로 확인되는 경우 다음과 같은 불이익이 있을 수 있습니다.

1) 조세의 회피 또는 강제집행의 면탈을 목적으로 타인의 성명을 사용하여 사업자등록을 하거나 타인 명의의 사업자등록을 이용하여 사업을 영위하는 자는 「조세범 처벌법」 제11조 제1항에 따라 2년 이하의 징역 또는 2천만원 이하의 벌금에 처해집니다.

2) 「부가가치세법」 제60조 제1항 제2호에 따라 사업 개시일부터 실제 사업을 하는 것으로 확인되는 날의 직전일까지의 공급가액 합계액의 1%에 해당하는 금액을 납부세액에 더하여 납부해야 합니다.

3) 「주민등록법」 제37조 제10호에 따라 다른 사람의 주민등록번호를 부정하게 사용한 자는 3년 이하의 징역 또는 3천만원 이하의 벌금에 처해집니다.

다. 귀하가 재화 또는 용역을 공급하지 않거나 공급받지 않고 세금계산서 또는 계산서를 발급하거나 발급받은 경우 또는 이와 같은 행위를 알선·중개한 경우에는 「조세범 처벌법」 제10조 제3항 또는 제4항에 따라 3년 이하의 징역 또는 공급가액에 부가가치세의 세율을 적용하여 계산한 세액의 3배 이하에 상당하는 벌금에 처해집니다.

라. 신용카드 가맹 및 이용은 반드시 사업자 본인 명의로 해야 하며 사업상 결제목적 외의 용도로 신용카드를 이용할 경우 「여신전문금융업법」 제70조 제3항 제2호부터 제6호까지의 규정에 따라 3년 이하의 징역 또는 2천만원 이하의 벌금에 처해집니다.

창업자 멘토링 서비스   신청 여부   [ ]여 [0]부

※ 세무대리인을 선임하지 못한 경우 신청 가능하며, 서비스 제공 요건을 충족하지 못한 경우 서비스가 제공되지 않을 수 있음

대리인이 사업자등록신청을 하는 경우에는 아래의 위임장을 작성하시기 바랍니다.

위 임 장	본인은 사업자등록 신청과 관련한 모든 사항을 아래의 대리인에게 위임합니다.			
			본 인:	(서명 또는 인)
대리인 인적사항	성명	주민등록번호	전화번호	신청인과의 관계

위에서 작성한 내용과 실제 사업자 및 사업내용 등이 일치함을 확인하며, 「부가가치세법」 제8조 제1항·제3항, 제61조 제3항, 같은 법 시행령 제11조 제1항·제2항, 제109조 제4항, 같은 법 시행규칙 제9조 제1항·제2항 및 「상가건물 임대차보호법」 제5조 제2항에 따라 사업자등록 ([ ]일반과세자 [ ]간이과세자 [ ]면세사업자 [ ]그 밖의 단체] 및 확정일자를 신청합니다.

2025년   02월   01일

신청인: 홍 길 동   (서명 또는 인)

위 대리인: (서명 또는 인)

세무서장 귀하

| 신고인 제출서류 | 1. 사업허가증 사본, 사업등록증 사본 또는 신고확인증 사본 중 1부(법령에 따라 허가를 받거나 등록 또는 신고를 해야 하는 사업의 경우에만 제출합니다)
2. 임대차계약서 사본 1부(사업장을 임차한 경우에만 제출합니다)
3. 「상가건물 임대차보호법」이 적용되는 상가건물의 일부분을 임차한 경우에는 해당 부분의 도면 1부
4. 자금출처명세서 1부(금지금 도매·소매업, 과세유흥장소에서의 영업, 액체연료 및 관련제품 도매업, 기체연료 및 관련제품 도매업, 차량용 주유소 운영업, 차량용 가스 충전업, 가정용 액체연료 소매업, 가정용 가스연료 소매업, 재생용 재료 수집 및 판매업을 하려는 경우에만 제출합니다)
5. 신탁계약서 1부
6. 주택임대사업을 하려는 경우 「소득세법 시행규칙」 별지 제106호서식의 임대주택 명세서 1부 또는 임대주택 명세서를 갈음하여 「민간임대주택에 관한 특별법 시행령」 제4조 제5항에 따른 임대사업자 등록증 사본 1부 | 수수료 없음 |

유의사항

사업자등록을 신청할 때 다음 각 호의 사유에 해당하는 경우에는 붙임의 서식 부표에 추가로 적습니다.

1. 공동사업자가 있는 경우
2. 사업장 외의 장소에서 서류를 송달받으려는 경우
3. 사업자 단위 과세 적용을 신청하려는 경우(2010년 이후부터 적용)

210mm×297mm[백상지(80g/㎡) 또는 중질지(80g/㎡)]

■ 법인세법 시행규칙 [별지 제73호 서식] (2023.3.20. 개정)

홈택스(www.hometax.go.kr)에서도
신고할 수 있습니다.　(앞쪽)

접수번호	[O] 법인설립신고 및 사업자등록신청서 [　] 국내사업장설치신고서(외국법인)	처리기간 2일 (보정기간은 불산입)

귀 법인의 사업자등록신청서상의 내용은 사업내용을 정확하게 파악하여 근거과세의 실현 및 사업자등록 관리업무의 효율화를 위한 자료로 활용됩니다. 아래의 사항에 대하여 사실대로 작성하시기 바라며 신청서에 서명 또는 인감(직인)날인 하시기 바랍니다

1. 인적사항

법 인 명(단체명)	㈜율도국		승인법인고유번호 (폐업당시 사업자등록번호)	
대 표 자	홍길동		주민등록번호	
사업장(단체)소재지	서울시 ㅇㅇ구 ㅇㅇ길		3층	301호
전 화 번 호	(사업장) 02-2222-2222		(휴대전화) 010-0000-0000	

2. 법인현황

법인등록번호	110111-2222222	자본금	100,000,000 원	사업연도	01월 01일 ~ 12월 31일

법 인 성 격 (해당란에 ○표)

내 국 법 인							외 국 법 인					지점(내국법인의 경우)	분할신설법인		
영리 일반	영리 외부	신탁 재산	비영 리	국가 지방 자치	법인으로 보는 단체		지점 (국내사업장)	연 락 사무소	기타	여	부	본점 사업자 등록번호	분할전 사업자 등록번호	분할연월일
					승인법인	기타								
O														

조합법인 해당 여부		사업자 단위 과세 여부		법인과세 신탁재산		공 익 법 인				외국 외부 법인	국 적	투자비율
여	부	여	부	여	부	해당여부	사업유형	주무부처명	출연자산여부			
						여 　 부			여 　 부			

3. 법인과세 신탁재산의 수탁자(법인과세 신탁재산의 설립에 한함)

법 인 명(상호)		사 업 자 등 록 번 호	
대 표 자		주 민 등 록 번 호	
사 업 장 소 재 지			

4. 외국법인 내용 및 관리책임자 (외국법인에 한함)

외 국 법 인 내 용

본점	상 호	대 표 자	설 치 년 월 일	소 재 지

관 리 책 임 자

성 명 (상 호)	주민등록번호 (사업자등록번호)	주 소 (사업장소재지)	전 화 번 호

5. 사업장현황

		사 업 의 종 류				사업(수익사업) 개 시 일
주업태	주 종 목	주업종코드	부업태	부 종 목	부업종코드	
도소매업	전자상거래업	525101				2024 02월 01일

사이버몰 명칭		사이버몰 도메인	

사업장 구분 및 면적		도면첨부		사업장을 빌려준 사람(임대인)			
자가	타가	여 부	성 명(법인명)	사업자등록번호	주민(법인)등록번호	전화번호
㎡	99㎡		허 균	888-88-88888		

임 대 차 계 약 기 간		(전세)보증금	월 세(부가세 포함)
2024. 02. 01. ~ 2026. 01. 31.		1억 원	2.2백만 원

개 별 소 비 세				주 류 면 허		부가가치세 과세사업		인·허가 사업 여부			
제 조	판 매	장 소	유흥	면 허 번 호	면 허 신 청	여	부	신고	등록	안허가	기타
					여 　 부	O					

설립등기일 현재 기본 재무상황 등						
자산 계	유동자산	비유동자산	부채 계	유동부채	비유동부채	종업원수
200,000 천원	100,000 천원	100,000 천원	0 천원	0 천원	0 천원	2 명

전자우편주소		국세청이 제공하는 국세정보 수신동의 여부	[　] 문자(SMS) 수신에 동의함(선택) [　] 이메일 수신에 동의함(선택)

210mm×297mm[백상지 80g/㎡ 또는 중질지 80g/㎡]

6. 사업자등록신청 및 사업 시 유의사항(아래 사항을 반드시 읽고 확인하시기 바랍니다)

가. 사업자등록 **명의를 빌려주는 경우** 해당 법인에게 부과되는 각종 세금과 과세자료에 대하여 소명 등을 해야 하며, 부과된 세금의 체납 시 **소유재산의 압류·공매처분, 체납내역 금융회사 통보, 여권발급제한, 출국규제** 등의 불이익을 받을 수 있습니다.

나. 내국법인은 주주(사원)명부를 작성하여 비치해야 합니다. 주주(사원)명부는 사업자등록신청 및 법인세 신고 시 제출되어 지속적으로 관리되므로 사실대로 작성해야 하며, 주주명의를 대여하는 경우에는 **양도소득세 또는 증여세**가 과세될 수 있습니다.

다. 사업자등록 후 정당한 사유 없이 **6개월이 경과할 때까지** 사업을 개시하지 아니하거나 부가가치세 및 법인세를 신고하지 **아니하거나 사업장을 무단 이전**하여 실지사업여부의 확인이 어려울 경우에는 **사업자등록이 직권으로 말소**될 수 있습니다.

라. 실물거래 없이 세금계산서 또는 계산서를 발급하거나 수취하는 경우 「조세범처벌법」 제10조 제3항 또는 제4항에 따라 해당 법인 및 대표자 또는 관련인은 **3년 이하의 징역 또는 공급가액 및 그 부가가치세액의 3배 이하에 상당하는 벌금에 처하는 처벌**을 받을 수 있습니다.

마. 신용카드 가맹 및 이용은 반드시 사업자 본인 명의로 해야 하며 사업상 결제목적 이외의 용도로 신용카드를 이용할 경우 「여신전문금융업법」 제70조 제2항에 따라 **3년 이하의 징역 또는 2천만원 이하의 벌금에 처하는 처벌**을 받을 수 있습니다.

바. 공익법인의 경우 공익법인에 해당하게 된 날부터 **3개월 이내에 전용계좌를 개설**하여 신고해야 하며, 공익목적사업과 관련한 수입과 지출금액은 반드시 신고한 **전용계좌를 사용**해야 합니다.(미이행시 가산세가 부과될 수 있습니다.)

사. 「정보통신망 이용촉진 및 정보보호 등에 관한 법률」 제2조 제1항 제1호에 따른 정보통신망을 이용하여 가상의 업무공간에서 사업을 수행하는 사업자의 경우 그 법인의 등기부에 따른 본점이나 주사무소의 소재지(국내에 본점 또는 주사무소가 있지 않은 경우에는 사업을 실질적으로 관리하는 장소의 소재지)를 "사업장(단체)소재지"란에 기재할 수 있습니다.

신청인의 위임을 받아 대리인이 사업자등록신청을 하는 경우 아래 사항을 적어 주시기 바랍니다.

대 리 인 인적사항	성 명		주민등록번호	
	주 소 지			
	전화 번호		신청인과의 관계	

신청 구분	[ ] 사업자등록만 신청 [O] 사업자등록신청과 확정일자를 동시에 신청
	[ ] 확정일자를 이미 받은 자로서 사업자등록신청 (확정일자 번호:)

신청서에 적은 내용과 실제 사업내용이 일치함을 확인하고, 「법인세법」 제75조의 12 제3항·제109조·제111조, 같은 법 시행령 제152조부터 제154조까지, 같은 법 시행규칙 제82조 제7항 제11호 및 「상가건물 임대차보호법」 제5조 제2항에 따라 법인설립 및 국내사업장설치 신고와 사업자등록 및 확정일자를 신청합니다.

2025년   02월   01일

신 청 인   ㈜율도국 대표이사 홍길동   (인)
위 대 리 인   (서명 또는 인)

세무서장 귀하

첨부 서류	1. 정관 1부(외국법인만 해당합니다) 2. 임대차계약서 사본(사업장을 임차한 경우만 해당합니다) 1부 3. 「상가건물 임대차보호법」의 적용을 받는 상가건물의 일부분을 임차한 경우에는 해당 부분의 도면 1부 4. 주주 또는 출자자명세서 1부 5. 사업허가·등록·신고필증 사본(해당 법인만 해당합니다) 또는 설립허가증사본(비영리법인만 해당합니다) 1부 6. 현물출자명세서(현물출자법인의 경우만 해당합니다) 1부 7. 자금출처명세서(금지금 도·소매업, 액체·기체연료 도·소매업, 재생용 재료 수집 및 판매업, 과세유흥장소에서 영업을 하려는 경우에만 제출합니다) 1부 8. 본점 등의 등기에 관한 서류(외국법인만 해당합니다) 1부 9. 국내사업장의 사업영위내용을 입증할 수 있는 서류(외국법인만 해당하며, 담당 공무원 확인사항에 의하여 확인할 수 없는 경우만 해당합니다) 1부 10. 신탁 계약서(법인과세 신탁재산의 경우만 해당합니다) 1부 11. 사업자단위과세 적용 신고자의 종된 사업장 명세서(법인사업자용)(사업자단위과세 적용을 신청한 경우만 해당합니다) 1부

작 성 방 법

사업장을 임차한 경우 「상가건물 임대차보호법」의 적용을 받기 위해서는 사업장 소재지를 임대차계약서 및 건축물관리대장 등 공부상의 소재지와 일치되도록 구체적으로 적어야 합니다.

(작성 예) ○○동 ○○○○번지 ○○호 ○○상가(빌딩) ○○동 ○○층 ○○○○호

210mm×297mm[백상지 80g/㎡ 또는 중질지 80g/㎡]

일반과세와 간이과세의 선택

💱 간이과세의 개념

개인사업자가 사업자등록을 준비하면서 종종 "일반과세자가 유리해요, 간이과세자가 유리해요?"라고 묻곤 한다. "부가가치세만 생각하면 일반적으로 간이과세가 유리합니다."라고는 하는데 과연 그럴까?

간이과세란 직전 연도의 매출액이 1억 4백만 원(2024년 7월부터)에 미달하는 소비자 상대업종의 개인사업자가 선택할 수 있는 사업자등록 유형이다. 사업자등록을 할 때는 미래의 매출액을 추정할 수밖에 없으니 연간 매출액을 1억 4백만 원(2024년 7월부터) 미만으로 보아 간이과세로 사업자등록을 낼 수도 있다. 다만, 지역이나 업종에 따라 매출액에 관계없이 간이과세가 배제되는 경우는 있다.

🐾 간이과세가 유리한 점

그런데 부가가치세 납세의무 면에서는 왜 간이과세가 유리할까? 바로 부가가치세 계산 구조 때문이다.

간이과세자의 부가가치세 납부세액은 업종별로 매출액의 1.5~4% 상당액이다. 그런데 최종 납부세액 계산 시 신용카드·현금영수증 매출액의 1.3%와 전자세금계산서 발행에 따른 세액공제를 해 준다.

이를테면 소매업을 하는 간이과세자의 부가가치세 납부세액은 매출액의 1.5%인데, 신용카드·현금영수증 매출액의 1.3%를 세액공제 해준다. 이렇게 납부세액과 세액공제액의 차이가 거의 없다 보니 부가가치세가 크지 않다. 게다가 (매입분)세금계산서·계산서·신용카드·현금영수증에 따른 세액공제(매입액의 0.5%)까지 있어 실제로 계산해보면 납부할 세액이 없는 경우가 대부분이다.

게다가 연간 매출액이 4,800만 원에 미달하는 간이과세자는 납부할 세액이 나와도 납부의무를 면제하며 신고·납부하지 않아도 가산세 규정이 적용되지 않으니, 소규모 사업을 하는 경우에는 간이과세를 원하는 것이다.

🐾 일반과세로 전환

그런데 한 번 더 생각해보자. 연간 매출액이 1억 4백만 원이라면 월매출이 900만 원이 안 된다는 말이다. 월 866만 원 매출액에서 임대료와 재료비, 인건비를 빼고 나면 뭐가 남을까? 1인 사업자가 아니라면 간이 과세를 유지하면서 사업을 한다는 것은 현실적으로 힘들다. 사업이 자리 잡으면 어차피 일반과세자로 넘어가야 한다.

연간 매출액이 1억 4백만 원(2024년 7월부터)이 넘는 해가 생기면, 다음 해 2기부터 일반과세로 전환통지를 받게 된다. 그러면 그 이후부터는 일반과세로 부가가치세를 내게 된다. 일반과세의 부가가치세 계산은 매출액의 10%(매출세액)에서 매입세금계산서 등으로 확인되는 매입세액(매입가액의 10%)을 공제한 세액을 낸다. 예를 들어, 2기 매출액이 1억 원이고 매입세액이 5백만 원이면, 부가가치세 납부세액은 매출액의 10%인 1천만 원에서 매입세액 5백만 원을 공제한 5백만 원이다.

🌐 간이과세의 문제점

그런데 사업자가 간이과세로 등록하는 것을 왜 세무대리인들은 꺼리는 느낌일까? 일단, 간이과세자가 되면 부가가치세 부담이 적기 때문에 매입세금계산서 등 세무자료를 받기보다는 무자료로 거래하는 경우가 흔하다. 이는 추후 일반과세로 전환했을 때 당초 사업을 위해 지출한 각종의 투자와 경비를 확인하기 어려워진다는 의미로, 정식으로 세무장부를 만들 때 불리한 요소로 작용한다.

그리고 간이과세자는 부가가치세가 없거나 적은 것일 뿐 부가가치세의 환급은 없다. 따라서 간이과세로 사업자등록을 내면 사업 초기에 인테리어 또는 비품 등을 매입하며 부담한 부가가치세를 환급받을 수 없다.

⚙️ 일반과세의 선택

반면, 일반과세자로 사업자등록을 하면 최초 부가가치세를 신고할 때는 대부분 부가가치세를 환급받는다. 사업 초기 투자분에 부담한 (매입) 부가가치세를 환급받은 뒤 사업용 자산을 세무장부에 계상하여 향후 경비 처리하는 등 사업 초기의 투자에 대한 세무관리를 시작하면 추후 사업의 성장 및 정착단계에서 절세 혜택을 보게 되니, 소규모 1인 사업자가 아니라면 결론적으로 간이과세보다 일반과세가 더 좋은 선택이라 볼 수 있다.

그런데 일반과세자로 사업자등록을 내고서도 사업 초기에 연간 매출액이 1억 4백만 원(2024년 7월부터)이 안 될 수도 있다. 이럴 경우 세무서에서는 해당 사업자에게 간이과세 전환통지를 보낸다. 이 통지는 세무서가 사업자에게 향후 사업자등록 유형을 간이과세로 바꿀 것인지, 일반과세자로 계속 남을 것인지를 묻는 것이다. 이때 해당 사업자가 간이과세 포기신고를 하면 일반과세자의 지위를 유지할 수 있다.

한편, 일반과세자가 간이과세자로 전환할 경우 소규모 사업이 계속되리라 판단되면 간이과세자를 유지하는 것도 방법인데 이때 세액정산 문제로 당초 일반과세자로 공제받은 부가가치세를 추징당할 수 있으니 세무대리인에게 유·불리를 확인하는 것이 좋다.

■ 부가가치세법 시행규칙 [별지 제44호서식] (2023. 06. 30. 개정)

간이과세자 부가가치세 [ ] 예정신고서 [√] 신고서 [ ] 기한후과세표준신고서

(앞쪽)

관리번호	-			처리기간 즉시

□ 신고기간   2 0 2 4 년 (1 월 1 일 ~ 12 월 31 일)

사 업 자	상 호	구운몽	성명(대표자명)	김만중	사업자등록번호	0 0 0 - 0 0 - 0 0 0 0 0		
	생년월일	1911년 11월 11일	전화번호		사업장 06-666-6666	주소지	휴대전화
	사업장소재지	서울시 OO구 OO길 200 팔선녀빌딩 101호		전자우편주소			

❶ 신고내용

구 분				금 액	부가가치율	세율	세 액
21.6.30. 이전 과세분	전기·가스·증기 및 수도사업		(1)		5/100	10/100	
	소매업, 재생용 재료수집 및 판매업, 음식점업		(2)		10/100	10/100	
	제조업, 농·임·어업, 숙박업, 운수 및 통신업		(3)		20/100	10/100	
	건설업, 부동산임대업, 그밖의 서비스업		(4)		30/100	10/100	
21.7.1. 이후 과세분	소매업, 재생용 재료수집 및 판매업, 음식점업, 전기가스증기수도업		(5)	55,000,000	15/100	10/100	825,000
	제조업, 농·임·어업, 소화물 전문 운송업		(6)		20/100	10/100	
	숙박업		(7)		25/100	10/100	
	건설업, 운수 및 창고업(소화물 전문 운송업 제외), 정보통신업, 그 밖의 서비스업, 도매 및 소매업(상품중개업)		(8)		30/100	10/100	
	금융 및 보험관련 서비스업, 전문·과학 및 기술서비스업(인물사진 및 행사용 영상촬영업 제외), 사업시설관리·사업지원 및 임대서비스업, 부동산 관련 서비스업, 부동산임대		(9)		40/100	10/100	
영세율 적용분	세 금 계 산 서 발 급 분		(10)			0/100	
	기 타		(11)			0/100	
재 고 납 부 세 액			(12)				
합 계			(13)	55,000,000		㉮	825,000
공제세액	매입세금계산서 등 수취세액공제	21.6.30. 이전공급받은분	(14)				
		21.7.1. 이후공급받은분	(15)	11,000,000			55,000
	의 제 매 입 세 액 공 제		(16)				
	매입자발행세금계산서 세액공제	21.6.30. 이전공급받은분	(17)				
		21.7.1. 이후공급받은분	(18)				
	전 자 신 고 및 전 자 고 지 세 액 공 제		(19)			뒤쪽 참조	
	전 자 세 금 계 산 서 발 급 세 액 공 제		(20)				
	신용카드매출전표등 발행세액공제	21.6.30. 이전공급받은분	(21)				
		21.7.1. 이후공급받은분	(22)	15,000,000			195,000
	기 타		(23)				
	합 계		(24)	26,000,000		㉯	250,000
매 입 자 납 부 특 례 기 납 부 세 액			(25)			㉰	
예 정 부 과 (신 고) 세 액			(26)			㉱	
가 산 세 액 계			(27)			㉲	
차감납부할세액(환급받을세액) (㉮ - ㉯ - ㉰ - ㉱ + ㉲)			(28)				575,000

❷ 과세표준명세

	업 태	종 목	업 종 코 드						금 액
(29)	도매 및 소매업	그 외 기타 종합 소매업	5	2	1	9	9	1	55,000,000
(30)									
(31)	기타(수입금액제외분)		5	2	1	9	9	1	
(32)	합 계								55,000,000

❸ 면세수입금액

	업 태	종 목	업 종 코 드						금 액
33)	도매 및 소매업	그 외 기타 종합 소매업	5	2	1	9	9	1	
34)									
35)	수입금액 제외분		5	2	1	9	9	1	
36)	합 계								

❹ 국세환급금계좌신고	거래은행		지점	계좌번호	
❺ 폐 업 신 고	폐업연월일			폐업사유	
❻ 영세율상호주의	여 [ ] 부 [ ]	적용구분	업종		해당국가

「부가가치세법시행령」제114조제3항 및 「국세기본법」제45조의3에 따라 위의 내용을 신고하며, 위 내용을 충분히 검토하였고
신고인이 알고 있는 사실 그대로를 정확하게 작성하였음을 확인합니다.

세무대리인은 조세전문자격자로서 위 신고서를 성실하고 공정하게 작성하였음을 확인합니다.

2025 년 01 월 31 일

신고인 : 김만중 (서명 또는 인)
세무대리인 : (서명 또는 인)

세무서장 귀하

세무대리인	성 명		사업자등록번호		전화번호	- -

210mm X 297mm [백상지(80g/㎡) 또는 중질지(80g/㎡)]

tax
Q5

창업할 때 인테리어 비용을 줄일까, 세금을 잡을까?

🏦 무자료 거래의 유혹

창업 초기에 사업자가 지출하는 대표적인 지출항목으로 권리금, 인테리어, 임대보증금이 있다. 그런데 사업자가 이런 지출을 할 때 거래상대방으로부터 '권리금이나 인테리어를 싸게 해줄테니 무자료로 거래하자'고 유혹받는 경우가 많다.

그러나 사업자가 알아야 할 것은 무자료 거래를 할 경우 무자료에 따른 가격할인액보다 세금손실이 훨씬 크다는 점이다.

🏦 대출이자의 세무경비 처리

이러한 사실의 이해를 돕기 위해 대출을 받아 창업하는 경우의 대출이자에 대한 이야기부터 시작해보자.

세법은 사업자가 지출하는 이자비용에 대해 법인사업자와 개인사업자를 달리 취급하고 있다. 법인사업자는 법인의 재무상황에 관계없이 원칙적으로 모든 이자비용을 세무상 경비(손비)로 인정해주는 반면, 개인사업자는 개인사업의 자산이 부채를 초과하는 경우에만 이자비용을 손비로 인정해준다. 따라서 부채가 사업용 자산보다 많으면 그 초과비율만큼의 이자비용이 세무상으로 인정되지 않는다. 즉, 이자를 지급하고도 세무상 경비 처리되지 않아 세금을 더 내게 된다는 의미이다.

그런데 개인사업자의 재무상태를 정리하다 보면 사업용 자산이 거의 없는 경우도 많다. 왜냐하면 실제로는 대출을 받아 권리금도 주고 인테리어도 하고 임대보증금도 주었지만, 권리금은 임차인들끼리 계약서나 세금계산서 없이 주고받았으며 인테리어는 건축업자가 무자료 조건으로 가격을 깎아준다고 해서 무자료로 처리하다보니 고작 임대보증금만 사업용 자산으로 남기 때문이다.

예를 들어, 음식점 창업을 위해 1억 원을 빌려 무자료로 5천만 원의 권리금과 3천만 원의 인테리어를 하고 2천만 원만 임대보증금 자산으로 회계처리 했다고 가정하자. 이 경우 대출금 1억 원에 대한 연이자가 500만 원이라면 그중 사업용 자산으로 계상된 임대보증금 2천만 원에 해당하는 100만 원만 세무상 경비 처리되고 나머지 400만 원은 세무상 경비로 인정되지 않는다.

🌐 권리금의 세무경비 처리

그러면 권리금은 어떤가? 원칙적으로 권리금(영업권이라고도 한다)을 줄 때는 당사자 간에 세금계산서를 수수하는 것은 물론이고(사업포괄양수도의 경우에는 제외), 권리금을 주는 사업자는 그 권리금의 8.8%를 원천징수하여 관할 세무서에 신고·납부하는 것이 원칙이다. 이후 권리금을 받는 사업자는 사업소득과는 별도로 권리금의 40%를 기타소득금액으로 하여 종합소득금액에 합산신고·납부하고 당초 원천징수된 세액을 공제받는 것이다.

하지만 권리금을 주고받을 때 많은 사람들은 이러한 적법 절차를 지키지 않고 무자료로 처리한다.

권리금을 지급한 사업자는 이 권리금을 5년간 나누어 감가상각비*로 세무상 경비 처리할 수 있는데, 적법 절차를 지키지 않았으니 권리금에 대한 수수 증거가 없는 경우도 많다.

*감가상각비: 시간의 경과에 따라 고정자산의 가치가 감소하는 것을 인위적으로 회계상 비용에 반영하는 것으로, 영업권은 세법상 5년간 정액으로 감가상각을 한다.

좋은 세무대리인이라면 비록 세금계산서가 없어도 권리금이 수수된 금융증빙이나 계약서를 기반으로 사업용 자산으로 계상해 감가상각함으로써 권리금을 지급한 사업자의 세금을 깎아주려고 노력한다. 물론 당초 권리금에 대해 세금계산서를 발행하지 않고 원천징수를 하지 않은 것에 대한 가산세 문제는 남는다.

하지만 창업 초기에 이런 규정을 모르고 세무대리인도 없이 신고하면서 권리금에 대한 세무처리를 생략하여 아무런 세무상 혜택을 받지 못하는 경우도 허다하다.

💬 인테리어의 세무경비 처리

무자료 인테리어는 어떤가? 만일 인테리어를 하고 세금계산서를 받았다면, 이 시설물은 업종별 감가상각 기간(통상 5년)에 나누어 감가상각비로 경비 처리할 수 있다. 그런데 무자료일 때는 사업용 자산으로 계상해 양성화시키기도 곤란하니 건축업자가 조금 깎아준 비용으로는 충당할 수 없을 만큼의 세무상 손해가 발생한다.

게다가 서두에 말했듯이 사업용 자산으로 잡히지 않은 권리금과 인테리어를 위해 대출받은 부채의 이자를 세무상 경비로 처리할 수 없으니 추가적인 손해까지 입게 된다.

예를 들어, 5천만 원의 권리금과 3천만 원의 인테리어를 무자료로 처리했다면 매년 1,600만 원(=8천만 원/5년)의 감가상각비가 누락된 셈이고, 매년 종합소득세율 24%를 적용받는 사업자에게 이런 일이 발생했다면 연간 384만 원, 5년간 총 1,920만 원의 세금할인을 포기한 셈이 되니 얼마나 아쉬운 일인가.

tax
Q6

개인사업자가 쉽게 세무자료를 관리하는 방법

💱 홈택스의 활용

개인사업자가 세무대리를 맡기려고 세무사를 찾아와서 흔히 하는 질문 중 하나가 "세무신고 대리를 맡기려고 하는데, 뭘 어떻게 준비해야 하나요?"라는 것이다. 이 질문에 대해 개인사업자에게 주는 답은 "홈택스를 활용하라."이다.

개인사업자가 창업하면 매 1년 단위로 사업소득금액에 대한 종합소득세를 다음 해 5월 말(성실신고확인대상 사업자는 6월 말)까지 신고·납부해야 한다. 이때 사업소득금액의 계산은 세무사가 하지만, 개인사업자의 세무자료는 홈택스를 통해 축적할 수 있다. 이렇게 축적된 세무자료를 세무사에게 알려주기만 하면 된다. 지금부터 홈택스를 활용하는 방법을 알아보자.

홈택스 가입

세무서에 개인사업자 등록을 하면서 홈택스(https://www.hometax.go.kr/)에 가입하자. 아이디와 비밀번호로 접속하거나 개인 공인인증서를 등록하면 홈택스를 활용할 수 있다. 이때 전자세금계산서를 발행하는 경우에는 반드시 전자세금계산서용 공인인증서가 필요하므로 처음부터 은행에서 사업용 계좌도 만들고 전자세금계산서용 공인인증서를 발급받아 홈택스를 활용하는 것이 좋다.

사업용 신용카드와 사업용 계좌신고의 등록

홈택스에 들어가 가장 먼저 할 일은 사업상 사용할 신용카드를 사업용 신용카드로 등록하고(전자세금계산서 · 현금영수증 · 신용카드 메뉴 이용) 사업용으로 사용할 계좌를 신고하는 것이다. 그리고 사업용 경비지출은 등록된 신용카드를 사용하고 현금지출이 발생하면 사업자등록번호로 지출증빙용 현금영수증을 발급받도록 한다.

전자세금계산서와 전자계산서의 활용

사업자 간 매출 또는 매입이 발생해 세금계산서나 계산서를 주고받을 때는 모두 전자세금계산서 또는 전자계산서로 관리한다. 이렇게 하면 부가가치세 신고자료는 거의 정리된다.

⚙ 인건비의 신고

이제 세무신고를 위해 세무자료가 필요할 때는 홈택스에 접속해서 확인해 보자.

사업자의 전자(세금)계산서 매출과 매입 현황은 전자(세금)계산서에서 확인할 수 있고, 사업자의 사업용 신용카드 사용내역과 현금영수증 사용내역은 현금영수증에서 조회할 수 있다.

여기에 인건비만 관리하면 세무자료 관리는 거의 끝난다. 참고로 인건비 관리는 원천징수 신고·납부로 하게 되며, 주로 세무사무소에 의뢰해 처리한다. 원천징수란 소득을 지급하는 사업자가 소득을 지급받는 자로부터 해당 소득에 대한 세금 일부를 공제해 사업장 관할 세무서에 매월(또는 반기) 단위로 신고·납부하는 제도를 말한다.

끝으로 현금영수증을 받지 못한 각종 영수증과 종이로 받은 세금계산서나 계산서를 모으면 세무자료 관리는 끝난다.

상당수의 개인사업자가 이렇게 쉬운 일을 알지 못해 세무신고를 하면서 절세에 도움이 되는 세금증빙을 누락하니 안타까운 일이다. 만약 종합소득세율 24%를 적용받는 사업자가 10만 원짜리 영수증 한 장을 누락했다면 2만 4천 원짜리 세금할인 쿠폰을 잃어버린 셈이니 얼마나 안타까운 일인가.

Q7 법인사업자가 쉽게 세무자료를 관리하는 방법

홈택스와 법인통장의 활용

법인사업자가 세무대리를 맡기려고 찾아와서 "세무신고 대리를 맡기려는데 뭘 어떻게 준비해야 하나요?"라고 물으면 법인사업자에게 주는 답은 "홈택스와 법인통장을 활용하라."이다.

법인사업자가 창업하면 통상 1년 단위로 법인의 사업소득금액에 대한 법인세를 다음 해 3월 말(12월 말 결산법인인 경우)까지 신고·납부해야 한다. 이때 각 사업연도의 소득금액 계산은 세무사가 하지만, 법인사업자의 세무자료는 홈택스와 법인통장을 통해 축적할 수 있다. 이렇게 축적된 자료를 세무사에게 알려주면 그것으로 끝이다. 여기에 법인통장이 추가되는 이유는, 법인은 법인통장으로 장부관리를 하기 때문이다. 지금부터 법인사업자가 홈택스를 활용하는 방법을 알아보자.

홈택스 가입

세무서에 법인사업자등록을 하면서 홈택스(https://www.hometax.go.kr/)에 가입하자. 아이디와 비밀번호로 접속하거나 공인인증서를 등록하면 홈택스를 활용할 수 있다. 법인사업자가 세금계산서나 계산서를 발급해야 하는 업종이라면 의무적으로 이를 발급해야 하므로, 홈택스 가입도 반드시 전자세금계산서용 공인인증서로 해야 한다.

사업용 신용카드 등록과 사업용 계좌신고 여부

법인사업자는 개인사업자와는 달리 홈택스에 들어가 사업용 신용카드나 사업용 계좌를 등록할 필요가 없다. 법인 신용카드는 홈택스에서 자동으로 인지해 자료를 관리해주며, 법인사업자는 법인통장으로 장부관리를 하기 때문이다. 다만, 사업용 경비 지출은 법인 신용카드를 사용하고 현금지출이 발생하면 사업자등록번호로 지출 증빙용 현금영수증을 발급받도록 한다(전자세금계산서 · 현금영수증 · 신용카드 메뉴 이용).

전자세금계산서와 전자계산서의 활용

사업자 간 매출 또는 매입이 발생해 세금계산서나 계산서를 주고받을 때는 모두 전자세금계산서 또는 전자계산서로 관리한다. 이렇게 하면 부가가치세 신고 자료는 거의 정리된다.

⦿ 법인통장의 엑셀 자료 일자별 관리

여기에 법인통장으로 입출금된 내역을 엑셀로 다운로드 받아 해당 거래내역을 건별로 정리하면 법인의 수입과 지출에 대한 결제 정보를 한꺼번에 관리할 수 있다.

이제 세무신고를 위해 세무자료가 필요할 때는 홈택스에 접속해서 확인해보자. 사업자의 전자(세금)계산서 매출과 매입 현황은 전자(세금)계산서에서 확인할 수 있고, 법인사업자의 법인카드 사용내역과 현금영수증 사용내역은 현금영수증에서 조회할 수 있다.

⦿ 인건비의 신고

여기에 인건비만 관리하면 법인의 세무자료 관리는 거의 끝난다. 참고로 인건비 관리는 원천징수 신고·납부로 하며, 주로 세무사무소에 의뢰해 처리한다. 끝으로 현금영수증을 받지 못한 각종 영수증과 종이로 받은 세금계산서와 계산서를 모으면 세무자료 관리는 끝난다.

세무사무소에서는 이렇게 취합된 세무자료를 기초로 법인사업자의 각 사업연도 소득금액을 계산하고, 법인통장 입출금 내역에 따라 외상매출금과 외상매입금, 미지급금과 미수금 등을 관리한다. 법인사업자의 세무자료 관리도 알고 보면 절대 어렵지 않다.

tax
Q8

국세청은 국민의 세금을 어떻게 파악할까?

국세청은 어떻게 대한민국 국민들이 돈을 벌고 재산을 마련하는지 알수 있을까? 그 방법은 세법에 규정된 다음과 같은 제도를 통해 이루어진다.

세금계산서 · 계산서 제도와 신용카드 · 현금영수증 제도

개인사업자 또는 법인사업자의 사업소득의 경우, 세원(稅源)을 파악하는 가장 대표적인 장치는 세금계산서 · 계산서 제도이다. 사업자는 부가가치세 신고 또는 사업장현황신고를 통해 자신이 발행한 매출세금계산서 · 계산서와 다른 사업자에게 발급받은 매입세금계산서 · 계산서 내역을 신고한다.

이를 통해 국세청은 사업자 상호 간의 매출과 매입 내역을 상호대사(cross-check)한다. 이후 사업자가 종합소득세나 법인세를 신고할 때 제출한 손익계산서와 비교해 매출 증빙은 손익계산서상의 매출액과 비교하고, 매입 증빙은 손익계산서의 각종 비용 항목과 비교한다.

그런데 세금계산서 · 계산서는 매출을 누락하기 위해 거래상대방의 암묵적 승인에 따라 교부하지 않는 경우가 있다. 거래는 있는데 증빙 발행을 누락해 세무서에 보고하지 않는 것이다. 그래서 세무조사를 할 때는 이러한 매출누락을 집중적으로 조사하게 된다.

그러나 소비자 상대업종의 경우 현금매출이 발생할 때 매출세금계산서 · 계산서를 발행할 의무가 없기 때문에 매출이 신고 누락될 여지가 크다. 그래서 소비자 상대업종을 영위하는 사업자를 의무적으로 신용카드 · 현금영수증 가맹등록하게 하고 신용카드나 현금영수증으로 결제한 소비자에게 소득공제 혜택을 주거나 탈세 제보에 따른 포상금 혜택을 주어 사업자의 매출을 양성화하고 있다.

원천징수와 지급명세서 제도

사업소득 외에 이자소득, 배당소득, 근로소득, 사업소득 중 용역소득, 연금소득, 기타소득, 퇴직소득 같은 것은 비사업자의 소득으로서 세금계산서, 계산서, 신용카드, 현금영수증으로 파악하기가 어렵다.

그래서 국세청에서는 이러한 소득을 지급하는 사업자에게 원천징수 의무를 부여한다. 원천징수란 소득을 지급하는 사업자가 소득을 지급받는 자로부터 해당 소득에 대한 세금 일부를 공제한 뒤 사업장 관할 세무서에 매월(또는 반기) 단위로 신고 · 납부하는 제도로서 추후 구체적인 소득 지급내역을 지급명세서로 보고한다.

세금계산서, 계산서, 신용카드, 현금영수증 제도가 사업자의 소득을 파악하는 장치라면, 원천징수제도는 비사업자의 소득을 파악하는 장치이다. 그리고 원천징수 의무가 있는 사업자는 원천징수한 내역을 기재한 인별 지급명세서를 다음 연도 2월 말 또는 3월 10일까지 사업장 관할 세무서에 보고해야 한다.

그런데 원천징수 되어야 하는 소득을 누락하기 위하여 소득자가 원천징수하지 말 것을 부당히 요구하는 경우도 있다. 이 경우 원천징수대상 소득을 지급하는 사업자는 본인이 경비로 처리하여야 할 비용을 누락시킬 수밖에 없거나 원천징수 없이 지급하고 본인의 경비로 처리하는 경우가 있는데, 후자의 경우라면 세무서에서는 증빙 없는 경비로 적출하여 추징하니 유의하여야 한다.

등기·등록제도

상속세, 증여세, 양도소득세와 같은 재산과세에 대해서는 등기와 등록제도를 통해 세원을 파악한다. 통상적으로 등기원인이 매매냐, 상속이냐, 증여냐에 따라 양도소득세, 상속·증여세를 부과하지만, 만일 등기원인과 사실 관계가 다를 때는 실질에 따라 세금을 부과한다는 점에 유의하여야 한다.

예를 들어, 세금을 줄이기 위해 사실상 무상증여를 하면서 양도(매매)로 등기할 경우에도 국세청이 세금을 부과할 때는 실질에 따라 증여세를 부과한다. 따라서 등기원인을 조작하는 것은 의미가 없다.

그래서 탈세를 위해 아예 미등기로 재산을 거래하기도 한다. 이에 대해 국세청은 등기를 요하지 않는 분양권 거래 같은 것은 상시적으로 세무 정보를 수집하고, 부동산의 미등기 전매가 밝혀지면 양도소득세율을 70%로 적용해 세금을 추징한다.

Q9 사업을 시작하면
어떤 세금을 언제 낼까?

직업이 세무사라고 하면 사람들이 많이 하는 질문 가운데 하나가 "우리가 내는 세금은 몇 개나 되나요?"이다.

사람들은 우스갯소리로 이런 말도 한다. 태어나면 주민세, 살아서 재산을 주면 증여세, 죽어서 재산을 주면 상속세, 노동을 하면 근로소득세, 담배를 피우면 담배소비세, 한잔하면 주세, 저축하니 이자소득세, 집을 사니 재산세, 차를 사니 취득세, 차번호를 따니 등록면허세, 회사를 차리니 법인세, 껌 하나에도 부가가치세, 있는 양반은 탈세, 없는 사람들은 만세…….

세금의 종류

어쨌든 세금은 일단 과세권자에 따라 국세와 지방세로 나눈다. '국세와 지방세의 조정 등에 관한 법률'에 따르면 국세는 소득세 등 총 16개, 지방세는 취득세 등 총 11개이다. 그런데 국세 가운데 소득세는 종합소득세, 퇴직소득세, 양도소득세로 나누고, 종합소득세는 다시 이자소득세, 배당소득세, 사업소득세, 근로소득세, 연금소득세, 기타소득세로 구분된다.

구 분	세 목
국세	① 소득세, ② 법인세, ③ 상속세, ④ 증여세, ⑤ 종합부동산세, ⑥ 부가가치세, ⑦ 개별소비세, ⑧ 교통에너지환경세, ⑨ 주세, ⑩ 인지세, ⑪ 증권거래세, ⑫ 교육세, ⑬ 농어촌특별세, ⑭ 재평가세, ⑮ 관세, ⑯ 임시수입부가세
지방세	① 취득세, ② 등록면허세, ③ 레저세, ④ 담배소비세, ⑤ 지방소비세, ⑥ 주민세, ⑦ 지방소득세, ⑧ 재산세, ⑨ 자동차세, ⑩ 지역자원시설세, ⑪ 지방교육세

이렇게 많은 세금 가운데 사업자가 알아야 할 세금은 부가가치세, 소득세, 법인세, 지방소득세이다. 그리고 소득세 가운데서도 사업소득세, 근로소득세(원천징수), 퇴직소득세(원천징수)를 알면 충분하다. 이제, 이 주요 세금의 신고·납부시기를 알아보자.

🖤 부가가치세 신고·납부기한 등

부가가치세 신고·납부기한은 개인사업자와 법인사업자가 다소 다르다. 개인사업자 중 일반과세자는 1년을 반기별로 나누어 상반기 실적은 7월 25일까지, 하반기 실적은 1월 25일까지 신고·납부해야 한다. 다만, 간이과세자는 1년 실적을 다음 해 1월 25일까지 신고·납부하는 것이 원칙이나, 연간 매출액이 4,800만 원 이상인 간이과세자 중 예정부과기간 (1월~6월)에 세금계산서를 발급한 간이과세자는 반기별로 예정신고를 하여야 한다.

한편, 법인사업자는 1년을 분기별로 나누어 1분기 부가가치세는 4월 25일, 2분기는 7월 25일, 3분기는 10월 25일, 4분기는 다음 해 1월 25일까지 신고·납부해야 한다. 다만, 직전 과세기간 공급가액의 합계액이 1.5억 원 미만인 소규모 법인사업자는 부가가치세 예정신고의무가 없다.

그런데 부가가치세 납세의무가 없는 면세사업자는 부가가치세 신고·납부가 없는 대신 사업장현황신고(법인은 면세수입신고)를 해야 하며, 신고기한은 다음 연도 2월 10일까지이다.

ⓦ 개인사업자의 종합소득세 신고·납부와 원천징수 신고·납부

개인사업자의 사업소득금액에 대한 종합소득세 신고·납부기한은 다음 연도 5월 31일(성실신고 확인대상사업자는 6월 30일)까지이다.

그런데 개인사업자는 직원과 용역사업자의 소득세를 원천징수하여 내야 할 의무도 있기 때문에 급여·상여 또는 퇴직금 지급에 따른 직원의 근로소득세와 퇴직소득세 원천징수세액, 용역비 지급에 따른 인적용역사업자의 사업소득세 원천징수세액을 지급일의 다음 달 10일까지 신고·납부하여야 한다.

만일 월별 신고가 번거롭다면 반기별 납부신청을 하면 상반기 원천징수세액은 7월 10일까지, 하반기 원천징수세액은 1월 10일까지 일괄로 신고·납부가 가능하다.

🔰 법인사업자의 법인세 신고·납부기한과 원천징수 신고·납부

법인사업자의 사업소득금액에 대한 법인세 신고·납부기한은 회계기간 종료 후 3개월 이내이다. 대부분 법인사업자의 회계기간은 매년 1월 1일부터 12월 31일까지로, 법인세 신고·납부기한은 대개 다음 연도 3월 31일까지이다.

그런데 법인사업자는 임직원과 용역사업자의 소득세를 원천징수하여 내야 할 의무도 있기 때문에 급여·상여 또는 퇴직금 지급에 따른 임직원의 근로소득세와 퇴직소득세 원천징수세액, 용역비 지급에 따른 인적용역사업자의 사업소득세 원천징수세액을 지급일의 다음 달 10일까지 신고·납부하여야 한다.

만일 월별 신고가 번거롭다면 반기별 납부신청을 하면 상반기 원천징수세액은 7월 10일까지, 하반기 원천징수세액은 1월 10일까지 일괄로 신고·납부가 가능하다.

🔰 지방소득세 신고·납부기한

소득세 또는 법인세에 따라 납부해야 하는 지방소득세는 개인소득분 지방소득세의 경우 소득세 신고·납부기한에 함께 신고·납부하면 되고, 법인소득분 지방소득세의 경우 법인세 신고기한 경과 후 한 달 뒤까지 신고·납부하면 된다.

이처럼 세목별로 세무신고기한이 다르고 복잡해서 자칫 방심했다가는 놓치기가 쉽고, 세무신고기한을 하루라도 넘기면 무신고가산세가 붙는다. 그러므로 세무일정이 적힌 세무달력을 구해서 주요 세목의 신고 · 납부 기한에 표시를 해놓는 것이 어떨까?

세 목	신고 · 납부기한
개인부가가치세	일반과세자는 반기 종료 후 25일 이내(7월 25일, 1월 25일) 간이과세자는 1역년 종료 후 25일 이내(1월 25일)
법인부가가치세	분기 종료 후 25일 이내 (4월 25일, 7월 25일, 10월 25일, 1월 25일)
종합소득세	다음 연도 5월 31일(성실신고사업자는 6월 30일)
법인세	회계기간 종료 후 3월 이내(통상 다음 연도 3월 31일)
원천징수세액	지급일이 속하는 달의 다음 달 10일(반기별 납부 가능)
지방소득세	국세의 신고 · 납부기한 내(법인지방소득세는 1개월 추가)

사업자 세금의 유형

Part 02

부가가치세는 무엇이고 어떻게 신고 · 납부할까?

"껌 하나 살 때도 부가가치세"라는 말이 있다. 무슨 뜻일까? 부가가치세란 이론적으로는 재화(물건) 또는 용역(서비스)이 생산 · 유통되는 모든 단계에서 창출된 기업의 부가가치에 대해 과세하는 세금을 말한다.

부가가치세의 개념

하지만 우리나라의 부가가치세는 사업자가 부가가치세가 과세되는 재화 · 용역을 판매할 때 그 판매금액의 10% 상당액을 매출세액으로 내고, 납부세액을 계산할 때 (매입분)세금계산서 · 신용카드 · 현금영수증으로 확인되는 매입세액(매입금액의 10%)이 있으면 이를 매출세액에서 공제하여 계산한 거래세금이다.

따라서 부가가치세가 과세되는 재화 · 용역을 판매하는 사업자는 거래를 할 때 부가가치세 부담을 매입자에게 넘기기 위해 매출액과 부가가치세(매출액의 10%)를 같이 청구해서 받는다. 이와 같이 부가가치세는 재화 · 용역을 판매한 사업자가 신고 · 납부하지만, 실제로 세부담을 지는 쪽은 매입자이다. 이를 세금부담의 전가(轉嫁)라고 하는데, 사업자 간에 수수하는 세금계산서에는 부가가치세 부담의 전가가 표시된다.

💲 소비자 상대업종의 부가가치세

한편, 세금계산서를 발행하지 않는 소비자 상대업종은 신용카드, 현금영수증, 현금매출의 10%를 부가가치세로 납부해야 한다. 이론적으로 소비자 가격에는 부가가치세가 포함된 셈이 된다. 그래서 "껌 하나 살 때도 부가가치세"라는 말이 나온 것이다.

그런데 소비자 가격을 사업자 마음대로 결정하는 것도 아니고, 부가가치세를 소비자에게 별도로 청구하기도 어렵다. 예를 들어, 음식점에서 7천 원짜리 점심을 팔면 약 700원은 사업자의 매출이 아니라 부가가치세이므로 실제 음식점업자는 약 6,300원만 수입으로 얻게 되는데, 이를 바꾸기 위해 점심값을 7,700원으로 올리기란 생각보다 쉬운 일이 아니다.

💲 신용카드 등의 사용에 따른 세액공제

그래서 부가가치세법은 직전 연도 연매출 10억 원 이하의 소비자 상대업종 개인사업자의 부가가치세 부담을 덜어주기 위해 신용카드, 현금영수증 매출의 1.3%(연간 1,000만 원 한도)를 부가가치세 납부세액에서 공제해 주는 제도를 마련하고 있다.

🌐 부가가치세의 신고와 납부

부가가치세를 개인사업자 가운데 일반과세자는 1년에 두 번 신고·납부하게 된다. 상반기 실적은 7월 25일까지, 하반기 실적은 1월 25일까지가 신고기한이다.

이와는 달리 법인사업자는 부가가치세를 1년에 네 번 신고·납부한다. 1분기 실적은 4월 25일, 2분기 실적은 7월 25일, 3분기 실적은 10월 25일, 4분기 실적은 1월 25일까지가 신고기한이다. 다만, 직전 과세기간 공급가액의 합계액이 1.5억 원 미만인 소규모 법인사업자는 부가가치세 예정신고의무(4월·10월)가 없다.

부가가치세 신고·납부 시 주된 첨부서류를 살펴보면, 매출자료에는 매출처별 세금계산서합계표(사업자 상대업종), 신용카드매출전표 발행집계표(소비자 상대업종), 영세율(매출)첨부서류(수출업종)가 있다. 또한 매입자료에는 매입처별 세금계산서합계표, 매입처별 계산서합계표와 신용카드매출 전표 등 수령금액합계표가 있다.

이는 고도의 세원파악장치로 작동하는데 합계표 제출 등을 통해 국세청은 사업자 상호 간의 매출과 매입 내역을 상호대사(cross-check)하고 이후 사업자가 종합소득세 또는 법인세를 신고할 때 제출한 손익계산서와 비교해 매출세금계산서 등은 손익계산서상의 매출액과 비교하고, 매입세금계산서 등은 손익계산서의 각종 비용 항목과 비교하여 탈세 여부를 판단한다.

한편, 부가가치세 과세사업자 중 직전 연도 매출액이 1억 4백만 원 (2024년 7월부터)에 미달하는 소비자 상대업종(전문직 제외)의 개인사업자가 간이과세자로 등록하면 업종별로 매출의 1.5~4% 상당액을 부가가치세로 납부할 수 있다.

그리고 최종 납부세액 계산 시 신용카드 · 현금영수증 매출액의 1.3%와 전자세금계산서 발행에 따른 세액공제를 해 주고, (매입분)세금계산서 · 신용카드 · 현금영수증에 의한 매입세액공제도 일정액 허용되기 때문에 사실상 부가가치세를 납부하는 일은 거의 없다.

게다가 연간 매출액이 4,800만 원에 미달하는 간이과세자는 납부할 세액이 나와도 납부의무를 면제하며, 신고 · 납부하지 않아도 가산세 규정이 적용되지 않는다.

이러한 간이과세자의 부가가치세 신고는 1년 실적을 다음 해 1월 25일까지 신고 · 납부하는 것이 원칙이나, 연간 매출액이 4,800만 원 이상인 간이과세자 중 예정부과기간(1월~6월)에 세금계산서를 발급한 간이과세자는 반기별로 예정신고를 하여야 한다.

일반과세자 부가가치세 [ ] 예정 [√] 확정 신고서
[ ] 기한후과세표준
[ ] 영세율등조기환급

(제1장 앞쪽)

관리번호	-			처리기간	즉시

□ 신고기간 2 0 2 4 년 제 1 기 (1 월 1 일 ~ 6 월 30 일)

사업자	상 호 (법인명)	율도국	성 명 (대표자명)	홍길동	사업자등록번호	9 9 9 - 9 9 - 9 9 9 9 9
	생년월일	1911년 11월 11일	전화번호		사업장 999-9999-9999	주소지 / 휴대전화
	사업장주소	서울시 OO구 OO길 100 허균빌딩 101호	전자우편 주소			

❶ 신 고 내 용

구 분			금 액	세율	세 액
과세표준 및 매출세액	과세	세 금 계 산 서 발 급 분 (1)	60,000,000	10/100	6,000,000
		매 입 자 발 행 세 금 계 산 서 (2)		10/100	
		신 용 카 드 · 현 금 영 수 증 발 행 분 (3)	909,091	10/100	90,909
		기 타 (정 규 영 수 증 외 매 출 분) (4)			
	영세율	세 금 계 산 서 발 급 분 (5)		0/100	
		기 타 (6)		0/100	
	예 정 신 고 누 락 분 (7)				
	대 손 세 액 가 감 (8)				
	합 계 (9)		60,909,091	㉑	6,090,909
매입세액	세금계산서 수취분	일 반 매 입 (10)	32,000,000		3,200,000
		수출기업 수입분 납부유예 (10-1)			
		고 정 자 산 매 입 (11)			
	예 정 신 고 누 락 분 (12)				
	매 입 자 발 행 세 금 계 산 서 (13)				
	그 밖 의 공 제 매 입 세 액 (14)		7,419,870		741,987
	합계(10)-(10-1)+(11)+(12)+(13)+(14) (15)		39,419,870		3,941,987
	공 제 받 지 못 할 매 입 세 액 (16)				
	차 감 계 (1 5) - (1 6) (17)		39,419,870	㉯	3,941,987
납 부 (환 급) 세 액 (매 출 세 액 ㉑ - 매 입 세 액 ㉯)				㉰	2,148,922
경감 공제세액	그 밖 의 경 감 · 공 제 세 액 (18)				
	신 용 카 드 매 출 전 표 등 발 행 공 제 등 (19)		1,000,000		13,000
	합 계 (20)		1,000,000	㉱	13,000
소 규 모 개 인 사 업 자 부 가 가 치 세 감 면 세 액 (20-1)				㉲	
예 정 신 고 미 환 급 세 액 (21)				㉳	
예 정 고 지 세 액 (22)				㉴	
사 업 양 수 자 가 대 리 납 부 한 세 액 (23)				㉵	
매 입 자 납 부 특 례 에 따 라 납 부 한 세 액 (24)				㉶	
신 용 카 드 업 자 가 대 리 납 부 한 세 액 (25)				㉷	
가 산 세 액 계 (26)				㉸	
차감·가감하여 납부할세액(환급받을세액)(㉰-㉱-㉲-㉳-㉴-㉵-㉶-㉷+㉸) (27)					2,135,922
총 괄 납 부 사 업 자 가 납 부 할 세 액 (환 급 받 을 세 액)					

❷ 국세환급금계좌신고 거래은행 지점 계좌번호
❸ 폐업신고 폐업일 · · 폐업사유

❹ 영세율상호주의 여 [ ] 부 [ ] 적용구분 업종 해당국가

❺ 과 세 표 준 명 세

업 태	종 목	생산요소	업종코드	금 액
(28) 도매및소매업	전자상거래소매업		5 2 5 1 0 1	60,909,091
(29)				
(30)				
(31) 수입금액제외			5 2 5 1 0 1	
(32) 합 계				60,909,091

세 무 대 리 인	성 명		사업자등록번호		전화번호	- -	생년월일	

「부가가치세법」 제48조·제49조 또는 제59조와 「국세기본법」 제45조의3에 따라 위의 내용을 신고하며, **위 내용을 충분히 검토하였고 신고인이 알고 있는 사실 그대로를 정확하게 적었음을 확인합니다.**

2024 년 07 월 25 일

신고인 홍길동 (서명 또는 인)

세무대리인은 조세전문자격자로서 위 신고서를 성실하고 공정하게 작성하였음을 확인합니다.

세무대리인 (서명 또는 인)

세무서장 귀하

첨부서류 뒤쪽 참조

210mm ×297mm [백상지 80g/㎡ 또는 중질지 80g/㎡]

※ 이 쪽은 해당 사항이 있는 사업자만 사용합니다.

사업자 등록번호 | 9 9 9 - 9 9 - 9 9 9 9 9   * 사업자등록번호는 반드시 적으시기 바랍니다.

		구 분			금 액	세 율	세 액
예정신고 누락분 명세	(7)매출	과세	세 금 계 산 서	(33)		10/100	
			기 타	(34)		10/100	
		영세율	세 금 계 산 서	(35)		0/100	
			기 타	(36)		0/100	
		합	계	(37)			
	(12)매입	세 금 계 산 서		(38)			
		그 밖 의 공 제 매 입 세 액		(39)			
		합	계	(40)			

	구 분			금 액	세 율	세 액
(14) 그 밖의 공제 매입세액 명 세	신용카드매출전표등수령 명세서제출분	일 반 매 입	(41)	7,419,870		741,987
		고 정 자 산 매 입	(42)			
	의 제 매 입 세 액		(43)		뒤쪽참조	
	재 활 용 폐 자 원 등 매 입 세 액		(44)		뒤쪽참조	
	과 세 사 업 전 환 매 입 세 액		(45)			
	재 고 매 입 세 액		(46)			
	변 제 대 손 세 액		(47)			
	외 국 인 관 광 객 에 대 한 환 급 세 액		(48)			
	합	계	(49)	7,419,870		741,987

	구 분		금 액	세 율	세 액
(16) 공제받지 못 할 매입세액 명 세	공 제 받 지 못 할 매 입 세 액	(50)			
	공통매입세액중면세사업등해당세액	(51)			
	대 손 처 분 받 은 세 액	(52)			
	합	계	(53)			

	구 분		금 액	세 율	세 액
(18) 그 밖의 경감·공제 세액 명세	전 자 신 고 및 전 자 고 지 세 액 공 제	(54)			
	전 자 세 금 계 산 서 발 급 세 액 공 제	(55)			
	택 시 운 송 사 업 자 경 감 세 액	(56)			
	대 리 납 부 세 액 공 제	(57)			
	현 금 영 수 증 사 업 자 세 액 공 제	(58)			
	기 타	(59)			
	합 계	(60)			

		구 분		금 액	세 율	세 액
(25) 가산세 명세	사 업 자 미 등 록 등		(61)		1/100	
	세금계산서	지 연 발 급 등	(62)		1/100	
		지 연 수 취	(63)		5/1000	
		미 발 급 등	(64)		뒤쪽참조	
	전자세금계산서 발급명세전송	지 연 전 송	(65)		3/1,000	
		미 전 송	(66)		5/1,000	
	세금계산서 합계표	제 출 불 성 실	(67)		5/1,000	
		지 연 제 출	(68)		3/1,000	
	신고불성실	무 신 고 (일 반)	(69)		뒤쪽참조	
		무 신 고 (부 당)	(70)		뒤쪽참조	
		과소·초과환급신고(일반)	(71)		뒤쪽참조	
		과소·초과환급신고(부당)	(72)		뒤쪽참조	
	납 부 지 연		(73)		뒤쪽참조	
	영 세 율 과 세 표 준 신 고 불 성 실		(74)		5/1,000	
	현 금 매 출 명 세 서 불 성 실		(75)		1/100	
	부 동 산 임 대 공 급 가 액 명 세 서 불 성 실		(76)		1/100	
	매입자납부특례	거 래 계 좌 미 사 용	(77)		뒤쪽참조	
		거 래 계 좌 지 연 입 금	(78)		뒤쪽참조	
	신용카드매출전표등 수령명세서미제출 과다기재		(79)		5/1,000	
	합	계	(80)			

		업 태	종 목	코 드 번 호	금 액
면세사업 수입금액	(81)	도매 및 소매업	전자상거래 소매업	5 2 5 1 0 1	
	(82)				
	(83) 수입금액제외			5 2 5 1 0 1	
				(84) 합계	

계산서 발급 및 수취명세	(85) 계산서 발급금액	
	(86) 계산서 수취금액	

세금계산서는 무엇이고 어떻게 관리할까?

부가가치세

우리나라 부가가치세는 사업자가 부가가치세가 과세되는 재화·용역을 판매할 때 판매금액의 10% 상당액을 매출세액으로 내고, 납부세액 계산 시 (매입분)세금계산서·신용카드·현금영수증으로 확인되는 매입세액이 있으면 이를 매출세액에서 공제하여 계산한 거래세금이다.

따라서 부가가치세가 과세되는 재화·용역을 판매하는 사업자는 부가가치세 부담을 매입자에게 넘기기 위하여 거래할 때 매출액과 부가가치세(매출액의 10%)를 같이 청구해서 받는다.

이렇듯 재화·용역을 판매한 사업자가 부가가치세를 신고·납부하지만, 실제부담은 매입자가 진다. 이를 세금부담의 전가(轉嫁)라고 하며, 세금계산서에는 부가가치세 부담의 전가가 표시된다.

💱 세금계산서와 거래징수

세금계산서는 부가가치세 일반과세자가 사업자에게 재화·용역을 공급할 때 교부하는 매출증빙으로 공급가액과 부가가치세가 별도로 기재된다. 청구금액은 공급가액과 부가가치세액의 합계이므로, 매입자에게 부가가치세도 받게 된다. 이를 '거래징수'라고 한다.

또한 매입자가 부가가치세 과세사업자라면 (매입분)세금계산서는 매입세액을 공제받을 수 있는 증빙기능을 한다. 만일 일반과세자의 매입세액을 공제하면서 매출세액을 초과하면, 그 초과분은 세무서가 환급해 준다.

💱 세금계산서의 필요적 기재사항

세금계산서를 작성할 때는 공급자의 사업자등록번호와 성명 또는 명칭, 공급받는 자의 사업자등록번호(고유번호 또는 주민등록번호 기재 가능), 작성연월일, 공급가액과 부가가치세액을 반드시 써야 하며 그 밖의 사항은 임의적 기재 사항이다.

공급자는 공급자 보관용(적색)과 공급받는 자 보관용(청색)으로 같은 내용의 세금계산서 두 장을 작성한다. 그리고 사업자는 부가가치세를 신고할 때 매출처별 세금계산서합계표, 매입처별 세금계산서합계표를 제출하게 된다. 국세청에서는 이것으로 재화·용역을 거래한 사업자 상호 간의 세금계산서 자료를 비교분석할 수 있다.

🌝 전자세금계산서의 의무화

　그런데 국세청은 종전의 종이세금계산서와 종이계산서가 사업자 간 필요에 따라 허위로 발급될 수 있는 점에 착안해 전자세금계산서·전자계산서 제도를 도입하였다. 이에 따라 2011년부터 법인사업자에게 전자세금계산서 제도를 의무적으로 도입했으며, 현재는 전년도 사업장별 매출액이 8천만 원 이상인 경우인 개인사업자에게까지 전자세금계산서 발급이 의무화되고 있으며 전자세금계산서 발급의무자가 되면 이후에는 매출액과 관계없이 전자세금계산서를 발급하여야 한다. 2015년 하반기에 도입된 전자계산서도 이와 같다.

　그리고 전자세금계산서 또는 전자계산서 의무발행 사업자가 전자 형태로 세금계산서 또는 계산서를 발급하지 않으면 가산세를 부과한다. 또 주의할 것은 전자 형태로 발급된 세금계산서 또는 계산서를 국세청에 전송하지 않으면 가산세가 부과되니, 발급 즉시 국세청에 전송이 되는 홈택스를 통해 발급하는 것이 좋다.

　한편, 신규사업자와 직전 연도 공급가액이 3억 원 미만인 개인사업자가 2022년 7월 17일부터 2027년 12월 31일까지 발급한 전자(세금)계산서에 대해서는 발급 건당 200원씩 연간 100만 원 한도로 전자(세금)계산서 발급에 대한 세액공제를 적용한다.

⚙️ 전자세금계산서의 활용

　이렇듯 의무적이기는 하지만 전자세금계산서 · 전자계산서의 실질적 혜택은 매출 · 매입자료 관리의 편리함과 정확함에 있다. 사업자가 홈택스에 로그인하면 자신의 사업장별로 수수한 전자세금계산서(매출 · 매입) 및 전자계산서(매출 · 매입)를 발급 · 조회할 수 있다. 과거 종이세금계산서나 종이계산서로 관리할 경우에는 분실이나 누락의 위험이 있었지만, 이제는 홈택스에서 관리함으로써 편리하고 정확해지는 것이다.

　모든 사업자가 전자세금계산서 · 전자계산서 제도를 활용해서 매출 · 매입을 누락하는 일 없이 투명하게 세무자료를 관리할 수 있기를 바란다.

세금계산서(공급자보관용)

책 번 호	권	호
일 련 번 호	□□ -	□□□□

공급자	등 록 번 호	1 1 1 - 1 1 - 1 1 1 1 1	공급받는자	등 록 번 호	999-99-99999		
	상호(법인명)	이몽룡	성 명 (대표자)	춘향이		상호(법인명)	율도국	성 명 (대표자)	홍길동
	사업장 주소	서울시 OO구 OO로 100 501호				사업장 주소			
	업 태	서비스	종 목	세무사		업 태	도소매	종 목	무역,잡화

작성			공 급 가 액	세 액	비 고
연 월 일 공란수	조 천 백 십 억 천 백 십 만 천 백 십 일	천 백 십 억 천 백 십 만 천 백 십 일			
2022 02 10 5	3 0 0 0 0 0	3 0 0 0 0			

월	일	품 목	규 격	수 량	단 가	공 급 가 액	세 액	비 고
02	10	기장료				300,000	30,000	

합 계 금 액	현 금	수 표	어 음	외 상 미수금	이 금액을 영수 함 청구
330,000					

210mm×148.5mm (인쇄용지(특급) 34g/㎡)

세금계산서(공급받는 자 보관용)

책 번 호	권	호
일 련 번 호	□□ -	□□□□

공급자	등 록 번 호	1 1 1 - 1 1 - 1 1 1 1 1	공급받는자	등 록 번 호	999-99-99999		
	상호(법인명)	이몽룡	성 명 (대표자)	춘향이		상호(법인명)	율도국	성 명 (대표자)	홍길동
	사업장 주소	서울시 OO구 OO로 100 501호				사업장 주소			
	업 태	서비스	종 목	세무사		업 태	도소매	종 목	무역,잡화

작성			공 급 가 액	세 액	비 고
연 월 일 공란수	조 천 백 십 억 천 백 십 만 천 백 십 일	천 백 십 억 천 백 십 만 천 백 십 일			
2022 02 10 5	3 0 0 0 0 0	3 0 0 0 0			

월	일	품 목	규 격	수 량	단 가	공 급 가 액	세 액	비 고
02	10	기장료				300,000	30,000	

합 계 금 액	현 금	수 표	어 음	외 상 미수금	이 금액을 영수 함 청구
330,000					

210mm×148.5mm (인쇄용지(특급) 34g/㎡)

세금계산서는 언제 발급하는 것일까?

세금계산서는 언제 발급하여야 하는지 정확히 모르는 사업자가 많다. 그래서 평소에는 정확한 판단 없이 돈을 받으면 세금계산서나 계산서를 끊어주다가 과세관청으로부터 세무조사를 받고 나서야 잘못된 세무 처리임을 알고, 그에 따른 세금 추징을 받게 된다.

다음의 경우 세금계산서는 언제 발급하는 것일까?

Q1 물건을 넘겼는데 돈을 아직 받지 못한 경우

Q2 물건을 안 넘겼지만 돈부터 받은 경우

Q3 백화점에 위탁판매로 물건을 넘겼는데 팔리지 않아 돈을 못 받은 경우

ⓦ 재화 공급의 세금계산서 발급시기

일반적인 세금계산서의 발급시기는 재화의 경우 인도(引渡)를 기준으로 한다. 대금 수수와는 관계가 없다. 대금 수수와 관련된 것은 1년 이상 후불 조건으로 물건을 넘겼을 때(이 경우에는 대가의 각 부분을 받기로 한 때가 된다) 외에는 없다.

인도 기준은 통상적으로 거래상대방에게 물건을 넘긴 시점이다. 다만, 위탁판매의 경우에는 위탁자(제조자)가 수탁자(백화점)에게 물건을 인도한 날이 아니라, 수탁자가 소비자에게 물건을 인도한 날이 된다.

A1 물건을 넘기고 돈을 아직 못 받았어도 매출이기 때문에 세금계산서 또는 계산서를 발급해야 한다.

A2 물건을 안 넘겼는데 돈부터 받은 경우는 매출이 아니므로 물건을 넘길 때 세금계산서를 발급해야 한다. 다만, 선수금 거래가 있는 것으로 세금계산서를 발급했다면 실제 대금 수수가 있었기 때문에 이를 거짓 세금계산서로 보지 않는다. 결론적으로 세금계산서는 인정하지만, 매출은 인도일에 인식해야 한다.

A3 백화점에 위탁판매로 물건을 넘겼다면 백화점이 소비자에게 판매했을 때가 공급시기이다. 따라서 백화점에서 아직 팔리지 않았다면 매출도 아니고 세금계산서도 발급하지 않는다.*

*다만, 2019년 세법을 개정해 거래 당사자 간 선택한 매매 형식(위탁 또는 일반)에 따라 세금계산서를 발급·수취했으며 거래 사실이 확인되고 부가가치세를 신고·납부한 경우에는 특별히 위탁매매인지 일반매매인지 구분할 필요 없이 모두 인정해 준다.

🕸 세금계산서 지연발급 시

그런데 만약 사업자가 제때 세금계산서를 발급하지 않으면 어떻게 될까? 물건을 인도하고 세금계산서를 발급해야 하는데, 대금을 수수한 경우에만 세금계산서를 발급했다고 가정해 보자. 이때 물건 인도와 대금 수수가 같은 과세기간 안에 발생하면 크게 문제될 것이 없다.

하지만 과세기간을 벗어나면 문제가 된다. 세금계산서 미발급으로 인해 매출누락한 과세기간이 있고, 세금계산서 사후 발급으로 매출 과다인 과세기간이 발생하기 때문이다. 이 경우 매출누락한 과세기간 귀속에 과소 납부한 부가가치세, 소득세 등 각종 세금을 수정신고·납부해야 하고, 매출 과다인 과세기간 귀속에 과다 납부한 각종 세금은 경정청구로 환급받아야 한다. 이 경우 본세는 수정신고·납부하고 환급받으면 되니 손해가 없지만, 세금계산서 관련 가산세, 신고불성실가산세와 납부지연 가산세는 부담해야 한다.

🕸 세금계산서 지연수취 시

이번에는 거래상대방의 입장에서 생각해 보자. 매출 인식 시기의 오류에서 가장 우려스러운 것은 세금계산서를 발급받은 매입자의 매입세액공제 여부이다. 매입세액공제를 받는 요건은 원칙적으로 제때 교부받은 세금계산서이어야 한다는 것 때문이다.

다만, 큰 귀책사유가 없는 매입자에게 매입세액공제를 허용하지 않는다면 불이익이 너무 크기 때문에 이에 대한 구제 방법을 마련하고 있다.

2022년부터는 당초 확정신고기한까지 수정세금계산서를 발급받지 못했어도 확정신고기한으로부터 1년 이내에 수정세금계산서를 수수하고 거래 당사자 간 수정신고·경정청구하거나 과세관청이 거래 사실을 확인해 결정·경정한다면 부가가치세 매입세액공제를 허용하고 매입금액의 0.5%의 가산세만 부과한다.

⊛ 용역 공급의 세금계산서 발급시기

이러한 세금계산서 발급의 오류는 단지 물건을 거래할 때만 발생하는 것이 아니다. 부동산 임대용역 같은 용역 제공의 경우에도 발생한다.

예를 들어, 임대료를 제때 못 받았다고 해서 임대료 매출이 없는 것은 아니다. 물건이 인도 기준이라면 용역은 완료 기준이고, 임대용역은 약정 기준이다. 따라서 임대료 수수와 관계없이 임대차 계약상 임대료를 받기로 한 날에 매출이 발생한 것이고, 세금계산서도 약정에 따른 임대료 수입 시기에 따라 발급해야 한다.

Q13 계산서는 무엇이고 어떻게 관리할까?

🏦 부가가치세 면세사업자와 계산서

부가가치세가 과세되지 않는 재화·용역, 즉 면세 재화·용역을 거래하는 사업자를 부가가치세 면세사업자라 하고, 면세사업자가 사업자와 거래할 때 발행하는 매출증빙을 계산서라고 한다.

간단히 말해 사업자 간 거래에 있어 과세사업자의 매출증빙은 세금계산서, 면세사업자의 매출증빙은 계산서로 이해하면 쉽다.

🏦 계산서의 필요적 기재사항

계산서는 형태와 기능 면에서 세금계산서와 유사하지만, 부가가치세 면세사업자가 교부하기 때문에 계산서에는 부가가치세액이 포함되거나 별도로 기재될 수 없다. 그리고 계산서를 작성할 때 반드시 써야 하는 기재사항(공급자의 사업자등록번호와 성명 또는 명칭, 공급받는 자의 사업자번호, 작성연월일, 공급가액)도 세금계산서와 동일한데, 부가가치세액란이 없다는 점이 다르다. 공급자는 공급자 보관용(적색)과 공급받는 자 보관용(청색)으로 같은 내용의 계산서 두 장을 작성하여 그중 공급받는 자 보관용을 교부한다. 이렇듯 계산서에는 부가가치세액이 없고, 이를 발행하는 면세사업자는 부가가치세를 신고 · 납부할 의무가 없다. 그러니 면세 재화 · 용역의 매입자도 부가가치세를 공제받을 일이 없는 것으로 생각할 수 있다.

ⓦ 의제매입세액공제

하지만 면세농산물 · 축산물 · 수산물 · 임산물 및 소금(이하 '면세농산물 등'이라 함)을 원재료로 해서 제조 · 가공한 재화 · 용역이 과세되는 경우에는 그 공급받은 면세농산물 등의 가액의 일정비율을 매입자에게 부가가치세 매입세액공제해 준다. 이를 '의제매입세액공제'라 한다.

의제매입세액공제의 혜택을 받는 대상은 주로 음식점업 사업자인데, 음식을 팔 때 면세농산물 등을 매입해서 조리 · 판매하면서 부가가치세가 과세되기 때문이다.

그래서 음식점업 사업자의 부가가치세 납부세액을 계산할 때는 면세농산물 등 매입에 대해 계산서(신용카드 · 현금영수증 포함)를 받아 면세매입액의 약 8~9%(법인음식점은 6%)를 의제매입세액으로 세액공제해 준다. 그렇기 때문에 음식점을 하는 사업자는 납부하는 부가가치세를 줄이기 위해 실제로 매입한 계산서보다 더 많은 계산서를 확보하려는 경향이 있었다. 하지만 이는 가공매입으로써 탈세의 대표적 유형인만큼 절대 삼가해야 한다.

🏦 전자계산서의 의무화

게다가 과거에는 계산서를 종이 양식지로 작성해 교부했으나, 2015년부터 전자 형태로 발급하는 전자계산서 제도가 의무화되었다. 전자계산서 제도는 2015년 하반기에는 모든 법인사업자와 전년도 과세매출액 3억 원 이상의 개인사업자에게 의무적으로 도입되었고, 2016년부터는 전년도 면세매출 10억 원 이상의 개인사업자에게까지 전자계산서 발급이 의무화되었다.

현재는 전년도 사업장별 매출액이 8천만 원 이상인 개인사업자에게까지 전자계산서 발급이 의무화되었으며, 전자계산서 발급의무자가 되면 이후에는 매출액과 관계없이 전자계산서를 발급하여야 한다.

끝으로, 계산서를 발행해야 하는 면세사업자가 세금계산서와 계산서를 혼동하는 일이 있다. 면세사업자는 세금계산서를 발행할 수 없는 사업자인데도 계산서가 아니라 세금계산서를 발급하기도 한다. 세금계산서에는 부가가치세가 있고, 매입자의 입장에서는 이것이 매입세액공제되는 것으로 오인될 수 있다. 이를테면 원래 면세공급가액 100만 원(부가가치세는 없음)으로 계산서를 발급해야 할 것을 과세공급가액 909,091원, 부가가치세 90,909원, 총계 100만 원으로 세금계산서를 발급하는 오류가 생기면 매출자와 매입자의 세무신고가 모두 엉망이 될 수 있으니 주의하여야 한다.

계산서(공급자 보관용)

책 번 호	권	호

일 련 번 호 □□-□□□□

	등 록 번 호	4 4 4 - 4 4 - 4 4 4 4 4				공	등 록 번 호	999-99-99999			
공 급 자	상호(법인명)	허균상사	성 명	허균		급 받 는 자	상호(법인명)	율도국	성 명	홍길동	
	사업장 주소	서울시 OO구 OO길 100 허균빌딩 201호					사업장 주소				
	업 태	도소매	종 목	야채			업 태	도소매	종 목	무역, 잡화	

작성			공 급 가 액										비 고
연	월	일	공란수	십	억	천	백	십	만	천	백	십	일
2022	02	10	5					5	0	0	0	0	0

월	일	품 목	규 격	수 량	단 가	공 급 가 액	비 고
02	10	쌀				500,000	

합 계 금 액	현 금	수 표	어 음	외상 미수금	이 금액을 영수 함 청구
500,000					

182㎜×128㎜

계산서(공급받는자 보관용)

책 번 호	권	호

일 련 번 호 □□-□□□□

	등 록 번 호	4 4 4 - 4 4 - 4 4 4 4 4				공	등 록 번 호	999-99-99999			
공 급 자	상호(법인명)	허균상사	성 명	허균		급 받 는 자	상호(법인명)	율도국	성 명	홍길동	
	사업장 주소	서울시 OO구 OO길 100 허균빌딩 201호					사업장 주소				
	업 태	도소매	종 목	야채			업 태	도소매	종 목	무역, 잡화	

작성			공 급 가 액										비 고
연	월	일	공란수	십	억	천	백	십	만	천	백	십	일
2022	02	10	5					5	0	0	0	0	0

월	일	품 목	규 격	수 량	단 가	공 급 가 액	비 고
02	10	쌀				500,000	

합 계 금 액	현 금	수 표	어 음	외상 미수금	이 금액을 영수 함 청구
500,000					

182㎜×128㎜

tax
Q14

잘못 발급된 세금계산서와 계산서의 수정 방법

🛞 수정세금계산서의 개념

수정세금계산서는 당초 발급한 세금계산서를 수정한다는 의미이다. 세금계산서 또는 전자세금계산서의 기재사항을 착오로 잘못 적거나 세금계산서 또는 전자세금계산서를 발급한 후 그 기재사항에 관하여 수정할 사유가 발생하면 법정 절차에 수정한 세금계산서 또는 수정한 전자세금계산서를 발급할 수 있다.

🛞 수정세금계산서 발급에 따른 가산세

이 경우 사업자가 가장 두려워하는 것은 수정세금계산서 발급에 따른 가산세 여부이다. 수정세금계산서는 당초 정상적으로 발행되었는데 이후 수정사유가 발생한 경우인 재화의 환입, 계약의 해제, 공급가액의 변동 이렇게 세 가지가 있는데, 기존의 부가가치세 신고 등이 잘못된 경우는 아니라서 가산세가 없다.

그러나 최초부터 잘못 발행된 경우가 있는데 필요적 기재사항 착오, 영세율 등 적용 착오, 필요적 기재사항 외 착오, 이중발급 등이다. 이때에는 경우에 따라 가산세가 적용된다.

대체로 수정사항이 많은 것이 공급가액 또는 공급받는자 기재착오이다. 법률적으로 따지면 최초부터 잘못 발행된 경우에 해당하는 필요적 기재사항의 착오인데, 국세청 유권해석과 기재부 유권해석은 납세자에게 유리하게 가산세가 없다고 해석하고 있다.

○ 처음에 발급한 세금계산서의 공급가액이 착오로 과소기재되어 수정세금계산서를 발급하여 수정신고하는 경우 해당 수정세금계산서에 대해서는 부가법상 가산세가 적용되지 아니함(사전-2015-법령해석부가-0060, 2017. 6. 20.).

○ 사업자가 「부가가치세법」 제32조에 따른 세금계산서를 발급한 후 공급받는자가 잘못 적은 경우에는 같은 법 시행령 제70조 제1항 제6호에 따라 수정세금계산서를 발급할 수 있는 것이며, 이 경우 부가가치세법상 지연발급 및 지연수취가산세를 적용하지 않는 것임(기획재정부 부가가치세제과-538, 2014. 9.5.).

🔰 수정세금계산서 발급사유와 작성연월일

그러면 수정세금계산서는 언제, 어떻게 발급하는가? 총 9가지 유형이 있는데, 당초 정상적으로 발행되었는데 이후 수정사유가 발생한 경우인 재화의 환입, 계약의 해제, 공급가액의 변동은 해당 수정사유발생일을 작성일자로 하여 차감되는 금액은 붉은 글씨로 쓰거나 음(陰)의 표시를 하여 발급하고 추가되는 금액은 검은색 글씨로 쓴다.

그러나 최초부터 잘못 발행된 경우인 필요적 기재사항 등이 착오로 잘못 적힌 경우, 필요적 기재사항 등이 착오 외의 사유로 잘못 적힌 경우, 세율을 잘못 적용하여 발급한 경우, 재화 또는 용역을 공급한 후 공급시기가 속하는 과세기간 종료 후 25일 이내에 영세율 적용이 되는 내국신용장이 개설되었거나 구매확인서가 발급된 경우에는 당초 발급한 세금계산서는 당초 작성일자로 붉은 글씨로 쓰거나 음(陰)의 표시를 하여 취소시키고, 수정세금계산서는 당초 작성일자로 검은색 글씨로 작성하여 발급한다.

그리고 최초부터 잘못 발행된 경우인 착오로 전자세금계산서를 이중으로 발급한 경우와 면세 등 발급대상이 아닌 거래 등에 대하여 발급한 경우에는 처음에 발급한 세금계산서의 내용대로 붉은색 글씨로 쓰거나 음(陰)의 표시를 하여 발급하여 취소시킨다.

🌝 수정사유의 발생 vs 당초 잘못 발행된 경우

이는 복잡한 규정이 아니다. 당초 정상적으로 세금계산서가 발행되었는데 이후 수정사유가 발생한 경우인 재화의 환입, 계약의 해제, 공급가액의 변동은 해당 사유발생일이 작성일자이고, 최초부터 잘못 발행된 경우에 해당하는 필요적 기재사항 착오, 영세율 등 적용 착오, 필요적 기재사항 외 착오, 이중발급 등은 처음 발급한 날이 작성일자인 것이다.

수정 세금계산서 작성

1. 작성방법	2. 수정 세금계산서 조회	3. 수정 세금계산서 작성

수정세금계산서 발급방법

* 종류 ◉ 일반 ○ 영세율 ○ 위수탁 ○ 위수탁영세율   * 공급받는자구분 ◉ 사업자등록번호 ○ 주민등록번호 ○ 외국인
* 수정사유 ○ 착오에 의한 이중발급 ◉ 기재사항의 착오정정 ○ 공급가액 변동 ○ 계약의 해제 ○ 환입 ○ 내국신용장등 사후 개설

◉ 당초에 교부한 전자세금계산서 취소 20210331-10000000-07843590
이메일을 입력하면 해당 메일주소로 전자(세금)계산서가 발송됨

	* 등록번호	999-99-99999	종사업장번호			* 등록번호	888-88-88888	종사업장번호	
공급자	* 상호	홍길동세무회계사무소	* 성명	홍길동	공급받는자	* 상호	(주)용도국	* 성명	허생
	사업장			주소변경		사업장			주소변경
	업태	업태변경	종목			업태	업태변경	종목	
	이메일	@	직접입력 ∨	조회		이메일	@	직접입력 ∨	조회
						이메일	@	직접입력 ∨	조회

* 작성일자 2021-03-31 📅 ※ 작성일자는 공급 연월일을 의미함   비고

합계금액	-1,540,000	공급가액	-1,400,000	세액	-140,000

※ 품목의 월은 작성일자의 월이 표시되고 변경은 작성일자 수정시 자동 변경됨, 합계의 계산 버튼은 금액을 공급가액과 세액으로 계산 할 수 있음

[품목추가] [품목삭제] 품목은 최대 16개까지 추가, 삭제 가능   [거래처품목 조회]

월	일	품목		규격	수량	단가	합계	공급가액	세액	비고	삭제
03	28	조정료	조회				계산	-1,400,000	-140,000		삭제
월	일	품목		규격	수량	단가	합계	공급가액	세액	비고	삭제
03	28	조정료	조회				계산	-1,400,000	-140,000		삭제
			조회				계산				삭제
			조회				계산				삭제
			조회				계산				삭제

현금	수표	어음	외상미수금	
				이 금액을 (◉ 청구 / ○ 영수) 함

◉ 새로 작성하는 전자세금계산서

종류 ◉ 일반 ○ 영세율 [선택]   * 공급받는자구분 ◉ 사업자등록번호 ○ 주민등록번호 ○ 외국인 [선택]

이메일을 입력하면 해당 메일주소로 전자(세금)계산서가 발송됨

☑ 당초 공급받는자 정보와 동일 [거래처 조회]

	등록번호	999-99-99999	종사업장번호			* 등록번호	888-88-88888	확인	종사업장번호	
	* 상호	홍길동세무회계사무소	* 성명	홍길동	공급	* 상호	(주)용도국		* 성명	허생
	이메일	@	직접입력 ∨	조회		이메일	@	직접입력 ∨	조회	
						이메일	@	직접입력 ∨	조회	

* 작성일자 2021-03-31 📅 ※ 작성일자는 공급 연월일을 의미함   비고   당초 승인번호 (20210331-10000000-87843598)

합계금액	1,400,000	공급가액	1,272,727	세액	127,273

※ 품목의 월은 작성일자의 월이 표시되고 변경은 작성일자 수정시 자동 변경됨, 합계의 계산 버튼은 금액을 공급가액과 세액으로 계산 할 수 있음

[품목추가] [품목삭제] 품목은 최대 16개까지 추가, 삭제 가능   ☑ 당초 품목 정보와 동일 [거래처품목 조회]

월	일	품목		규격	수량	단가	합계	공급가액	세액	비고	삭제
03	28	조정료	조회				계산	1,272,727	127,273		삭제
			조회				계산				삭제
			조회				계산				삭제
			조회				계산				삭제

현금	수표	어음	외상미수금	
				이 금액을 (◉ 청구 / ○ 영수) 함

이러한 원리로 수정신고 여부를 판단할 수도 있는데 해당 사유발생일이 작성일자인 경우에는 당초분을 수정신고할 필요가 없는 반면, 당초 발급한 날 기준으로 수정발급하는 경우에는 수정신고할 필요가 있다. 따라서 후자가 가산세 적용이 될 상황이 되는 것이고 당초분을 수정신고할 필요 없는 것은 수정세금계산서 1장만 추가발급되는 것이지만, 당초분을 수정신고할 필요가 있는 것은 당초 발급분을 삭제하고 수정세금계산서를 한 장 더 발급하니 2장이 발급되는 셈이다.

다만, 최초부터 잘못 발행된 경우인 착오로 전자세금계산서를 이중으로 발급한 경우와 면세 등 발급대상이 아닌 거래 등에 대하여 발급한 경우에는 처음 발급한 세금계산서를 그대로 취소시켜야 하기 때문에 1장만 발급되는 셈이다.

○ 사업자가 부가가치세가 면제되는 재화를 공급받고 매입세금계산서를 발급받아 매입처별세금계산서합계표에 제출한 후 공급자로부터 이를 수정한 세금계산서를 발급받아 제출하는 경우 「부가가치세법」 제60조 제7항의 매입처별세금계산서합계표 가산세 부과대상에 해당하지 않는 것임(부가-875, 2013. 9. 26.).

Q15 면세사업자의 사업장현황신고 제도

사업자를 구분할 때는 구분 기준에 따라 개인사업자와 법인사업자로 구분하기도 하고, 부가가치세 과세사업자와 면세사업자로 구분하기도 한다.

🏧 부가가치세 면세사업자

개인 · 법인에 관계없이 부가가치세가 과세되는 재화나 용역을 거래하는 사업자를 부가가치세 과세사업자라 하고, 부가가치세가 면세되는 재화나 용역을 거래하는 사업자를 면세사업자라 한다.

다음 표에 열거된 재화 또는 용역의 공급은 부가가치세법상 부가가치세가 면세되며 이러한 면세 재화 · 용역이 아닌 재화 · 용역의 공급은 부가가치세가 과세된다. 한편, 조세특례제한법에서는 일정기간에 공급한 특정 재화 · 용역의 공급에 대해 면세하기도 한다.

구 분	면세 재화 또는 용역
기초생활 필수품	① 미가공 식료품(국내산, 외국산 불문) ② 국내생산 비식용 미가공 농·축·수·임산물 ③ 수돗물 ④ 연탄과 무연탄 ⑤ 여객운송용역 중 대중교통수단 ⑥ 여성용 생리처리 위생용품 ⑦ 주택과 이에 부수되는 토지의 임대용역
국민후생 및 문화 관련 재화·용역	① 의료보건용역과 혈액 ② 정부의 인허가·등록된 교육용역(무도학원·자동차학원 제외) ③ 도서(열람·대여 포함)·신문·잡지·방송·통신(단, 광고는 제외) ④ 공동주택 어린이집 임대용역 ⑤ 예술창작품(골동품 제외)·순수예술문화행사·아마추어 운동경기 ⑥ 도서관·과학관·박물관·미술관 및 동·식물원 입장 ⑦ 공익을 목적으로 하는 단체가 공급하는 일정한 재화·용역
생산요소	① 토지 ② 금융·보험용역 ③ 저술가·작곡가 기타 일정한 자가 직업상 제공하는 인적용역
기타	① 우표(수집용 제외)·인지·증지·복권 및 공중전화 ② 200원 이하의 제조담배와 특수담배 ③ 국가 등이 공급하는 재화·용역(일부 민간경쟁사업부문 제외) ④ 국가 등에 무상공급하는 재화·용역

🪙 부가가치세 신고·납부와 사업장현황신고

개인사업자 중 일반과세자는 부가가치세를 1년에 두 번 신고·납부해야 한다. 상반기 실적은 7월 25일까지, 하반기 실적은 1월 25일까지가 신고기한이다.

반면, 법인사업자는 부가가치세를 1년에 네 번 신고·납부해야 한다. 1분기 실적은 4월 25일, 2분기 실적은 7월 25일, 3분기 실적은 10월 25일, 4분기 실적은 1월 25일까지가 신고기한이다. 다만, 2021년부터 직전 과세기간 과세표준 1.5억 원 미만의 법인사업자는 예정고지로 갈음할 수 있어 개인사업자와 마찬가지로 1년에 두 번 신고·납부할 수도 있다.

이와는 달리 부가가치세 면세사업자는 매 1년의 사업실적을 다음 해 2월 10일까지 신고해야 되는데, 부가가치세를 납부하는 신고가 아니므로 이를 사업장현황신고(개인면세사업자) 또는 면세수입신고(법인면세사업자)라고 부른다.

🏧 사업장현황신고의 취지

그렇다면 왜 사업장현황신고 제도를 만들었을까? 부가가치세 면세사업자도 매출계산서를 발행하거나 매입세금계산서를 발급받기 때문에 국가 전체로 세금계산서와 계산서의 교부 및 수수현황을 파악하려면 부가가치세 면세사업자에게도 세무자료의 신고 의무를 부여해야만 한다. 따라서 부가가치세 면세사업자에게 사업장현황을 신고하도록 한 것이며, 만일 이를 이행하지 않을 경우 가산세를 부과하는 것이다. 다만, 부가가치세 과세사업자처럼 신고하면서 납부해야 할 필요는 없다. 면세사업자는 부가가치세 납부의무 자체가 없기 때문이다.

그런데 종래에 사업장현황신고는 신고기한이 다소 촉박한 면이 있었다. 왜냐하면 개인면세사업자는 사업장현황신고 기한인 2월 10일까지 매출과 매입내역은 물론, 경비 등 지출현황까지 완결적으로 보고해야 했기 때문이다. 그러나 2019년 세법을 개정하여 개인면세사업자가 사업장현황신고를 할 때에도 경비 등 지출현황을 제외한 매출과 매입내역을 신고하도록 했으므로 납세협력의 편의성이 높아졌다.

사 업 장 현 황 신 고 서

※ 뒤쪽의 작성방법을 읽고 작성하시기 바라며, [ ]에는 해당되는 곳에 √표를 합니다.

관리번호					처리기간 즉시	
과세기간		2024 년 01 월 01 일 ～ 2024 년 12 월 31 일				

사업자	상 호	허생전		사업자 등록번호	777-77-77777	공동사업 [ ]여 [√]부
	성 명	박지원		주민등록번호	111111-1111111	
	사업장소재지	서울시 ○○구 ○○길 10 남산빌딩 401호 (해당동)			전화번호	02) 2222-2222
	전 화 번 호	) -	휴대전화	) -	전자우편주소	

① 수입금액 (매출액) 명세

(단위 : 원)

	업 태	종 목	업종코드	합 계	수입금액	수입금액 제외
01	정보통신업	일반 서적 출판업	221100	76,548,123	76,548,123	
		합 계		76,548,123	76,548,123	

② 수입금액 (매출액) 구성 명세

(단위 : 원)

합 계	계산서발행금액		계산서발행금액 이외 매출		
	계산서 발급분	매입자발행 계산서	신용카드 매출	현금영수증 매출	기타 매출
76,548,123	76,548,123				

③ 적격증명 (계산서 · 세금계산서 · 신용카드) 수취금액

(단위 : 원)

합 계	매입 계산서			매입 세금계산서			신용카드 · 현금영수증 매입금액
	계산서 수취분		매입자발행 계산서	세금계산서 수취분		매입자발행 세금계산서	
	전자 계산서	전자 계산서 외		전자 세금계산서	전자 세금계산서 외		
38,115,000	1,000,000			32,115,000	5,000,000		

④ 폐업신고	폐업연월일		폐업사유	

첨부서류 (해당 내용표기)

매출처별계산서합계표
　[ ]전자신고 [ ]전산매체
　[ ]서면 [ ]해당없음

매입처별계산서합계표
　[ ]전자신고 [ ]전산매체
　[ ]서면 [ ]해당없음

매입자발행계산서합계표
　[ ]전자신고
　[ ]서면 [ ]해당없음

매입처별세금계산서합계표
　[ ]전자신고 [ ]전산매체
　[ ]서면 [ ]해당없음

매입자발행세금계산서합계표
　[ ]전자신고
　[ ]서면 [ ]해당없음

수입금액검토표 [ ]

신고인은 「소득세법」 제78조 및 같은 법 시행령 제141조에 따라 신고하며, **위 내용을 충분히 검토하였고 신고인이 알고 있는 사실 그대로를 정확하게 작성하였음을 확인합니다.**

2025 년 02 월 10 일

신 고 인 : 　　　　　박지원 (서명또는인)

세무대리인은 조세전문자격자로서 위 신고서를 성실하고 공정하게 작성하였음을 확인합니다.

세무대리인 : 　　　　　　　　(서명또는인)

세무서장 귀하

세무대리인	성 명		사업자등록번호		전화번호	

210mm×297mm[백상지 80g/㎡ 또는 중질지 80g/㎡]

tax

Q16

소비자 상대업종의
신용카드 등 매출관리

사업장의 매출을 확인하는 대표적인 증빙자료로써 사업장에서 발행한 세금계산서와 계산서가 있지만, 그 외에도 신용카드매출전표와 현금영수증 등 영수증, 정산서, 상업송장이 있다. 이하 영수증, 정산서, 상업송장에 대해 알아보자.

🏦 영수증

영수증이란 주로 최종 소비자와 직접 거래하는 사업자(소매업 등 소비자 상대업종)가 소비자의 결제사실에 대해 교부하는 매출증빙이다. 영수증은 부가가치세 과세사업자, 면세사업자를 불문하고 발행할 수 있는데, 간이영수증이나 금전등록기계산서와 같이 부가가치통신망(VAN, Value Added Network)으로 연결되지 않아 국세청에 보고되지 않는 영수증도 있고, 신용카드매출전표, 현금영수증과 같이 부가가치통신망을 통해 국세청에 실시간 보고되는 영수증도 있다.

신용카드매출전표와 현금영수증은 세금계산서, 계산서와 더불어 어떤 형태로든 국세청에 통보되어 발급자와 발급받는 자 간의 세무신고의 적정성 여부를 상호대사(cross-check)하도록 설계된 것이다. 즉, 국세청이 사업자의 세원(稅源)을 파악하는 고도의 시스템이다.

ⓦ 정산서

현재 전자상거래가 매우 발달하여 소비자와 사업자를 전자적으로 중개하는 사업자가 매우 많다. 사업자와 소비자가 직접 거래하는 것이 아니라 각종 백화점과 리테일(retail)의 인터넷쇼핑몰, 옥션·G마켓과 같은 오픈마켓, 티몬·쿠팡과 같은 소셜커머스 등 전자상거래 중개사업자를 통해 간접적으로 거래가 이루어진다.

소비자는 전자상거래 중개사이트에서 물건을 구매하고 신용카드 등으로 결제하지만, 신용카드 매출증빙은 물건을 실제로 공급하는 사업자가 발행하는 것이 아니라 전자상거래 중개사업자가 대행결제(PG, Payment Gateway)해서 발행하게 된다. 그렇기 때문에 물건을 실제로 공급하는 사업자의 전자상거래 매출은 해당 사업자의 신용카드 매출과 현금영수증 매출로 확인할 수 없다.

따라서 전자상거래를 하는 실제 사업자의 매출을 확인하는 자료로 세금계산서, 계산서, 신용카드 및 현금영수증 외에 '매출정산서'라는 자료가 생겼다. 즉, 전자상거래를 하는 실제 사업자는 전자상거래 중개사업자의 관리 사이트에서 매출정산서를 확인하여 부가가치세 신고·납부를 할 때 매출로 신고해야 한다. 또한 전자상거래 중개사업자는 전자상거래를 하는 실제 사업자의 매출내역을 국세청에 모두 보고해야 한다.

이렇듯 신용카드 · 현금영수증 매출과 정산서 매출은 국세청에 바로 통보되므로 사업장에서 매출 신고를 누락할 여지가 없어 사업장의 부가가치세 부담은 늘어난다. 따라서 세부담 양성화에 따른 인센티브적 성격으로 부가가치세법은 전년도 사업장별 과세매출액이 10억 원 이하의 소비자 상대업종 개인사업자의 부가가치세 납부세액을 계산할 때 신용카드 · 현금영수증 · 정산서 매출액의 1.3%(연간 1,000만 원 한도)를 세액공제하는 혜택을 주고 있다.

그리고 소비자가 사업자인 경우에는 사업용 매입을 신용카드로 결제하거나 사업자등록번호로 현금영수증을 교부받으면 (매입분)세금계산서와 동일하게 매입세액공제를 해준다. 또, 신용카드 등을 사용해 결제한 소비자가 근로자(또는 가족)일 경우 근로자 본인이 연말정산할 때 신용카드 소득공제를 해준다.

🔑 상업송장

한편, 세금계산서와 계산서, 신용카드 매출 · 현금영수증 매출로 해당 사업자의 매출을 확인할 수 없는 또 하나의 사례로 수출하는 사업자가 있다. 수출하는 사업자가 수출을 하고 수입자에게 수출대금을 청구할 때는 통상적으로 상업송장(Commercial Invoice)이나 데빗노트(Debit Note)를 보내서 대금을 받는다. 즉, 세금계산서와 계산서, 신용카드매출전표와 현금영수증으로는 수출업자의 매출을 확인할 수 없다.

따라서 수출업자의 매출을 확인하는 방법은 일반적으로 두 가지가 있는데, 수출통관(직수출)이 필요한 수출업자는 수출실적명세서(전산명세)로, 수출통관이 불필요한 수출업자(위탁가공무역 등 수출업자)는 외화입금증명서와 상업송장 또는 데빗노트로 수출 매출액을 확인하게 된다.

🏦 매출자료의 관리

부가가치세 신고를 대리하다 보면 의외로 매출자료를 완벽히 챙겨오지 않는 사업자들이 많다. 세무대리인은 사업자가 매출자료를 챙겨주지 않으면 사실상 정확한 매출을 파악할 길이 없다. 만약 실수로라도 매출신고를 누락하게 되면 매출누락액의 50%가 넘는 금액이 부가가치세, 종합소득세 또는 법인세 등으로 추징된다. 거기에 가산세 부담은 물론이고 각종 공제·감면혜택도 받을 수 없으니 사업자로서는 이중 삼중의 손해이다. 경비자료를 검토하다가 티몬, 쿠팡, 배달의민족의 지급수수료 세금계산서를 발견했는데 사업자가 전자상거래 매출정산서를 가져다주지 않을 때는 순간 아찔해진다. 도대체 몇 년 전부터 정산서 매출이 누락된 것일까?

최근 카카오페이나 제로페이 같은 신종 결제수단도 등장하였다. 사업자는 여러 방식으로 수입이 들어오는 방식을 체크하여 매출신고를 적정하게 함으로써 매출누락에 따른 피해를 입지 않도록 주의하여야 한다.

tax

Q17

부가가치세가 0원, 영세율이란?

부가가치세란 사업자가 부가가치세가 과세되는 재화·용역을 판매할 때 그 판매금액의 10% 상당액을 매출세액으로 내고, 납부세액을 계산할 때 (매입분)세금계산서, 신용카드, 현금영수증으로 확인되는 매입세액이 있으면 이를 매출세액에서 공제하여 계산한 거래세금이다.

🏦 영세율 제도와 그 취지

수출하는 사업자는 부가가치세를 신고할 때 수출매출액에 영세율(0%)을 적용받아 매출세액이 없으니, 사업 관련 매입세액을 환급받는다. 그래서 이를 이론상 '영세율에 의한 완전면세'라고 하기도 한다.

이렇게 수출매출액에 일반세율(10%)이 아니라 영세율(0%)을 적용하는 데는 여러 가지 이론적 근거가 있지만, 부가가치세는 재화·용역이 소비되는 국가에서 징수하는 세금이라는 것(소비지국 과세원칙)과 외화획득 사업을 지원한다는 목적을 대표적인 이유로 들 수 있다.

우리나라에서 유통되는 공산품의 가격에는 부가가치세가 붙어 그만큼 소비자가격을 상승시킨다. 그런데 이를 적용해 수출할 경우 수출가격이 부가가치세만큼 높아지게 된다. 수출품은 외국에서 소비되는데 부가가치세를 우리나라에서 징수하면 소비지국 과세원칙에 어긋나고, 외화획득을 위한 수출품의 가격 경쟁력도 낮아진다. 이런 악영향을 제거하기 위해 수출매출액에 영세율을 적용하여 생산지국에서 부담한 부가가치세를 제거하는 것이다.

실무적으로는 부가가치세를 신고할 때 영세율 매출액란에 수출매출액을 넣고, 세율은 0%로 적용한 뒤 사업 관련 매입세액을 기재해 환급신고를 한다. 따라서 수출품 가격에는 우리나라 부가가치세가 포함되지 않은 상태로 수출할 수 있어 소비지국 과세원칙을 실현하고 외화획득 사업을 지원하게 된다.

💲 직수출과 기타의 수출 등

한편, 수출이라고 하면 보통 수출통관 절차에 따라 이루어지는 직수출을 생각하는데, 수출에도 여러 형태가 있다. 수출통관이 필요한 직수출은 당연히 영세율 적용 대상이지만, 수출통관 절차가 필요 없는 중계무역 방식 수출, 위탁판매 수출, 외국인도 수출, 위탁 가공무역 방식의 수출에도 영세율이 적용된다.

수출은 수출실적명세(전산명세)를 첨부해 수출매출을 신고하고, 수출통관이 필요 없는 수출은 수출계약서 사본이나 외화입금증명서에 상업송장 또는 데빗노트를 제출해 수출매출을 신고한다. 또한 재화뿐만 아니라 국외에서 제공하는 용역이나 선박·항공기의 외국항행 용역에도 영세율이 적용된다. 이와 같은 국제 거래에 영세율을 적용하는 이유는 앞서 설명한 대로 소비지국 과세원칙 때문이다.

🅦 국내 거래의 영세율 적용

아울러 국제 거래뿐만 아니라 수출 전단계 거래나 비거주자·외국 법인과의 거래, 부가가치세 면세판매장 거래 등도 일정 요건을 갖추면 영세율을 적용한다. 이는 주로 국내 외화획득 사업을 지원하려는 목적이 있다.

🅦 영세율 혜택을 받기 위한 조건

영세율 적용 대상 거래를 하는 사업자는 부가가치세를 환급받으니 유리한 면이 있다. 그런데 주의할 점은 부가가치세를 환급받으려면 반드시 일반과세사업자로 사업자등록을 내야 한다는 것이다. 만일 수출사업자가 면세사업자나 간이과세자로 사업자등록을 냈다면 부가가치세를 환급받을 수 없다. 부가가치세를 환급받지 못하면 그만큼 이익이 줄게 되고, 이익을 늘리기 위해 수출품 가격을 올릴 경우 일반과세자로 사업자등록을 낸 수출사업자보다 가격 경쟁력 면에서 불리해진다. 물론 방법이 없는 것은 아니다. 면세사업자는 면세포기신고, 간이과세사업자는 간이과세포기신고를 해서 일반 과세사업자가 되면 영세율의 혜택을 누릴 수 있다.

tax

Q18 소득세는
모든 소득에 과세될까?

　소득세는 이론적으로 개인이 얻은 소득에 과세하는 소득세와 법인사업
자가 얻은 소득에 과세하는 법인세로 구분된다. 법인사업자가 얻은 소득
에 대해서는 포괄주의에 의하여 순자산을 증가시키는 모든 소득에 과세
하는 것이나, 개인이 얻은 소득에 대해서는 우리나라 소득세법은 과세되
는 소득을 다음과 같이 9가지로 열거하고 있다.

💲 소득세 과세대상 소득구분

소득구분	소득 내용
① 이자소득	예금, 적금과 같은 저축상품에 가입하여 얻는 이자
② 배당소득	주식 등의 형태로 기업에 투자하여 이익을 분배받는 배당
③ 사업소득	영리목적의 사업활동을 통하여 계속 · 반복적으로 얻는 소득(임대소득포함)
④ 근로소득	종속적인 근로제공의 대가
⑤ 연금소득	국민연금이나 개인연금 등을 불입하여 추후 받는 연금
⑥ 기타소득	일시 · 우발적인 각종의 소득활동을 통하여 얻는 기타의 소득
⑦ 퇴직소득	근로자가 퇴직하면서 받는 일시금성격의 퇴직금
⑧ 양도소득	부동산 등에 투자하여 얻은 시세차익

🔣 소득세 과세 제외

여기에 열거되지 않은 소득과, 열거되었다 해도 소득별로 비과세소득이나 과세 제외 소득으로 규정되어 있으면 소득세가 과세되지 않는다. 예를 들어, 유치원이나 어린이집을 하는 개인사업자는 비과세 사업소득으로 열거되어 있어 소득세를 내지 않는다. 또한 개인이 일시적으로 금을 사고팔아 얻은 이득은 열거되지 않아 과세되지 않는다. 한편, 가상자산(암호화폐)의 경우에는 당초 2025년부터 기타소득으로 과세할 예정이었으나 2년 유예하여 2027년부터 기타소득으로 과세된다.

🔣 소득의 형성 방식

그런데 우리는 주로 어떤 소득을 얻으며 살아가고 있을까? 부동산이나 주식으로 돈을 버는 사람들은 많을까?

사실 부동산이나 주식에 투자해 시세차익으로 소득을 얻는 것은 대부분 일시적이고 우발적인 것이다. 게다가 부동산이나 주식에 투자해 돈을 벌려면 거액의 자본이 있어야 한다. 그런 의미에서 부동산이나 주식의 시세차익을 통해 얻는 소득을 자본이득이라 한다. 자본이득은 사실상 돈이 돈을 벌어주는 유형이지 개인의 의지와 노력으로 얻는 소득이 아니다.

이자소득, 배당소득, 연금소득과 같은 금융소득도 금융자산에 대한 투자가 선행되어 그에 따른 과실(果實)을 얻는 것이다. 또한 사업소득 중 부동산임대소득도 먼저 부동산에 대한 투자가 이루어져 이를 빌려주고 임대료를 얻는 소득이다. 그러므로 부동산이나 주식에 투자해 시세차익을 얻는 자본이득처럼 돈이 돈을 벌어주는 소득 유형에 해당한다. 결국 이자소득, 배당소득, 사업소득 중 부동산임대소득, 연금소득, 양도소득, 금융투자소득은 개인 스스로의 의지와 노력으로 얻을 수 있는 소득이 아니다.

위 항목을 제외하고 나면 스스로의 의지와 노력으로 얻을 수 있는 소득은 사업소득과 근로소득, 기타소득과 퇴직소득뿐이다.

그런데 기타소득과 퇴직소득은 일시적·우발적 소득이므로 주된 소득원이 될 수 없다. 결국 개인의 의지와 노력으로 계속 얻을 수 있는 소득으로는 사업소득과 근로소득만 남는다. 즉, 창업을 하거나 취업을 해서 얻는 소득을 말한다.

대체로 은퇴시기에 가까워질수록 자본이득이 커지고 사업소득과 근로소득의 비중은 낮아진다. 젊을 때는 사업과 근로를 통해 소득을 만들고, 그 소득이 쌓여 재산이 형성되면 이자, 배당, 부동산임대, 연금, 양도소득이 불어가는 것이다.

Q19 종합소득세는 무엇이고 어떻게 신고 · 납부할까?

소득세는 개인의 소득을 과세대상으로 하는 세금이다. 과세소득이 있는 모든 개인은 원칙적으로 다음 해 5월 31일(성실신고확인 대상 사업자는 6월 30일)까지 소득세를 신고 · 납부해야 한다.

사업하면서 세금에 익숙해지면 "부가가치세는 매출과 매입 관리구나"라고 저절로 터득하게 되지만, 소득세에 대해서는 감을 잡지 못하는 경우가 비교적 많다. 즉, 사업소득 외에도 이런저런 소득이 생겼는데 그 소득을 어떻게 관리하고 신고 · 납부해야 하는지 잘 모르는 것이다.

소득세는 개인의 소득을 과세대상으로 하는 세금이다. 우리나라 소득세는 과세소득을 이자소득, 배당소득, 사업소득, 근로소득, 연금소득, 기타소득, 퇴직소득, 양도소득, 총 8종으로 분류해 종합소득 합산과세, 양도소득 등 분류과세, 원천징수 분리과세 방식으로 과세한다.

🐷 종합과세 합산과세

종합소득 합산과세는 퇴직소득과 양도소득을 제외한 이자소득, 배당소득, 사업소득, 근로소득, 연금소득, 기타소득 총 6종을 종합소득으로 합산해 과세하는 것을 말한다. 퇴직소득, 양도소득처럼 해당 소득만 각각 분류해 신고하는 것과는 다르기 때문에 비교적 복잡하다.

🐷 양도소득 등 분류과세

퇴직소득, 양도소득은 다른 종합소득과 구분해 각각 별도로 과세한다. 이를 양도소득 등 분류과세라고 한다. 이는 소득별 무차별 종합과세를 할 때 발생할 수 있는 세부담의 결집효과*를 제거하기 위해서이다.

*결집효과: 장기간에 걸쳐 발생한 소득이 일시에 실현되는 경우 종합과세하면 고율의 세율이 적용되어 세부담이 증가하게 되는 효과를 말한다.

양도소득은 양도일이 속하는 달의 말일(주식의 경우에는 반기 말일)부터 2달 내 예정신고·납부하는 것이고, 퇴직소득은 퇴사 시 회사가 퇴직소득 원천징수하는 것으로 통상 납세의무를 종결한다.

다만, 1과세기간에 2회 이상의 양도가 있는데 합산신고하지 않은 경우 또는 1과세기간에 2회 이상 퇴사가 있어 합산신고하지 않는 경우에는 다음해 5월 말일까지 확정신고 하여야 한다.

🏧 원천징수 분리과세

원천징수로 납세의무가 종결되기도 하는데, 원천징수 분리과세는 통상 종합소득 가운데 담세력(擔稅力)이 낮은 소득의 무차별 종합과세를 방지하기 위해 2천만 원 이하의 이자·배당소득금액, 일용근로자의 급여, 연금외수령한 기타소득, 300만 원 이하의 기타소득금액, 퇴직소득을 연금수령하는 연금소득, 그 외 연 1,500만 원 이하의 사적연금에 대해 원천징수한 것으로 납세의무를 종결하는 것을 말한다.

한편, 연 1,500만 원을 초과하는 사적연금소득의 경우에도 납세자의 선택에 따라 15% 원천징수한 것으로 납세의무를 종결할 수 있다. 즉, 분리과세와 종합과세 중 선택할 수 있는 것이다.

🏧 소득세 신고실무

소득세 신고실무를 해보면 분리과세는 신경 쓸 필요가 없고, 분류과세는 해당 소득이 발생할 때만 따로 계산하면 된다. 그래서 소득세 신고의 주된 업무는 종합소득 합산과세 신고가 된다. 그런데 종합소득자가 종합소득세 신고 대리를 의뢰할 경우 이자소득, 배당소득, 사업소득, 근로소득, 연금소득, 기타소득 자료를 모두 가져오는 경우는 극히 드물다. 복잡한 경우라고 해도 이자·배당소득 원천징수 영수증이나 근로소득 원천징수 영수증을 가져와서 사업으로 얻은 사업소득금액과 합산해 종합소득세를 정산하는 정도가 보통이다. 그리고 대부분의 사업자는 사업소득만 있는 경우가 많으므로, 사업소득금액만 계산해 종합소득세를 정산한다.

만일 자신의 과세소득 현황을 모른다면 (홈택스를 통해) 본인이 세무사를 특정해 세무대리 수임등록을 확인해주면 해당 세무사가 그 종합소득자의 각종 종합소득 현황을 홈택스에서 알 수 있다. 다만, 위임납세자에게 이자·배당소득, 근로소득, 사업소득, 기타소득 등이 있으니 확인해보라는 안내문 및 일부 정보를 보여주는 것이므로 종합소득금액 계산을 위한 소득별 원천징수 영수증은 소득자 본인이 직접 가져와야 한다.

이 경우, 종합소득자는 홈택스를 통해 자신의 원천징수 영수증을 확인하고 출력할 수 있다. 홈택스에 접속한 뒤 웹사이트 왼쪽 맨 위에 있는 'My 홈택스' 배너를 클릭해 보자. 중간에 지급명세서 등 제출내역을 조회하면 본인의 원천징수대상 소득 및 지급명세서 내역을 확인할 수 있다. 이를 엑셀로 내려받아 세무사에게 건네주기만 하면 된다.

만약 이렇게 하는 것이 불편하다면 세무서에 가서 본인을 증명하고 종합소득합산 대상 소득의 원천징수 영수증을 확인해달라고 요청하면 해당 자료를 출력해 준다.

사업소득금액의 확정과 세액의 계산

종합소득세를 신고할 때 가장 복잡한 업무는 사업소득금액의 계산과 최종 납부할 세액의 확정이다. 먼저 사업소득금액은 사업자의 수입금액(매출액 개념) 규모에 따라 사업장별로 장부에 의한 방법과 추계에 의한 방법을 검토한다.

장부 신고와 추계 신고에 의한 사업소득금액

사업소득금액의 계산에서 단순경비율이나 기준경비율과 같이 추계(推計)에 의한 방법은 누가 계산을 하든 사업소득금액이 같다. 왜냐하면 국세청이 고시한 업종별 경비율을 적용하여 산출하기 때문이다.

그러나 복식장부나 간편장부와 같이 장부에 의할 경우에는 사업자가 사업 관련 경비를 얼마나 잘 관리했느냐에 따라 사업소득금액의 차이가 날 수 있다. 이런 이유로 앞에서 경비와 관련한 증빙을 홈택스에 전자 형태로 보관하는 것이 좋다고 한 것이다.

🔰 사업소득 외 소득금액의 확정

사업소득 외에 이자소득, 배당소득, 근로소득, 연금소득, 기타소득의 소득금액 계산은 지급받은 즉시 결정된다. 이는 원천징수 영수증을 보면 바로 알 수 있는데 이자소득 등의 소득금액 계산 구조는 이자소득과 배당소득의 경우 필요경비를 인정하지 아니하고, 근로소득과 연금소득은 총급여액 또는 연금액에 비례한 개산공제액을 필요경비로 공제하며, 기타소득은 입증되는 필요경비 또는 기타소득 수입금액의 60%를 공제하는 등 규정에 따르기 때문이다.

한편, 2천만 원이 넘지 않는 이자소득과 배당소득은 종합소득에 합산되지 않고 원천징수 분리과세되는 반면, 2천만 원이 넘는 이자소득과 배당소득은 종합소득에 합산되기 때문에 사전에 어떤 형태로 금융상품을 운용하는 것이 절세에 도움이 되는지 세무사와 상담한다면 비과세소득, 분리과세소득으로 구분해 절세할 수 있다.

🔰 과세표준 및 세액의 확정

이런 과정을 통해 종합소득금액이 산출되면 종합소득공제를 차감해 과세표준을 확정하고, 종합소득 과세표준이 산출되면 6~45%의 8단계 종합소득세율을 곱해 산출세액을 계산한다. 산출세액에서 각종 세액공제와 세액감면을 차감한 뒤, 중간예납세액(매년 11월에 기납부)이나 원천징수세액(근로소득 등을 지급받을 때 기공제세액)을 기납부세액으로 차감하면 최종적으로 납부할 세액이 확정된다.

과세표준	세 율	누진공제
1,400만 원 이하	6%	–
1,400만 원~5,000만 원 이하	15%	126만 원
5,000만 원~8,800만 원 이하	24%	576만 원
8,800만 원~1.5억 원 이하	35%	1,544만 원
1.5억 원~3억 원 이하	38%	1,994만 원
3억 원~5억 원 이하	40%	2,594만 원
5억 원~10억 원 이하	42%	3,594만 원
10억 원 초과	45%	6,594만 원

💲 조세특례

여기서 절세 포인트는 각종 세액공제와 세액감면이다. 세무사는 중소기업자이면 당연히 받는 공제·감면 항목을 검토하는 정도가 대부분이다. 그러나 사업자가 조세특례에 관한 규정을 알고 적극적으로 절세 전략을 세운다면 추가적인 공제·감면을 받아 사업소득세 부담없이 사업을 영위할 수도 있다.

중소기업자가 반드시 알아야 할 공제·감면 사항으로는, 이 책의 내용 중 'Part 04 사업자 세금의 절세와 유의사항'을 참조하기 바란다.

구 분	금 액	비 고
종합소득금액	100,000,000원	
(-) 종합소득공제	1,500,000원	
과세표준	98,500,000원	
(×) 기본세율	35%	
산출세액	19,035,000원	
(-) 세액감면	1,903,500원	중소기업 특별세액감면 가정
(-) 세액공제	70,000원	표준세액공제 가정
(+) 가산세	0	
총부담세액	17,061,500원	
(-) 기납부세액	8,000,000원	중간예납세액 가정
차가감납부세액	9,061,500원	

tax
Q21

법인세는 무엇이고
어떻게 신고·납부할까?

법인세란 법인이 각 회계기간*에 얻은 모든 소득을 과세대상으로 하는 세금을 말한다. 소득이 있는 법인은 통상 다음 해 3월 31일(12월 말 결산 법인인 경우)까지 법인세를 신고·납부해야 한다.

*납세자가 회계기간을 임의로 정할 수 있지만, 대개 매년 1월 1일에서 12월 31일까지로 하며, 이런 법인을 12월 말 결산법인이라고 부른다.

ⓦ 과세소득의 범위

법인은 본점의 소재지에 따라 내국법인과 외국법인으로 구분하고, 영리 목적의 유무에 따라 영리법인과 비영리법인으로 구분할 수 있다. 특히 내국법인과 외국법인의 분류, 영리법인과 비영리법인의 분류에 따라 법인세의 취급이 달라진다.

내국법인은 국내외 모든 소득에 대해 법인세를 신고·납부해야 하지만, 외국법인은 국내에서 얻은 소득에 대해서만 법인세를 신고·납부한다. 또 영리법인은 모든 소득에 대해 법인세를 내야 하는 반면, 비영리법인은 수익사업에서 얻은 소득에 대해서만 법인세를 신고·납부한다.

📎 과세표준 및 세액의 확정

법인의 소득금액을 계산할 때는 개인사업자처럼 소득별·사업장별로 구분해 계산하는 것이 아니라, 모든 소득을 하나의 복식장부(재무제표)로 계산한다. 복식장부(재무제표)에 따라 확정된 당기순이익에 세무조정을 거쳐 소득금액을 확정하고 이월결손금, 비과세소득, 소득공제를 차감하면 과세표준이 된다. 이 과세표준에 다음의 법인세율을 곱해 산출세액을 구한다. 한편 성실신고확인대상 부동산임대업 등 법인(p.131 참조)의 경우에는 2025년 이후 개시하는 사업연도부터 2억 원 이하 9% 세율 적용을 배제하고 19% 세율을 적용한다.

과세표준	세 율	누진공제
2억 원 이하	9%	−
2억 원~200억 원 이하	19%	2천만 원
200억 원~3,000억 원 이하	21%	4.2억 원
3,000억 원 초과	24%	94.2억 원

산출세액에서 각종 세액공제와 세액감면을 차감한 뒤, 중간예납세액(매년 8월에 기납부)이나 원천징수세액(이자·배당소득을 지급받을 때 기공제세액)을 기납부세액으로 차감해 최종적으로 납부할 세액을 확정한다.

📎 조세특례

여기서 절세 포인트는 각종 세액공제와 세액감면이다. 세무사는 중소법인이면 당연히 받는 공제·감면 항목을 검토하는 정도가 대부분이다.

그러나 사업자가 조세특례에 관한 규정을 알고 적극적으로 절세 전략을 세운다면 추가적인 공제·감면을 받아 법인세 부담 없이 사업을 영위할 수도 있다.

중소법인이 반드시 알아야 할 공제·감면 사항으로는, 이 책의 내용 중 'Part 04 사업자 세금의 절세와 유의사항'을 참조하기 바란다.

ⓦ 추가 법인세

마지막으로 일반적인 법인세 외에 토지 등 양도소득에 대한 법인세와 청산소득에 의한 법인세라는 특이한 제도가 있다.

토지 등 양도소득에 대한 법인세는 법인이 해당 법인의 사업과 관련 없는 주택이나 비사업용 토지를 양도해 얻은 양도차익에 대해서 일반적인 법인세 외에 양도차익의 10% 또는 20%(미등기 시 40%)를 추가로 납부하는 제도이다. 이는 부동산 투기억제책으로 규정한 것인데, 주택이나 비사업용 토지를 보유하지 않은 법인사업자에게는 해당되지 않는다.

청산소득에 의한 법인세는 법인이 상법에서 정한 청산 절차(법인이 소멸하는 법적 절차)를 거치면서 잔여재산이 있을 때 종종 발생한다. 이 잔여재산을 시가로 평가해 법인의 자기자본을 초과하면 그 초과액에 법인세율을 적용, 과세하는 것이다. 하지만 대부분의 법인은 상법상 청산 절차를 거치지 않고 단순히 폐업 후 무재산으로 청산 의제되기 때문에 청산소득에 의한 법인세는 실무상 흔히 접하게 되지는 않는다.

■ 법인세법 시행규칙 [별지 제1 호서식]<개정 2023. 3. 20.>

법인세 과세표준 및 세액신고서

※ 뒤쪽의 신고안내 및 작성방법을 읽고 작성하여 주시기 바랍니다.　　　　　　　　　　(앞쪽)

① 사 업 자 등 록 번 호	666-66-66666	② 법 인 등 록 번 호	110111-2222222
③ 법　　인　　명	(주)율도국	④ 전 화 번 호	02) 2222 - 2222
⑤ 대 표 자 성 명	홍길동	⑥ 전 자 우 편 주 소	
⑦ 소　　재　　지	서울시 ○○구 ○○길 100 허균빌딩 3층 301호		
⑧ 업　　　　태	도매 및 소매업	⑨ 종목 남녀용 겉옷 및 셔츠 도매업	⑩ 주업종코드 513121
⑪ 사 업 연 도	2024.01.01 ~ 2024.12.31	⑫ 수시부과기간	~

⑬ 법 인 구 분	① 내국 2.외국 3.외투(비율 %)	⑮ 조 정 구 분	① 외부 2. 자기

⑯ 종 류 별 구 분	중소 기업	중견 기업	일반 상호출자 제한기업	그외 기업	당기순이익 과세	⑯ 외부감사 대상	1. 여 ② 부
영리 법인	상 장 법 인	11	71	81	91		① 정기신고
	코스닥상장법인	21	72	82	92		2. 수정신고 (가. 서면분석, 나. 기타)
	기 타 법 인	30	73	83	㉝	⑰ 신 고 구 분	3. 기한후 신고
	비영리법인	60	74	84	94	50	4. 중도폐업신고
							5. 경정청구

⑱ 법 인 유 형 별 구 분	기타법인	코드	100	⑲ 결 산 확 정 일	
⑳ 신 고 일	2025.03.31			㉑ 납 부 일	
㉒ 신고기한연장승인	1. 신청일			2. 연장기한	

구 분	여	부	구 분	여	부
㉓주식변동	1	②	㉔장부전산화	①	2
㉕사업연도의제	1	②	㉖결손금소급공제 법인세환급신청	1	②
㉗감가상각방법(내용연수) 신고서 제출	1	②	㉘재고자산등평가방법신고서 제출	1	②
㉙기능통화 채택 재무제표 작성	1	②	㉚과세표준 환산시 적용환율		
㉛동업기업의 출자자(동업자)	1	②	㉜국제회계기준(K-IFRS)적용	1	②
㊼기능통화 도입기업의 과세표준 계산방법			㊽미환류소득에 대한 법인세 신고	1	②
㊾성실신고확인서 제출	②				

구 분	법 인 세	토지 등 양도소득에 대한 법인세	미환류소득에 대한 법인세	계
㉝ 수 입 금 액	(	8,150,000,000	)	
㉞ 과 세 표 준	240,829,900			
㉟ 산 출 세 액	25,757,681			25,757,681
㊱ 총 부 담 세 액	25,757,681			25,757,681
㊲ 기 납 부 세 액	10,000,000			10,000,000
㊳ 차 감 납 부 할 세 액	15,757,681			15,757,681
㊴ 분 납 할 세 액				
㊵ 차 감 납 부 세 액				15,757,681

㊶ 조 정 반 번 호	-	㊸조정자	성 명	
㊷ 조 정 자 관 리 번 호	W - -		사업자등록번호	--
			전 화 번 호	

국세환급금 계좌 신고	㊹예입처		(본)지점
	㊺예금종류		예금
	㊻계좌번호		

신고인은 「법인세법」 제60조 및 「국세기본법」 제45조, 제45조의2, 제45조의3에 따라 위의 내용을 신고하며,
위 내용을 충분히 검토하였고　**신고인이 알고 있는 사실 그대로를 정확하게 적었음을 확인합니다.**

2025년 03월 31일

신고인(법 인)　　　　　　(주)율도국　　　　　　(인)

신고인(대표자)　　　　　　홍길동　　　　　　(서명)

세무대리인은 조세전문자격자로서 위 신고서를 성실하게 공정하게 작성하였음을 확인합니다.

세무대리인　　　　　　　　　　　(서명 또는 인)

세무서장 귀하

첨부서류	1. 재무상태표, 2. (포괄) 손익계산서, 3. 이익잉여금처분(결손금처리) 계산서, 4. 현금흐름표(「주식회사 등의 외부감사에 관한 법률」 제2조에 따른 외부감사의 대상이 되는 법인의 경우만 해당합니다), 5. 세무조정계산서	수수료 없음

210mm×297mm[백상지 80g/㎡ 또는 중질지 80g/㎡]

tax
Q22

원천징수는 무엇이고
어떻게 신고 · 납부할까?

원천징수제도의 개념과 취지

개인의 사업소득 외에 이자소득, 배당소득, 근로소득, 사업소득 중 용역소득, 연금소득, 기타소득, 퇴직소득 같은 것은 사업을 하지 않는 자의 소득으로써 사업자가 발행하는 세금계산서, 계산서, 신용카드, 현금영수증으로 파악하는 소득이 될 수 없다. 그래서 세법은 이러한 사업과 무관한 소득에 대하여 그 소득을 지급하는 사업자에게 원천징수 의무를 부여하여 세원을 파악하고 세수를 확보한다.

원천징수란 소득을 지급하는 사업자가 소득을 지급받는 자로부터 해당 소득에 대한 세금 일부를 공제(차감)해 사업장 관할 세무서에 매월(또는 반기) 단위로 신고 · 납부하는 제도이다. 그리고 사업자는 이렇게 원천징수한 내역을 소득자와 금액을 특정하여 이듬해 지급명세서라는 이름으로 국세청에 제출하도록 되어 있다.

이를테면 사장이 직원에게 급여를 줄 때 근로소득세를 공제하고, 이렇게 공제된(원천징수한) 세금을 사업장 관할 세무서에 신고 · 납부한 후 누구에게 얼마나 지급했는지 알려주는(지급명세서) 식이다.

원천징수제도로 인하여 국세청은 세금을 미리 확보할 수 있고 비사업자의 소득을 미리 알 수 있는 장점이 있다. 또한 세금징수를 사업자가 하므로 국가 입장에서는 징세비도 절감할 수 있어 사업자가 지급하는 대부분의 개인소득에 광범위하게 원천징수제도가 활용된다.

🅦 원천징수대상 소득과 세율

원천징수는 여러 가지 사례가 있는데 대표적으로 사업자가 임직원(일용근로자 포함)에게 급여나 퇴직금을 지급할 때, 사업자등록이 없는 인적용역 사업자에게 용역비를 지급할 때, 은행이 아닌 개인에게 사채이자를 지급하거나 주주에게 배당을 지급할 때 등 다음의 경우에 원천징수의무가 발생한다.

원천징수대상 소득	원천징수 세율(지방소득세 포함)
① 이자·배당소득	지급액의 15.4%(사채이자는 27.5%)
② 인적용역 사업소득	지급액의 3.3%
③ 근로소득	월지급액에 간이세액표 적용
④ 기타소득	기타소득금액의 22%
⑤ 연금소득	월지급액에 간이세액표 적용
⑥ 퇴직소득	퇴직소득세 결정세액(지방소득세 포함)

그런데 매월 단위로 원천징수업무가 발생하는 것은 주로 근로소득(급여)을 지급할 때이므로, 세무사는 "매월 급여신고를 대행한다"는 표현으로 원천징수를 설명하기도 한다.

사업자는 위와 같이 원천징수한 세금을 다음 달 10일까지 사업장 관할 세무서에 신고·납부해야 한다. 다만, 상시근로자 수가 20인 이하인 소규모 사업자는 반기납부신청을 하면 상반기와 하반기로 나누어 반기별로 원천징수 신고·납부(7월 10일과 1월 10일)를 할 수 있다.

🐾 지급명세서의 제출

이러한 원천징수제도를 통해 과세관청은 소득을 지급한 자와 지급받은 자를 모두 파악할 수 있다. 모든 사업자는 원천징수 신고·납부 후에 그 세부내역을 담은 지급명세서를 제출해야하기 때문이다.

지급명세서 제출기한은 근로소득·사업소득·퇴직소득 지급명세서는 다음 연도 3월 10일까지이며, 나머지 소득의 지급명세서는 2월 말일까지 이다. 다만, 사업장이 휴·폐업한 경우에는 모든 소득의 지급명세서를 휴·폐업일의 다음다음 달 말일까지 제출해야 한다.

그리고 2019년부터 근로장려금의 반기별 지급을 확인하기 위한 납세협력의무의 일환으로 상용근로소득, 원천징수대상 사업소득, 비거주자 사업 관련 소득에 대해서는 반기별 다음 달 말일까지 근로소득 간이지급명세서 제출의무가 신설되었고, 2021년 7월부터는 일용근로소득 지급명세서와 원천징수대상 사업소득의 간이지급명세서를 분기·반기에서 매월로 제출 주기가 단축되었다. 게다가 2024년부터 인적용역 관련 기타소득, 2026년부터 상용근로소득도 매월 간이지급명세서를 제출해야 한다.

ⓦ 원천징수 의무의 이행 이유

이러한 원천징수는 사업자 입장에서는 매우 번거로운 제도일 수 있다. 하지만 반드시 원천징수 신고ㆍ납부를 해야 하는 이유는, 사업자의 비용처리 입증방법 중 많은 업무가 원천징수 신고ㆍ납부와 지급명세서 제출이기 때문이다.

예를 들어, 소득을 지급하는 사업자의 입장에서 이자소득은 이자비용, 임직원의 근로소득이나 퇴직소득은 직원급여 또는 퇴직급여, 인적용역 사업자의 사업소득은 지급수수료 또는 외주비로 비용처리가 된다. 소득을 받아가는 상대방으로부터 세금계산서나 영수증을 받을 수 없으니 원천징수로 영수증을 대신하는 것이다.

만약 원천징수대상 소득인데도 사업자가 원천징수 신고ㆍ납부를 하지 않으면 어떻게 될까? 일단 원천징수대상 소득을 지급했으면서도 원천징수하지 않았다면 세무상 경비로 계상하기도 쉽지 않을 뿐만 아니라, 원천징수하지 않은 사실이 발각되면 과세관청은 소득을 얻은 사람에게 원천징수세금을 징수하는 것이 아니라, 원천징수 의무자인 사업자에게 원천징수세금을 징수한다. 그렇기 때문에 원천징수세금이 사업자 본인의 세금이 아니라고 피할 수는 없는 일이다.

그래서 현실에서는 원천징수 신고ㆍ납부를 위한 원천징수이행 상황신고나 지급명세서의 기재방법이 까다롭고 근로소득의 간이세액표 적용 방법도 꽤 복잡한 편이기 때문에 사업을 어느 정도 해본 중소기업인들은 대부분 세무업무를 직접 하지 않고 세무사에게 의뢰하여 처리한다.

① 신고구분						원천징수이행상황신고서 원천징수세액환급신청서	② 귀속연월	2024 년 12 월
매월	반기	수정	연말	소득 처분	환급 신청		③ 지급연월	2024 년 12 월
				√				

원천 징수 의무자	법인명 (상호)	(주)율도국	대표자 (성명)	홍길동	일괄납부 여부	여 , (부)
	사업자 (주민) 등록번호	666-66-66666	사업장 소재지	서울시 00구 00길 100 허균빌딩 3층 3 01호	사업자단위과세여부	여 , (부)
					전화번호	(02) 2222-2222
					전자우편주소	

❶ 원천징수 명세 및 납부세액 (단위 : 원)

소득자 소득구분			코드	원천징수명세					⑨ 당월 조정 환급세액	납부 세액	
				소득지급 (과세미달, 일부비과세 포함)		징수세액					
				④인원	⑤총지급액	⑥소득세 등	⑦농어촌 특별세	⑧가산세		⑩소득세 등 (가산세 포함)	⑪농어촌 특별세
개 인 · 거 주 자 · 비 거 주 자 ·	근로 소득	간이세액	A01	1	84,000,000	29,282,000					
		중도퇴사	A02								
		일용근로	A03								
		연말 정산 합계	A04								
		연말 정산 분납금액	A05								
		연말 정산 납부금액	A06								
		가감계	A10	1	84,000,000	29,282,000				29,282,000	
	퇴직 소득	연금계좌	A21								
		그외	A22								
		가감계	A20								
	사업 소득	매월징수	A25								
		연말정산	A26								
		가감계	A30								
	기타 소득	연금계좌	A41								
		종교인 소득 매월징수	A43								
		종교인 소득 연말정산	A44								
		가상자산	A49								
		인적용역	A59								
		그외	A42								
		가감계	A40								
	연금 소득	연금계좌	A48								
		공적연금 (매월)	A45								
		연말정산	A46								
		가감계	A47								
	이자소득		A50								
	배당소득		A60								
	금융투자소득		A71								
	저축등 해지추징세액등		A69								
	비거주자 양도소득		A70								
법인	내 외국법인원천		A80								
	수정신고 (세액)		A90								
	총합계		A99	1	84,000,000	29,282,000				29,282,000	

❷ 환급세액 조정 (단위 : 원)

전월 미환급 세액의 계산			당월 발생 환급세액					⑱ 조정대상 환급세액 (⑭+⑮+ ⑯+⑰)	⑲ 당월 조정 환급세액계	⑳ 차월 이월 환급세액 (⑱ – ⑲)	㉑환급 신청액
⑫ 전월 미환급세액	⑬ 기환급 신청세액	⑭ 차감잔액 (⑫ – ⑬)	⑮ 일반환급	⑯신탁재산 (금융 회사등)	⑰ 그밖의환급세액						
					금융회사등	합병 등					

원천징수의무자는 「소득세법 시행령」 제185조제1 항에 따라 위의 내용을 제
출하며, **위 내용을 충분히 검토하였고 원천징수의무자가 알고 있는 사실 그대
로를 정확하게 적었음을 확인합니다**

2025 년 01 월 10 일

원천징수의무자 (주)율도국 (서명 또는 인)

홍길동

세무대리인은 조세전문자격자로서 위 신고서를 성실하고 공정하게
작성하였음을 확인합니다.

세무대리인 (서명 또는 인)

세무서장 귀하

신고서 부표 등 작성 여부 ※ 해당란에 "0" 표시를 합니다.		
부표(4-5) 쪽	환급(7쪽~9쪽)	승계명세(10쪽)
세무대리인		
성명		
사업자 등록번호		
전화번호		) –
국세환급금 계좌신고 ※ 환급금액 2 천만원 미만인 경우에만 적습니다.		
예입처		
예금종류		
계좌번호		

210mm×297mm[백상지 80g/ ㎡ 또는 중질지 80g/ ㎡]

tax
Q23 지급명세서는 무엇이고
어떻게 관리할까?

원천징수와 지급명세서의 제출

원천징수란 소득을 지급하는 사업자가 소득을 지급받는 자로부터 해당 소득에 대한 세금 일부를 공제해 사업장 관할 세무서에 매월(또는 반기) 단위로 신고·납부하는 제도를 말한다.

그리고 원천징수의 후속 절차로 지급명세서 제출 의무가 있다. 지급명세서란 사업자가 원천징수대상 소득을 지급할 때 소득자에게 발급하는 원천징수 영수증의 발행자 보고용 서식을 말한다. 따라서 원천징수 영수증 소득자용과 동일한 서식이다.

다만, 지급명세서 제출에서 유의할 것은 원천징수 의무가 없는 이자소득이나 배당소득에 대해서도 그 지급 사실이 있으면 지급명세서를 제출해야 한다는 것이다. 만일 법인주주에게 배당소득을 지급했는데 원천징수 의무가 없다고 지급명세서를 제출하지 않으면 지급명세서 미제출 가산세가 부과된다.

💰 지급명세서의 제출기한과 가산세

  사업자는 매월 또는 반기별로 원천징수이행상황신고서에 따라 원천징수세액을 사업장 관할 세무서에 신고·납부한 뒤, 지급명세서 제출 기한 내에 그 세부 내역을 담은 지급명세서를 제출해야 한다. 만일 지급명세서를 제때 제출하지 않으면 미제출 금액의 1%(지연 제출 시 0.5%)로 가산세를 부과한다. 원천징수대상 소득으로는 이자소득, 배당소득, 사업자등록이 없는 인적용역 사업자의 사업소득, 근로소득, 연금소득, 기타소득, 퇴직소득이 있다. 따라서 지급명세서는 각 소득별로 규정되어 있고, 지급명세서 양식도 조금씩 다르다.

  지급명세서 제출기한은 근로소득·사업소득·퇴직소득 지급명세서는 다음 연도 3월 10일까지이며, 나머지 소득의 지급명세서는 2월 말일까지이다. 다만, 사업장이 휴·폐업한 경우에는 모든 소득의 지급명세서를 휴·폐업일의 다음다음 달 말일까지 제출해야 한다.

  그리고 2019년부터 근로장려금의 반기별 지급을 확인하기 위한 납세협력의무의 일환으로 상용근로소득, 원천징수대상 사업소득, 비거주자 사업 관련 소득에 대해서는 반기별 다음 달 말일까지 근로소득 간이지급명세서 제출의무가 신설되었고, 2021년 7월부터는 일용근로소득의 지급명세서와 원천징수대상 사업소득의 간이지급명세서를 분기·반기에서 매월로 제출 주기를 단축하고 관련 지급명세서 가산세율은 0.125~0.25%로 인하하였다. 게다가 2024년부터는 인적용역 관련 기타소득도 매월 간이지급명세서를 제출하고 관련 지급명세서 가산세율은 0.125%~0.25%로 인하하면서 2024년 한해는 가산세를 면제하기로 하였다. 다만, 상용

근로소득은 2026년부터 매월 간이지급명세서를 제출하여야 한다.

🌕 사후 경비 처리

실무를 처리하다 보면 각종 용역비 또는 일당 등을 지급하면서 아무런 세무신고(원천징수와 지급명세서 제출)도 하지 않은 채 "지급한 경비가 있으니 세무상 경비로 처리해서 세금을 깎아달라"고 요청하는 소규모 사업자들이 많다.

이럴 경우 가장 먼저 고려하는 것은 실제 용역비 또는 일당 등을 지급한 사실이 금융 증빙(통장이체)으로 확인되는지 여부이다. 금융 증빙으로 확인이 가능하다면 일단 세무상 경비로 처리하고, 원천징수 불이행에 따른 원천징수세액 및 미납부가산세와 지급명세서 제출불성실가산세 부담이 있다고 설명해준다.

하지만 현금으로 주었다고 할 때는 애석하게도 세무상 경비로 처리할 수 없다. 왜냐하면 원천징수를 신고·납부하지 않고 실제 지급한 사실도 불분명한 경비를 세무상 경비로 처리하면 가공경비로 오인되어 탈세로 처벌받을 수 있기 때문이다.

거주구분	거주자1/비거주자2		
거주지국	대한민국	거주지국코드	KR
내 · 외국인	내국인1/외국인9		
외국인단일세율적용	여1 / 부2		
외국법인소속 파견근로자여부	여1 / 부2		
종교관련종사자여부	여1 / 부2		
국적	대한민국	국적코드	KR
세대주여부	세대주1/세대원2		
연말정산구분	계속근로1/중도퇴사2		

[√] 근로소득 원천징수영수증
[ ] 근로소득 지 급 명 세 서

([√]소득자 보관용 [ ]발행자 보관용 [ ]발행자 보고용)

관리번호	

징 수 의무자	①법인명(상호)	(주)율도국	②대표자(성명)	홍길동
	③사업자등록번호	666-66-66666	④주민등록번호	
	③-1 사업자단위과세자여부	여1 / 부2	③-2 종사업장 일련번호	
	⑤소재지(주소)	서울시○○구○○길100 허균빌딩 3층·301호		
소득자	⑥성 명	홍길동	⑦주민(외국인)등록번호	123456-7891023
	⑧주 소			

	구 분	주(현)	종(전)	종(전)	⑯-1 납세조합	합 계
Ⅰ 근무처별소득명세	⑨근 무 처 명	(주)율도국				
	⑩사업자등록번호	666-66-66666				
	⑪근 무 기 간	2023.01.01 ~ 2023.12.31	~	~	~	
	⑫감 면 기 간	~	~	~	~	
	⑬급 여	84,000,000				84,000,000
	⑭상 여					
	⑮인 정 상 여					
	⑮-1 주식매수선택권행사이익					
	⑮-2 우리사주조합인출금					
	⑮-3 임원 퇴직소득금액 한도초과액					
	⑮-4 직무발명보상금					
	⑯계	84,000,000				84,000,000
Ⅱ 비과세 및 감면소득명세						
	⑱비과세소득 계					
	⑱-1 감면소득 계					

		구 분	⑲소득세	⑳지방소득세	㉑농어촌특별세
Ⅲ 세액명세	㉒결 정 세 액		6,148,163	614,816	
	기납부세액	㉓종(전) 근무지 (결정세액란의 세액을 적습니다)	사업자등록번호			
		㉔주(현) 근무지	31,302,000	3,130,200	
	㉕납부특례세액				
	㉖차감징수세액(㉒-㉓-㉔-㉕)		-25,153,830	-2,515,380	

위의 원천징수액(근로소득)을 정히 영수(지급)합니다.

				2024 년 02 월 29 일
국민건강보험료: 2,977,800 원	장기요양보험료: 381,450 원			(주)율도국
고용보험료: 756,000 원	국민연금보험료: 3,780,000 원	징수(보고)의무자	홍길동	(서명 또는 인)

홍길동 귀하

210mm×297mm [백상지 80g/㎡]

IV 종합소득 정산명세서				금액
첫충급여(❸다만 외국인단일세율적용시에는 연간 근로소득)				84,000,000
㉕근로소득공제				13,950,000
㉖근로소득금액				70,050,000
기본공제	㉗본인			1,500,000
	㉘배우자			
	㉙부양가족(0명)			
추가공제	㉚경로우대(0명)			
	㉛장애인(0명)			
	㉜부녀자			
	㉝한부모가족			
연금보험료공제	㉚국민연금보험료		대상금액	3,780,000
			공제금액	3,780,000
	㉛공적연금보험료공제	㉮공무원연금	대상금액	
			공제금액	
		㉯군인연금	대상금액	
			공제금액	
		㉰사립학교교직원연금	대상금액	
			공제금액	
		㉱별정우체국연금	대상금액	
			공제금액	
특별소득공제	㉝보험료	㉮건강보험료(노인장기요양보험료포함)	대상금액	3,359,250
			공제금액	3,359,250
		㉯고용보험료	대상금액	756,000
			공제금액	756,000
	㉞주택자금	㉮주택임차차입금원리금상환액	대출기관	
			거주자	
		㉯장기주택저당차입금이자상환액 2011년이전차입분	15년미만	
			15년~29년	
			30년이상	
		2012년이후차입분(15년이상)	고정금리이거나 비거치식상환대출	
			그밖의 대출	
		2015년이후차입분 15년이상	고정금리이면서 비거치식상환대출	
			고정금리이거나 비거치식상환대출	
			그밖의대출	
		10년~15년	고정금리이거나 비거치식상환대출	
	㉟기부금(이월분)			
	㊱계			4,115,250
㉜차감소득금액				60,654,750
그밖의 소득공제	㉝개인연금저축			
	㊳소기업·소상공인 공제부금			
	㊴주택마련저축소득공제	㉮청약저축		
		㉯주택청약종합저축		
		㉰근로자주택마련저축		
	㊶투자조합출자 등			
	㊷신용카드 등 사용액			3,682,272
	㊸우리사주조합출연금			
	㊹고용유지 중소기업 근로자			
	㊺장기집합투자증권저축			
	㊻청년형 장기집합투자증권저축			
	㊼그밖의 소득공제 계			3,682,272
㊽소득공제 종합한도 초과액				

세액감면·세액공제				금액
㊾종합소득과세표준				56,972,478
㊿산출세액				7,913,394
세액감면	51「소득세법」			
	52「조세특례제한법」(53제외)			
	53「조세특례제한법」제30조			
	54조세조약			
	55세액감면계			
세액공제	56근로소득			500,000
	57자녀	공제대상자녀(0명)		
		출산·입양자(0명)		
	연금계좌	58「과학기술인공제회법」에 따른 퇴직연금	공제대상금액	
			세액공제액	
		59「근로자퇴직급여 보장법」에 따른 퇴직연금	공제대상금액	
			세액공제액	
		60연금저축	공제대상금액	
			세액공제액	
		60-1 ISA 만기시 연금계좌 납입액	공제대상금액	
			세액공제액	
	특별세액공제	61보험료	보장성 공제대상금액	1,000,000
			보장성 세액공제액	120,000
			장애인전용 보장성 공제대상금액	
			장애인전용 보장성 세액공제액	
		62의료비	공제대상금액	7,634,878
			세액공제액	1,145,231
		63교육비	공제대상금액	
			세액공제액	
		64기부금 ㉮정치자금기부금 10만원이하	공제대상금액	
			세액공제액	
		10만원초과	공제대상금액	
			세액공제액	
		㉯고향사랑기부금 10만원이하	공제대상금액	
			세액공제액	
		10만원초과	공제대상금액	
			세액공제액	
		㉰특례기부금	공제대상금액	
			세액공제액	
		㉱우리사주조합기부금	공제대상금액	
			세액공제액	
		㉲일반기부금(종교단체 외)	공제대상금액	
			세액공제액	
		㉳일반기부금(종교단체)	공제대상금액	
			세액공제액	
		65계		1,265,231
		66표준세액공제		
	67납세조합공제			
	68주택차입금			
	69외국납부			
	70월세액	공제대상금액		
		세액공제액		
	71세액공제 계			1,765,231
72결정세액(㊿-55-71)				6,148,163
73실효세율(%)(72/㊾)×100				7.3%

210mm×297mm [백상지 80g/㎡]

⑩소득·세액공제 명세[인적공제항목은 해당란에 "○" 표시(장애인 해당시 해당코드를 기재)를 하며, 각종 소득·세액공제 항목은 공제를 위하여 실제 지출한 금액을 적습니다.]

인적공제 항목						각종 소득공제·세액공제 항목											
관계코드	성명	기본공제		경로우대	출산입양	자료구분	보험료				의료비					교육비	
내·외국인	주민등록번호	부녀자	한부모	장애인	자녀		건강	고용	보장성	장애인전용보장성	일반	미숙아·선천성이상아	난임시술비	65세이상·장애인·건강보험산정특례자	실손의료보험금	일반	장애인특수교육
인적공제 항목에 해당하는 인원수를 적습니다.		1	0	0	0	국세청			2,418,978		10,654,878				500,000		
		0	0	0	0	기타	3,359,250	756,000									
0	홍길동	○				국세청			2,418,978		10,654,878				500,000		
1	123456-7891023					기타	3,359,250	756,000									
						국세청											
						기타											
						국세청											
						기타											
						국세청											
						기타											
						국세청											
						기타											
						국세청											
						기타											

각종 소득공제·세액공제 항목

성명	자료구분	신용카드등 사용액공제								기부금
		신용카드	직불카드등	현금영수증	도서공연등사용분(총급여 7천만원 이하자만 기재)		전통시장 사용분		대중교통 이용분	
					1~3월	4~12월	1~3월	4~12월		
합계	국세청계	34,321,897	10,564,878	5,087,567			156,488	548,978	1,056,485	
	기타계									
홍길동	국세청계	34,321,897	10,564,878	5,087,567			156,488	548,978	1,056,485	
	기타계									
	국세청계									
	기타계									
	국세청계									
	기타계									
	국세청계									
	기타계									
	국세청계									
	기타계									
	국세청계									
	기타계									

귀속연도	2023년	[√]　　거주자의 사업소득 원천징수영수증 [　]　　거주자의 사업 소득 지 급 명세서 (　[√]　소득자보관용　[　]　발행자보관용　)	내·외국인	내국인1 외국인9
			거주지국 대한민국	거주지국 코드　　KR

징 수 의무자	① 사업자등록번호	666-66-66666	② 법인명 또는 상호	(주)율도국	③ 성명	홍길동
	④ 주민(법인)등록번호		⑤ 소재지 또는 주소	서울시00구00길100 허균빌딩3층301호		

소득자	⑥ 상　　호		⑦ 사업자등록번호	
	⑧ 사업장소재지			
	⑨ 성　　명	임꺽정	⑩ 주민등록번호	333333-3333333
	⑪ 주　　소			

⑫ 업종구분 (940909) 기타자영업　　※ 작성방법 참조

⑬ 지 급			⑭ 소득귀속		⑮ 지 급 총 액	⑯세율	원 천 징 수 세 액		
연	월	일	연	월			⑰ 소 득 세	⑱ 지방소득세	⑲ 계
2023	02	11	2022	02	2,000,000	3.0%	60,000	6,000	66,000
2023	05	22	2022	05	4,000,000	3.0%	120,000	12,000	132,000
2023	06	05	2022	06	3,000,000	3.0%	90,000	9,000	99,000

위의 원천징수세액(수입금액)을 정히 영수(지급)합니다.

　　　　　　　　　　　　　　　　　　　　　　　　　　　년　　　월　　　일

　　　　　　　　　　　　징수(보고)의무자　　　　(주)율도국　(서명 또는 인)

　　　　　임꺽정　귀하

작성방법

1. 이서식은 거주자가 사업소득이 발생한 경우에 한하여 작성하며, 비거주자는 별지 제23호서식(5)을 사용하여야 합니다.
2. 징수의무자란의 ④주민(법인)등록번호은 소득자 보관용에는 적지 않습니다.
3. 세액이 소액부징수에 해당하는 경우에는　⑰·⑱·⑲ 란에 서액「0」으로 기재합니다.
4. ⑫ 업종구분란에는 소득자의 업종에 해당하는 아래의 업종구분코드를 기재하여야 합니다.

업종코드	종목	업종코드	종목	업종코드	종목	업종코드	종목	업종코드	종목
940100	저술가	940305	성악가	940904	직업운동가	940910	다단계판매	940916	행사도우미
940200	화가관련	940500	연예보조	940905	봉사료수취자	940911	기타모집수당	940917	심부름용역
940301	작곡가	940600	자문·고문	940906	보험설계	940912	간병인	940918	퀵서비스
940302	배우	940901	바둑기사	940907	음료배달	940913	대리운전	940919	물품배달
940303	모델	940902	꽃꽂이교사	940908	방판·외판	940914	캐디	851101	병의원
940304	가수	940903	학원강사	940909	기타자영업	940915	목욕관리사		

210mm×297mm[신문용지 54g/㎡(재활용품)]

Q24 4대 보험은 무엇이고 어떻게 관리할까?

사업자가 세무사에게 세금 문제 외에 가장 많이 묻는 것이 바로 '4대 보험'이다. 근로자일 때는 급여를 받을 때 국민연금·건강보험·고용보험·소득세 등을 공제하고 받지만, 사업자로서 사업을 시작하고 나면 근로자의 4대 보험과 사업자 본인의 4대 보험을 직접 관리해야하기 때문이다.

4대 보험의 개념

4대 보험이란 국가가 강제적으로 실시하는 사회보험제도로 국민연금, 건강보험, 고용보험, 산재보험을 말한다. 4대 보험은 사업장 가입(직장 가입이라고도 함)과 지역 가입으로 구분되는데, 고용보험과 산재보험은 근로자만 가입되기 때문에 지역 가입은 없고 사업장 가입만 있다.

반면, 국민연금과 건강보험은 모든 국민이 가입자가 되므로 사업장 가입과 지역 가입으로 나눈다. 1인 이상의 근로자를 고용한 사업장은 모두 의무적으로 사업장 가입을 해야 하고, 근로자가 아닌 경우와 근로자가 없는 사업장의 사업자는 지역가입자가 된다.

💰 4대 보험의 부담

사업장 가입의 경우 국민연금, 건강보험, 고용보험, 산재보험의 보험료 계산은 근로자의 월 급여를 기준으로 한다. 그리고 사업장 가입자의 4대 보험료 부담은 사업주와 근로자가 절반씩 부담하는 것을 원칙으로 한다. 4대 보험료율을 표로 정리하면 다음과 같다.

구 분	국민연금	건강보험[1]	고용보험[2]	산재보험[3]
사업주	4.5%	3.545%	0.9%	업종별 요율×0.1%
근로자	4.5%	3.545%	0.9%	
계	9%	7.09%	1.8%	업종별 요율×0.1%

[1]건강보험료 징수 시 건강보험료의 12.95%를 장기요양보험료로 추가 징수하고 사업주와 근로자가 반반씩 부담한다.
[2]고용보험료 징수 시 고용안정 및 직업능력 개발사업 명목으로 0.25~0.85%까지 사업주에게 추가 징수한다.
[3]산재보험료 징수 시 업종별 요율(제조업의 경우 0.85~4.35%)에 따라 근로자 부담 없이 사업주가 부담한다.

그런데 사업장의 4대 보험료 비율을 모두 합하면 산재보험을 제외해도 월 급여의 18.8%가 된다. 따라서 사업주나 근로자의 입장에서는 세금보다 4대 보험료가 더 부담이 될 수도 있다. 즉, 월급이 200만 원이라 할 때 근로자가 약 19만 원을 부담하고 사업주가 약 19만 원을 부담하게 된다. 이렇게 되면 근로자는 실수령액이 낮아져서 불만이고, 사업주는 급여 외에 보험료를 추가로 부담해야 하니 불만인 것이다.

🆆 인적용역의 선호

물론 국민연금은 국가가 연금형태로 노후소득을 보장하는 제도이고, 건강보험은 국가가 국민의 건강권을 보호하는 제도이며, 고용보험과 산재보험은 근로자를 실업이나 재해에서 보호하기 위한 제도이지만, 그렇다고 해도 현실적으로 부담이 되는 것은 어쩔 수 없다. 그래서 소규모 사업자는 근로자를 고용하기보다는 단기용역(실적제)을 선호하고, 고용보장이 불안한 사업장에서는 근로자 쪽에서 오히려 '용역(실적제)'으로 일하기를 희망하는 현상이 발생한다.

근로자가 없는 사업장은 사업장 가입이 아니기 때문에 사업자도 지역가입자이며, 이런 사업장에서 단기용역을 제공한 자도 인적용역 사업자가 되어 지역가입자가 된다. 따라서 각자가 지역가입으로 국민연금과 건강보험료를 납부하고, 사업자가 용역비를 지급할 때도 4대 보험료를 공제하지 않고 사업소득 원천징수세액 3.3%만 공제하고 지급하면 된다.

이렇게 지역가입자가 되면 국민연금과 건강보험료의 계산은 가입자의 보유재산 등 여러 가지 요소를 고려해 산정한다. 이러한 지역가입의 국민연금과 건강보험료 부담은 고스란히 가입자의 몫이다.

🆆 4대 보험의 유의사항

한편, 4대 보험과 관련하여 자주 듣게 되는 질문이 있다. 먼저 사업장 가입이 되어 있는 근로자가 다른 소득이 있을 경우 월 급여에 대한 4대 보험 외에 추가적으로 건강보험료 부담이 있는지이다.

만일 다른 소득이 타 사업장의 급여라면, 그 급여에 대해서는 타 사업장에서 4대 보험을 부담하게 된다. 하지만 다른 소득이 근로소득 외 소득이고 연간 2,000만 원을 넘지 않으면 추가적인 건강보험료 부담은 없다. 반면, 다른 소득이 연간 2,000만 원을 초과할 경우에는 사업장 가입 외에 지역 가입으로 보험료를 추가적으로 부담하게 된다.

두 번째, 자식이 취직해서 직장 가입자가 되었는데, 부모가 피부양자가 되어 건강보험 혜택을 받을 수 있는 것인지이다.

가입 피부양자가 되려면 연간 종합소득이 2,000만 원을 넘지 않고, 사업자등록이 없는 사업소득금액이 연간 500만 원 이하일 경우에 해당하여야 한다. 자식의 피부양자가 되려는 대부분의 부모는 소득이 이처럼 많지 않겠지만, 여기서 주의할 점은 부동산임대업자와 같이 사업자등록이 있고 사업소득금액이 1원이라도 있으면 피부양자 요건이 충족되지 않는다는 것이다.

한편, 보험료 부과에 적용되는 이자, 배당, 사업, 기타소득은 필요경비를 제외한 소득금액으로 하고, 근로소득과 연금소득의 경우에는 소득공제를 하지 않은 총수입금액으로 판단한다.

부가세 예정고지와 소득세 중간예납은 무엇일까?

개인사업을 하는 사람들은 국세청 마크가 찍힌 등기우편물이 날아올 때마다 왠지 심장이 떨린다고 한다. 그런데 그 우편물이 4월과 10월, 11월에 온다면 통상 기한마다 국세청에서 자동적으로 보내는 부가가치세 예정고지세액 납세고지서와 소득세 중간예납세액 납세고지서라는 것을 알면 조금 안심이 되지 않을까? 부가가치세 예정고지세액과 소득세 중간예납에 대해 알아보자.

🏦 부가가치세 예정고지세액

개인사업자 중 일반과세자는 부가가치세를 1년에 두 번 신고 · 납부해야 한다(상반기 실적은 7월 25일까지, 하반기 실적은 1월 25일까지). 반면 법인사업자는 부가가치세를 1년에 네 번 신고 · 납부해야 한다(1분기 실적은 4월 25일, 2분기 실적은 7월 25일, 3분기 실적은 10월 25일, 4분기 실적은 1월 25일까지). 다만, 2021년부터 직전 과세기간 과세표준 1.5억 원 미만의 법인사업자는 예정고지로 갈음할 수 있다.

따라서 법인사업자가 부가가치세 예정신고·납부하는 4월과 10월에 개인사업자는 직전 부가가치세 납부세액의 절반(50만 원 미만 시에는 고지 제외)을 납부할 수 있도록 관할 세무서에서 납세고지서를 보내게 된다. 이를 부가가치세 예정고지세액, 줄여서 '예정고지'라 한다.

즉, 법인이 4월 25일, 10월 25일 부가가치세 예정신고를 할 때 개인은 예정고지세액을 납부해야 한다. 물론 실적이 낮을 때는(직전 과세기간 실적의 1/3 미달) 예정고지를 무시하고 예정신고·납부를 할 수도 있다.

🐫 종합소득세 중간예납

중간예납이란 사업연도가 6개월을 초과하는 법인과 종합소득이 있는 개인이 상반기 법인세 또는 종합소득세를 전년도 납세액에 준해 미리 납부하는 제도이다.

그런데 법인세 중간예납은 사업연도가 6개월을 초과하는 법인이 상반기 종료 후 2월 말까지(12월 말 법인은 8월 말까지) 상반기 가결산 기준으로 법인세를 신고·납부하거나 가결산을 하지 않는 경우에는 지난해 납부세액의 절반을 신고·납부한다.

반면, 종합소득세 중간예납은 종합소득이 있는 개인에게 직전 연도 종합소득세 납부세액의 절반을 매년 11월 말까지 납부할 수 있도록 과세관청에서 미리 납세고지(50만 원 미만 시에는 고지 제외)를 하는 것이다.

다만, 종합소득이 있는 개인이 상반기 실적이 좋지 않아 고지된 중간
예납세액을 납부하는 것이 부담될 때는 상반기 가결산 기준으로 신고·
납부할 수 있다. 다만, 상반기 실적이 좋지 않다는 기준은 직전 연도 실
적의 30%에 미치지 못할 때를 말하는 것으로, 누구나 중간 예납고지서
를 무시하고 가결산 기준으로 신고·납부할 수 있는 것은 아니다.

tax

Q26 종합소득세의 성실신고확인제도

세무사법은 "세무사는 공공성을 지닌 세무전문가로서 납세자의 권익을 보호하고 납세의무를 성실하게 이행하게 하는데 이바지하는 것을 사명으로 한다."고 규정하고 있다.

하지만 일반 국민이 세무사를 대할 때는 납세자의 권익보호는 당연한 것이고, 더 나아가 탈세의 조력자까지 원하는 경우가 있다. 그런 요구가 있을 때 세무사로서는 고민스러울 수밖에 없다.

💱 성실신고확인제도

성실신고확인제도는 해당 과세기간의 수입금액이 다음 규모 이상인 개인사업자가 종합소득세를 신고 · 납부할 때 세무장부를 확인한 세무사에게 그 사업자의 성실신고 여부에 대한 확인 책임을 지우는 제도이다.

업종 구분	수입금액
농업·임업 및 어업, 광업, 도·소매업, 부동산매매업, 기타사업	15억 원
제조업, 숙박·음식점업, 전기·가스·증기 및 공기조절공급업, 수도·하수·폐기물처리·원료재생업, 건설업, 운수 및 창고업, 정보통신업, 금융·보험업, 상품중개업	7.5억 원
부동산임대업, 부동산업, 전문·과학 및 기술서비스업 등 각종서비스업, 가구 내 고용활동	5억 원

만약 국세청에서 성실신고 여부를 확인한 결과 부실기장이나 허위확인 사실이 발각되면 어떻게 될까?

탈세한 납세자에 대해서는 당연히 본세와 가산세를 추징하고, 더불어 성실신고확인을 부실하게 한 세무사에 대해서는 세무사 등록취소, 직무정지, 과태료 등의 무거운 처벌을 하게 된다. 실제 이 제도 도입 이후에 성실신고확인의무 해태에 따른 세무사의 징계가 상당하여 업계를 긴장케 하고 성실신고 문화정착에 직간접적으로 기여하고 있다고 생각한다.

한편, 성실신고확인대상 사업자의 종합소득세 신고·납부기한은 성실신고확인에 걸리는 시간을 고려해 매년 6월 30일까지이다. 그리고 종합소득세를 신고할 때는 반드시 사업장별로 세무사가 작성한 성실신고확인서, 성실신고확인 결과 주요항목명세서, 특이사항기술서, 사업자 확인사항이 포함되어야 한다. 이 경우 세무사는 종합소득세 신고대행은 물론, 성실신고확인까지 하므로 성실신고확인수수료를 납세자에게 청구하게 된다.

그러면 어떤 사업자는 이러한 불만을 털어놓기도 한다.

"국가에 종합소득세도 많이 내고 세무사에게 세무조정료도 지불하는데, 왜 성실신고확인제도를 만들어 성실신고확인 비용까지 지불하게 하는지 모르겠네요ㅠ"

🏦 성실신고확인에 따른 세제혜택

하지만 성실신고확인대상 사업자가 누리는 혜택이 있다. 일반사업자에게 허용하지 않는 의료비와 교육비 세액공제를 허용해 주고, 불만이 있는(?) 성실신고확인비용의 60%(120만 원 한도)를 종합소득세에서 공제해 준다. 결과적으로 성실하게 종합소득세를 신고하면 오히려 일반사업자보다 많은 세금혜택을 받을 수도 있고, 성실신고확인비용은 사실상 국가가 지원해 주는 셈이다.

🏦 자본이득과다법인의 성실신고확인제도

그리고 2018년부터는 이러한 성실신고확인제도를 더욱 확장하여 특정법인에 대해서도 성실신고확인제도를 도입하였다. 성실신고확인대상 특정법인이란, 소수가 지배하는 법정의 자본이득과다법인*과 성실신고확인대상인 개인사업자가 법인으로 전환한 후 3년 이내 법인을 말한다. 다만, 주식회사의 외부감사에 관한 법률에 따라 감사를 받는 법인은 제외한다.

*소수가 지배하는 법정의 자본이득과다법인이란 ① 해당 사업연도의 상시근로자 수가 5인 미만, ② 지배주주 및 특수관계자 지분합계가 전체의 50% 초과, ③ 부동산임대업 법인 또는 이자·배당·부동산임대소득이 수입금액의 50% 이상인 법인을 말한다.

법인이 성실신고확인을 받는 경우에는 법인세 신고기한을 1개월 연장해 주고 성실신고확인비용 세액공제(확인비용의 60%, 150만 원 한도)의 혜택을 준다.

💲 성실신고의 당부

우리는 지금 금융실명제를 넘어 금융정보를 분석하고(금융정보분석원, FIU), 신용카드 사용내역을 일자별·사용내역별로 분류하며, 개인의 소비 수준으로 개인의 실제 소득을 추정해 내는 고도의 기술이 지배하는 세상에 살고 있다.

매출누락, 가공경비, 가사경비 등 과거의 낡은 프레임으로 탈세를 시도하고, 그에 동조하는 세무대리인에게 높은 액수의 대가를 지불하는 것도 이제는 옛일이 되어가고 있다. 즉, 바로 발각된다는 뜻이다. 따라서 탈세에 조력하는 세무대리인도, 탈세를 원하는 납세자도 점차 줄어들고 있다.

사업자를 위한 절세노하우

사업자 세금의 관리

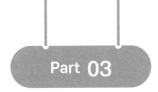

Part 03

세무장부를 꼭 해야 할까?

사업자가 부가가치세 신고를 하고 나면 매 1년 단위로 소득세 또는 법인세를 신고해야 한다고 국세청으로부터 안내문을 받는다. 신규 사업 개시자일 경우 소득세 신고를 위해 세무사에 세무장부를 의뢰해야 하는지 궁금증이 많다. 개인사업자가 소득세 신고를 하려면 반드시 세무장부를 해야 할까? 반드시 그렇지는 않다.

법인사업자는 반드시 복식장부(재무제표)에 의한 세무신고를 하여야 하지만, 개인사업자는 세무장부에 의한 세무신고 또는 세무장부가 없는 추계신고를 선택할 수 있다.

구체적으로 말하자면 법인사업자는 모든 사업장의 실적을 하나로 통합한 복식장부(재무제표)를 만들어 법인세 신고를 해야 하고, 개인사업자는 자신의 수입금액(매출액 개념) 규모에 따라 각 사업장별로 세무장부에 의한 신고와 추계에 의한 신고를 선택해 사업소득금액을 확정하여 종합소득세를 신고할 수 있다.

🐷 세무장부에 의한 신고

세무장부에 의한 신고는 개인사업자가 복식부기의무자이면 복식장부에 의하여 신고하고, 간편장부대상자이면 간편장부 또는 복식장부 중 선택하여 신고할 수 있다.

복식장부란 재무제표를 말하는 것으로, 손익계산서와 재무상태표를 말한다. 이는 사업상 거래를 자산 · 부채 · 자본(재무상태표 기재사항)과 수익 · 비용(손익계산서 기재사항)으로 분류해 기록하는 것이다.

이러한 복식장부를 만들려면 고도의 회계지식이 필요하므로, 대부분 세무사에게 세무장부대리를 맡긴다. 복식장부에 의한 종합소득세 신고란, 사업장별 사업소득금액의 근거서류로 복식장부(재무제표)와 세무조정계산서를 제출하는 것으로 한다.

반면, 간편장부란 사업장별로 사업과 관련된 거래를 일자별로 기록하면(수입과 지출) 이를 '장부'로 인정하는 제도이다.

해당 연도에 신규로 사업을 개시한 자와 직전 1년간 수입금액(매출액 개념)이 다음에 미달하는 개인사업자가 복식장부 대신 간편장부를 선택할 수 있다. 다만, 전문직 사업자(당연 복식부기의무자)는 간편장부대상자에 해당하지 아니한다.

업종 구분	수입금액
농업, 수렵업 및 임업, 어업, 광업, 도 · 소매업, 부동산매매업, 기타사업	3억 원

업종 구분	수입금액
제조업, 숙박·음식점업, 전기·가스·증기·수도사업, 하수·폐기물처리·원료재생·환경복원업, 건설업, 운수업, 출판·영상·방송통신·정보서비스업, 금융·보험업, 상품중개업	1억 5천만 원
부동산임대업, 부동산관련 서비스업, 임대업, 전문·과학 및 기술서비스업 등 각종 서비스업, 보건업, 가구 내 고용활동	7,500만 원

그런데 어떤 개인사업자가 복식부기의무자냐 간편장부대상자냐는 사업자의 수입금액을 기준으로 판단하는 것이지, 사업장별 수입금액을 기준으로 판단하는 것은 아니다.

사업자가 간편장부대상자인 경우 간편장부에 의한 종합소득세 신고는 상당히 쉽고 유용하다. 왜냐하면 간편장부로 확인되는 수익과 비용을 집계해 그 차액을 사업소득금액으로 확정하기 때문이다. 그러나 이러한 간편장부대상자가 복식장부에 의하여 신고하게 되면 종합소득 산출세액의 20% 상당액의 기장세액공제(100만 원 한도)가 허용되니 이 또한 고려하여야 한다.

🅦 추계에 의한 신고

해당 사업장에 관하여 세무장부를 하지 않은 사업자는 국세청이 매년 정해서 고시하는 업종별 경비율(단순경비율과 기준경비율) 제도를 통해 사업소득금액을 확정하여 종합소득세를 신고·납부할 수 있다.

대체로 장부기장을 하지 않은 신규사업자가 추계신고를 이용하는 경우가 있고, 프리랜서 등 인적용역 사업자와 같이 사업과 관련해 지출한 경비가 많지 않은 경우에 추계신고를 활용하는 경우도 있다.

수입금액 외에 입증되는 필요경비가 없거나 매우 적은 경우라면 추계신고가 더 좋을 수 있으므로, 사업자는 사업장별로 장부기장을 할지 추계신고를 할지 현명한 선택을 하여야 한다.

세무기장의 장점

그런데 사업자가 세무장부에 대한 이해가 적어 해당 연도에 사업상 손실이 났는데도 장부기장을 하지 않아 사업상 손실금액을 확정할 수 없고, 부득이 추계방식으로 사업소득금액을 계산하는 경우도 있다. 사실상 손실임에도 납부할 세액이 발생하고, 사업상 손실금액의 신고가 없으니 이월되는 세무상 결손금액도 없어 향후 이익이 발생해도 결손금과 이월결손금공제를 받을 수 없고 오히려 엉뚱한 세금만 내는 셈이다. 만일 장부기장을 하여 손실신고를 했다면 당해 결손이라 세금은 없고, 이 결손금이 이월되어 이후 15년간 이익이 발생한 해에 공제를 받거나 직전 연도에 납부한 세금을 환급받을 수도 있는데 말이다.

추계신고 시 불이익

게다가 기장을 하지 않는 것은 세법상 기장의무를 위반한 것으로, 사업수입금액이 4,800만 원 이상인 사업자가 장부기장을 하지 않고 종합소득세를 신고하면 산출세액의 20%에 상당하는 무기장가산세를 부담해야 하며 각종 공제나 감면을 받을 수도 없다. 세법을 몰라 이렇게 추계신고로 엉뚱한 세금을 내는 것은 무척 안타까운 일이다.

간편장부소득금액계산서 (　　2024　년도 귀속)

① 주소지	서울시 OO구 OO길 300 조선아파트 101동 101호	② 전 화 번 호	--
③ 성 명	홍길동	④ 생 년 월 일	1911.11.11

사업장	⑤ 소　재　지	서울시 OO구 OO길 100 허균빌딩 101호			
	⑥ 업　　　종	도매 및 소매업 전자상거래 소매업			
	⑦ 주 업 종 코 드	525101			
	⑧ 사업자등록번호	999-99-99999			
	⑨ 과 세 기 간	2024.01.01. 부터 2024.12.31. 까지			
	⑩ 소 득 종 류	(㉚ 32, 40)	(30, 32, 40)	(30, 32, 40)	(30, 32, 40)

총수입금액	⑪ 장부상 수입금액	100,000,000			
	⑫ 수입금액에서 제외할 금액				
	⑬ 수입금액에 가산할 금액				
	⑭ 세무조정 후 수입금액 (⑪-⑫+⑬)	100,000,000			
필요경비	⑮ 장 부 상 필 요 경 비 　(부표 ㊷의 금액)	72,500,000			
	⑯ 필요경비에서 제외할 금액				
	⑰ 필요경비에 가산할 금액				
	⑱ 세무조정 후 필요경비 (⑮-⑯+⑰)	72,500,000			
⑲ 차가감 소득금액 (⑭-⑱)		27,500,000			
⑳ 기부금 한도초과액					
㉑ 기부금이월액 중 필요경비 산입액					
㉒ 해 당 연 도 소 득 금 액 (⑲+⑳-㉑)		27,500,000			

「소득세법」 제70조제4항제3호 단서 및 같은 법 시행령 제132조에 따라 간편장부소득금액계산서를 제출합니다.

2025 년 06 월 02 일

제 출 인　　홍길동　　　　　　　　(서명 또는 인)

세 무 대 리 인　　　　　　　　　　(서명 또는 인)

세무서장　귀하

첨부서류	총수입금액 및 필요경비명세서(별지 제82호 서식 부표) 1부	수수료 없음

210㎜×297㎜[백상지 80g/ ㎡ 또는 중질지 80g/ ㎡]

간편장부소득금액계산서 (　　　2024　년도 귀속)

① 주소지	서울시 OO구 OO길 300 조선아파트 101동 101호		② 전화번호	--
③ 성 명	홍길동		④ 생년월일	1911.11.11

사업장	⑤ 소 재 지	서울시 OO구 OO길 100 허균빌딩 101호			
	⑥ 업 종	도매 및 소매업 전자상거래 소매업			
	⑦ 주 업 종 코 드	525101			
	⑧ 사업자등록번호	999-99-99999			
	⑨ 과 세 기 간	2024.01.01. 부터			
		2024.12.31. 까지			
	⑩ 소 득 종 류	(30) 32, 40)	(30, 32, 40)	(30, 32, 40)	(30, 32, 40)

총수입금액	⑪ 장부상 수입금액	100,000,000			
	⑫ 수입금액에서 제외할 금액				
	⑬ 수입금액에 가산할 금액				
	⑭ 세무조정 후 수입금액 (⑪ - ⑫ + ⑬)	100,000,000			
필요경비	⑮ 장 부 상 필 요 경 비 (부표 ㉑의 금액)	72,500,000			
	⑯ 필요경비에서 제외할 금액				
	⑰ 필요경비에 가산할 금액				
	⑱ 세무조정 후 필요경비 (⑮ - ⑯ + ⑰)	72,500,000			
⑲ 차기감 소득금액 (⑭ - ⑱)		27,500,000			
⑳ 기부금 한도초과액					
㉑ 기부금이월액 중 필요경비 산입액					
㉒ 해당 연도 소득금액 (⑲ + ⑳ - ㉑)		27,500,000			

「소득세법」 제70조제4항제3호 단서 및 같은 법 시행령 제132조에 따라 간편장부소득금액계산서를 제출합니다.

　　　　　　　　　　　　　　　　　　　　　　2025 년　　06 월　　02 일

　　　　　　　　제 출 인　　홍길동　　　　　　　　(서명 또는 인)

　　　　　　　　세 무 대 리 인　　　　　　　　　　(서명 또는 인)

세무서장 귀하

첨부서류	총수입금액 및 필요경비명세서(별지 제82호 서식 부표) 1부	수수료 없 음

210㎜×297㎜[백상지 80g/㎡ 또는 중질지 80g/㎡]

세무대리 비용과
세무대리인을 선택하는 방법

　많은 사업자들이 사업 초기에는 직접 세무신고를 하거나 세무신고 대리를 하다가 규모가 점점 커지면 세금 리스크를 관리할 목적으로 세무기장 대리(세무신고를 위한 장부 작성을 기장이라 함)를 맡기게 된다. 세무대리는 크게 세무신고 대리와 세무기장 대리로 구분할 수 있는데, 그 차이점에 대해 알아보자.

　세무신고 대리는 각 세무신고 단위별로 구분해 대리를 맡기는 방식으로, 건별로 요청하기 때문에 기장대리에 비해 수수료가 저렴하다. 반면, 세무 기장 대리는 세무신고를 하기 위한 장부 작성을 대리하면서 부가가치세 신고나 면세사업자의 사업장 현황 신고, 원천징수 신고(급여 신고 등), 법인세 또는 종합소득세 신고, 각종 명세서 제출 등 사업상의 세무신고를 포괄적으로 대리하는 것을 말한다. 신고 대리에 비해 업무량이 많으니 당연히 비용 부담도 큰데, 통상적으로 세무기장 대리 수수료에는 월별 기장료와 1년 단위의 소모품대, 1년 단위의 세무조정료가 있다.

🐞 기장료와 소모품대

그렇다면 세무기장 대리 비용은 어떻게 산출될까? 현재는 법정요금제가 아니라 자율요금제이기 때문에 세무사마다 비용산출 근거가 다르지만, 보수표 양식은 대개 비슷하다. 월별 기장료는 처음 기장계약을 할 때 정하고 1년 단위로 상호 협의해 조정한다. 계약 및 조정 기준은 수입금액(매출액 개념) 기준으로 하며, 통상 다음과 같은 양식으로 되어있다.

수입 금액	1억 원 미만	1~ 5억 원	5~ 10억 원	10~ 20억 원	20~ 30억 원	30~ 50억 원	50~ 80억 원
개인	○ ○ ○	○ ○ ○	○ ○ ○	○ ○ ○	○ ○ ○	○ ○ ○	○ ○ ○
법인	○ ○ ○	○ ○ ○	○ ○ ○	○ ○ ○	○ ○ ○	○ ○ ○	○ ○ ○

세무기장 대리 보수 최저구간은 통상 월 10만 원 내외이고, 수입금액 기준별로 금액이 상향 조정된다. 또한 법인사업자는 개인사업자에 비해 통상 1.2배 이상의 세무기장 대리 보수를 지불한다. 아울러 소모품비는 건별로 청구하는 것이 아니라 통상 1년 단위로 월 기장료 상당액 정도를 소모품비 명목으로 매년 1월에 청구하는 것이 관행이다.

🐞 세무조정료

법인세 또는 종합소득세 신고 때는 세무조정료를 청구하는데, 통상 다음과 같이 해당 연도 매출액(또는 자산총액)을 기준으로 세무조정료가 결정된다.

구 분	법인조정료	개인조정료
1억 원 미만	○ ○ ○	○ ○ ○
1억 원~2억 원 미만	○ ○ ○	○ ○ ○
2억 원~3억 원 미만	○ ○ ○	○ ○ ○
3억 원~5억 원 미만	○ ○ ○	○ ○ ○
5억 원~10억 원 미만	○ ○ ○	○ ○ ○
10억 원~20억 원 미만	○ ○ ○	○ ○ ○
20억 원~40억 원 미만	○ ○ ○	○ ○ ○
40억 원~70억 원 미만	○ ○ ○	○ ○ ○
70억 원~100억 원 미만	○ ○ ○	○ ○ ○
100억 원~500억 원 미만	○ ○ ○	○ ○ ○
500억 원~1천억 원 미만	○ ○ ○	○ ○ ○
1,000억 원 이상	○ ○ ○	○ ○ ○

기장료와 별도로 세무조정료를 청구하는 이유는, 사업자가 스스로 기장을 한다고 해도 사업이 일정 규모 이상(복식부기의무자 기준 수입금액의 2배) 이거나 세금공제 및 감면을 받으려면 세무사에게 외부 세무조정을 맡겨야 하는 당초 세무조정료라는 비용을 의미하기 때문이다.

즉, 기장료는 장부 작성 대행 비용이고, 세무조정료는 법인세 또는 종합 소득세 신고 시 외부 세무조정에 대한 대가이다. 그리고 세무조정료를 산정할 때는 통상 가산율*이라는 것이 있으며, 세무조정료를 청구할 때 기본 조정료의 1.3배(부가가치세 별도) 등으로 청구내역서가 오는 것은 이 계약 조항 때문이다.

*세무조정료 가산율: ① 결산과 조정 업무를 같이하는 경우 기본 조정료의 20% 가산, ② 원가계산이 필요한 경우 10% 가산, ③ 지방소득세 신고에 따른 10% 가산 등이다.

✿ 세무대리 여부와 세무사의 선택

사업자가 혼자 세무신고를 하기 위해 장부 작성을 할 수도 있고 세무신고도 직접 할 수 있다. 그런데 대부분의 사업자가 세무사에게 세무대리를 맡긴다. 그 이유는 사업자 스스로 세무신고를 위한 장부를 작성하는 것이 어렵기 때문이기도 하지만, 사업자가 절세를 판단할 수 있는 세법 규정을 잘 알지 못하기 때문이기도 하다. 또한 세무장부를 작성하려면 세무회계를 할 줄 아는 직원이 필요한데, 그 인건비가 통상 세무대리 비용의 10배 이상이 되는 것도 세무대리를 하는 이유이다. 그래서 어떤 사람은 가성비가 좋다라고 표현하기도 한다.

결국 중소사업자에게는 세무대리인이 필요한데, 그렇다면 어떤 세무대리인을 선택하는 것이 좋을까? 세무대리를 하기 위한 장부 작성은 세무사법에 따라 보호되므로 반드시 세무사 자격이 있는 자로서 국세청에 세무사로 등록한 자를 선택해야 한다. 등록세무사는 세무사의 과실에 따라 사업자에게 세금이 추징되면 가산세를 배상해주어야 한다. 반면, 무자격 세무대리는 아무런 법적 보호도 받을 수 없다.

그리고 등록세무사라도 명의 대여자라면 사실상 무자격 세무대리와 다를 바가 없다. 직접 세무사와 상담해보면 명의 대여인지 아닌지 알 수 있다.

tax
Q29

회사가 쓰는 비용은 모두 세무상 경비일까?

🔰 세무상 경비 제외 항목

회사에서 지출하는 모든 비용*이 세무상 경비(손비)로 인정될 수 있다고 생각하는 사업자들이 아주 많다. 물론 업무와 관련이 있는 지출은 대부분 세무상 경비로 인정되지만 자본·출자의 환급, 이익잉여금의 배당, 세법에서 비용을 부인하거나 세무상 한도를 설정한 항목은 제외한다. 세법에서 비용을 부인(손비 부인)하거나 세무상 한도를 설정한 항목은 다음과 같다.

*세무상 경비는 세금을 절감시키기 때문에 업무 관련성 및 비용 지출 여부의 입증 책임은 납세자에게 있다.

구 분	내 용
① 대손금	채권 중 회수 불가능 채권을 비용 처리할 때는 엄격한 요건 적용
② 자본거래 등으로 인한 손비	배당 등 잉여금의 처분, 주식할인발행차금 항목 등
③ 제세공과금	벌금, 과태료, 강제징수비, 의무불이행 제재 공과금
④ 자산의 평가손실	자산을 감액 평가해 손실 처리할 때 엄격한 요건 적용
⑤ 감가상각비	고정자산의 감가상각비에 대해 세법상 한도 적용

구 분	내 용
⑥ 기부금	공익기부금이라도 소득금액의 일정 비율 범위 안에서 손비 인정
⑦ 기업업무추진비	기업업무추진비는 신용카드 등 사용액만 인정하고 총액 한도 안에서 손비 인정
⑧ 과다경비 등	(주로) 임원에 대한 상여금, 퇴직금 한도에 대해 엄격한 요건 적용
⑨ 업무와 관련 없는 비용	업무와 무관한 비용은 손비 부인
⑩ 업무용 승용차 관련 비용	업무용도 미입증 시 승용차 관련 비용 손비 부인
⑪ 지급이자	채권자 불분명 사채이자, 가지급금에 대응되는 차입금이자 손비 부인 등

🐞 기업업무추진비

위와 같은 내용이 복잡해 보이지만, 각 항목별로 세무상 경비 처리가 되는 요건이나 세무상 한도는 세무사가 알아서 법대로 처리해준다. 다만, 기업업무추진비에 대해서는 실무적으로 애매한 경우가 많다.

예를 들어, 회사에서 명절에 상품권을 구입했다고 하자. 이 상품권을 임직원에게 배포하면 복리후생비, 거래처에 배포하면 기업업무추진비가 된다. 회사가 기업업무추진비로 회계처리하고 기업업무추진비의 세무상 한도에 걸리면 그 초과분은 세무상 경비가 부인되어 세금 부담이 생긴다.

반면, 복리후생비라면 기업업무추진비보다는 세금 부담이 낮아질 것이다. 물론 회사가 기업업무추진비를 복리후생비 등으로 회계처리 했다고 해서 세금이 달라지는 것은 아니다. 당장은 숨길 수 있지만 세무조사에서 적발되면 지출의 실질에 따라 기업업무추진비로 보아 세금이 추징될 수 있기 때문이다. 이와 같이 기업업무추진비와 비교될 수 있는 여러 비용 항목을 알아보자.

🏧 기업업무추진비와 복리후생비

복리후생비는 임직원의 복리증진과 원활한 노사관계를 위해 지출하는 비용이다. 따라서 기업업무추진비와의 구분은 지급 상대방이 해당 사업자의 임직원이냐의 여부에 있다. 그런데 1인 사업자의 경우 직원이 없는데도 식대가 발생하면 실무상 복리후생비로 처리하곤 한다.

이 경우 식대는 직원에게 지출한 것이 아니므로 복리후생비가 될 수 없다. 즉, 개인적으로 밥을 먹은 것으로 보아 업무 무관 경비가 될 수 있고, 거래처와 식사를 했다고 하면 기업업무추진비가 될 수도 있다.

🏧 기업업무추진비와 광고선전비

광고선전비는 광고 선전을 목적으로 불특정 다수에게 무상으로 지출한 비용이다. 따라서 기업업무추진비와의 구분은 불특정 다수에 대한 광고 효과를 의도하느냐의 여부에 달려있다.

🏧 기업업무추진비와 판매부대비

판매부대비는 해당 사업자의 제품, 상품 등의 판매와 직접 관련 있는 거래처 또는 불특정 고객을 상대로 지급하는 보상금 및 사은품 등의 증정에 따른 지출액을 말한다. 따라서 기업업무추진비와의 구분은 판매와 직접 관련해 지급 요건이 충족되면 누구나 동일 조건으로 지급하느냐의 여부에 있다. 만일 특정인에게 유리한 조건으로 지급된다면 기업업무추진비가 된다.

🏦 기업업무추진비와 회의비

회의비는 정상적 업무를 수행하기 위해 지출하는 비용으로서, 사내 또는 통상 회의가 개최되는 장소에서 제공하는 다과 및 음식물 등의 비용을 더한 금액에서 사회통념상 인정될 수 있는 범위 안의 금액을 말한다. 따라서 기업업무추진비와의 구분은 지출 장소와 지출 내역으로 판단한다.

🏦 기업업무추진비와 기부금

기업업무추진비는 사업자가 사업을 위해 지출한 비용 가운데 상대방이 사업 관계자들이고, 지출의 목적이 접대 행위(무상)를 통해 사업 관계자들과의 친목을 두텁게 해 거래 관계의 원활한 진행을 도모하기 위한 비용이다.

반면, 기부금은 사업자의 사업과 관련 없는 지출액으로, 업무 무관 경비로 손비 부인되어야 하지만 공익 목적의 기부를 장려하기 위해 법정 한도 내에서 손비로 인정되는 항목이다. 따라서 지출의 업무 관련성 여부로 기업업무추진비와 구분된다.

💲 구분 사례

예를 들어 사업자가 회식을 했다고 할 때, 일단 저녁식사 비용은 복리후생비로 처리할 수 있을 것이다. 그런데 늦은 시간에 유흥주점에서 고급 양주를 마셨다면 어디까지가 복리후생비일지 구분이 애매해진다. 통상적으로 회사는 이것을 기업업무추진비로 처리하고 끝낸다.

그렇다면 과세관청의 관점은 어떨까? 통상적으로 저녁 회식 식사비용 정도는 복리후생비로 인정한다. 하지만 유흥주점 사용액은 잘 봐주면 기업업무추진비이고, 금액이 크고 임원이 함께 했으면 임원 개인의 사적인 지출로 보아 세무상 경비를 부인하는 동시에 임원상여금으로 소득세를 부과할 수 있다.

요즘은 국세청 전산망에서 사업용 카드의 주말분 사용액까지 걸러내서 사업자에게 통보하는 세상이다. 복리후생비이든 기업업무추진비이든 세무상 경비로 인정받으려면 비용의 사용 내역을 정확히 입증할 수 있어야 한다.

Q30 결산할 때 세무상 경비로 처리할 수 있는 항목

세무사들이 종합소득세 또는 법인세를 신고 · 납부하기 위해 결산하면서(재무제표를 작성 · 마감하는 일을 말함) 가장 마지막에 검토하는 항목이 있다. 이른바 '결산조정 항목'이다. 이것은 특정한 자산을 법정 요건에 따라 세무상 경비로 처리하는 항목과 장래에 발생할 손실이나 비용을 미리 당겨서 세무상 경비로 처리하는 항목으로 나눌 수 있다.

이런 결산조정 항목은 당초 경비 명목으로 지출한 비용이 아니기 때문에 반드시 납세자가 결산할 때 해당 결산조정 항목(감가상각비 등)을 회계상 비용 처리해야만 세무상 경비로 인정된다. 그러므로 재무제표를 마감하면서 결산조정 항목을 가장 마지막에 검토한다.

🆆 결산조정 – 자산조정 항목

먼저, 특정한 자산을 법정 요건에 따라 상각해(회계상 자산을 비용 처리하는 것을 말함) 세무상 경비로 처리하는 결산조정 항목은 다음과 같다.

① 고정자산의 감가상각비
② 재고자산의 감모손실
③ 고정자산의 폐기손실
④ 매출채권의 대손상각비
⑤ 유가증권의 감액손실

감가상각비란 시간의 경과에 따라 감소하는 고정자산의 가치를 인위적으로 회계상 비용에 반영하는 것으로, 세법은 업종별 자산의 감가상각 연도를 각각 규정하고 있다.

업종과 관계없이 보유하는 차량운반구, 공기구, 비품은 5년, 건축물 등은 구조에 따라 40년 등의 기간에 감가상각을 허용하고 있다. 예를 들어, 음식점(업종별 감가상각 기간 8년)을 운영하는 사업자가 주방용 저장고를 800만 원에 구매했으면 1년에 100만 원씩(정액법 가정) 8년간 감가상각비를 세무상 경비로 인정받을 수 있다. 또 차량을 3천만 원에 구매했으면 1년에 600만 원씩(정액법 가정) 5년간 감가상각비를 세무상 경비로 인정받을 수 있다.

이와 같은 고정자산의 감가상각비 외에 회사가 보유 중인 재고자산이 파손, 부패, 증발, 도난 등으로 감모되었거나, 고정자산이 감가상각 기간 내에 파손, 멸실, 폐기되었으면 이를 세무상 경비로 인정받을 수 있다.

그리고 사업상 외상매출금이나 어음, 수표 등을 보유하다가 해당 사업자가 부도났거나 폐업한 경우 또는 장기간 미수로 소멸시효가 완료된 경우, 중소기업의 경우 발생일로부터 2년이 경과한 미수채권의 경우 이 매출채권의 손실액(대손상각비라 함)을 세무상 경비로 인정받을 수 있다.

또한 법인사업자의 경우에는 보유 주식의 발행 법인이 부도가 났거나 회생계획 인가결정을 받은 경우 또는 파산한 경우에 유가증권 감액손실액을 세무상 경비로 인정받을 수 있다.

결산조정 - 세법상 충당금과 준비금

다음으로, 장래에 발생할 손실이나 비용을 미리 당겨 세무상 경비로 처리하는 항목은 다음과 같다.

① 채권의 대손충당금
② 임직원의 퇴직급여충당금
③ 비영리법인의 고유목적사업 준비금

대손충당금은 외상매출금 등 사업상 지급받을 채권의 1% 한도로 결산 시 대손상각비로 회계처리를 하면 세무상 경비로 인정받을 수 있는 제도 이다.

또한 퇴직급여충당금은 회사의 모든 임직원이 퇴사했을 때 지급해야 할 퇴직금추계액의 5%를 실제 지급 없이도 세무상 경비로 처리하는 것을 말한다. 그런데 2016년부터는 퇴직금 재원을 사외에 예치하지 않으면 세무상 경비 처리를 할 수 없으므로, 사실상 결산조정의 의미는 없어졌다.

그리고 비영리법인에 한해 적용되는 고유목적사업 준비금은 비영리법인의 수익사업에서 발생한 소득의 100%(또는 50%)를 장래에 발생할 비영리법인의 지출액으로 보아 미리 당겨서 세무상 경비로 처리하는 것이다. 예를 들어, 비영리법인이 이자 · 배당소득 같은 수익을 얻으면 그 금액만큼 고유목적사업 준비금(전입액)으로 경비 처리를 할 수 있다. 그러면 소득금액이 0원이 되어 비영리법인이 납부할 세금은 없다. 이는 비영리법인이 받는 이자 · 배당소득 전액이 세금 없이 비영리사업의 비용으로 온전히 쓰일 수 있게 세제 혜택을 주는 제도이다.

이 많은 결산조정 항목 가운데 감가상각비만 제대로 알아도 어딘가? 차량을 구입하든 인테리어를 하든지, 비품을 사든지, 증빙만 갖춘다면 이 모든 것이 절세가 된다. 이 사실을 안다면, 가격할인을 해주겠다며 무자료 현금거래를 요구할 때 적어도 거기에 동조하지는 않게 될 것이다.

tax
Q31

업무용 승용차 관련 비용의 유의사항

🏛 업무용 승용차 관련 비용 한도 취지

2015년 이전에는 업무용 승용차 관련 비용에 대해 특별히 세무상 경비의 제한을 두지 않았다. 그런데 고소득 자영업자 또는 대기업의 사주(社主) 등이 스포츠카 등 사실상 업무에 사용하지 않는 차량을 업무 명의로 매입하고 감가상각을 통해 해당 차량을 회사 경비로 처리하고 고액의 보험료 등 차량 유지비용을 회사 경비로 처리하는 잘못된 관행이 생기다 보니 2015년 말 세법 개정을 통해 업무용 승용차 관련 비용의 손금불산입 규정을 마련하게 되었다.

이후로 회사의 승용차 관련 비용을 세무상의 경비로 처리하려면 사업자가 실제로 해당 차량을 업무에 사용했다는 사실을 차량운행기록부를 통해 입증해야 하고, 업무사용분에 한해 세무상 경비를 인정받는 규제 규정으로 작용하다보니 사업자가 질문하는 몇 가지가 있는데 크게 다음의 세 가지이다.

🏁 적용 대상 업무용 승용차

제일 먼저 궁금해 하는 사항은 회사에서 사용하는 모든 차량이 이 규정의 적용을 받느냐는 것인데 반드시 그렇지는 않다. 승용차에 한해 규제하는 것이기 때문에 경차, 승합차, 화물차와 같이 개별소비세가 과세되지 않고 부가가치세 매입세액공제도 받을 수 있는 차량은 업무용 승용차 관련 비용의 손금불산입이라는 규제 대상에서 제외된다.

🏁 적용 대상 승용차 관련 비용

두 번째는 승용차 관련 비용이 무엇이냐는 것이다. 먼저 사업자 자신의 소유차량이면 차량의 감가상각비, 유류비, 보험료, 수리비, 자동차세, 통행료 등 승용차를 취득·유지함에 따라 발생하는 비용을 말한다. 그리고 승용차를 리스하거나 렌트하는 경우에는 리스료나 렌탈료도 승용차 관련 비용에 해당한다. 그러나 종업원 소유의 차량은, 자신의 소유차량도, 사업자가 리스하거나 렌탈한 차량도 아니기 때문에 종업원 소유 차량에 대한 유지비용 지원금은 세무상 규제 대상이 아니다.

🏁 업무 사용의 범위와 입증

세 번째는 업무 사용의 범위가 어떻게 되고, 어떻게 업무용임을 입증하느냐는 것이다. 일단 업무용 입증의 첫 번째 관문은 자동차보험이다. 법인사업자는 반드시 임직원 전용 자동차보험에 가입해야 한다. 개인사업자의 경우에는 현재 성실신고확인대상사업자와 전문직의 경우로서 업무용 승용차가 2대 이상인 경우에는 1대를 제외한 나머지 차량에 대해 업무전용 자동차보험에 가입해야 하고 2024년부터는 모든 복식부기의무자로서 업무용 승용차가 2대 이상인 경우에는 1대를 제외한 나머지 차량에 대해 업무전용 자동차보험에 가입해야 한다.

타인이 운행해도 보험이 가능한 자동차보험(누구나보험)에 가입하면 법인과 성실신고확인대상사업자와 전문직은 아예 업무용으로 인정하지 아니하고, 성실신고확인대상사업자와 전문직이 아닌 복식부기의무자는 2024년과 2025년에는 절반만 인정하고 2026년 이후에는 업무용으로 인정하지 아니한다.

그리고 법인의 경우 2024.1.1. 이후 취득하는 차량부터 8,000만 원 이상의 법인 업무용승용차에 대해서는 번호판을 부착하지 않으면 업무용으로 인정하지 않기 때문에 비용으로 인정받기 위해서는 연두색의 법인업무용 자동차번호판을 부착해야 한다.

두 번째 관문은 업무 사용의 범위와 입증과 관련하여 출퇴근을 포함하여 회사 업무에 해당하는 운행 활동을 차량운행기록부에 거리로 작성하여 해당 차량의 업무 사용비율을 도출해야 하는 것이다.

🅦 세무상 업무용 승용차 관련 비용 계산 절차와 특례

이렇게 도출된 해당 차량의 업무 사용비율에 해당하는 비용은 세무상 경비로 인정하고, 그 초과분, 즉 비업무용 비용은 세무상 경비에서 제외하여 사용자의 상여 등으로 처분한다. 그런데 업무용 사용액으로 인정된 경비라도 이를 다시 감가상각비 인정액과 그 외 인정액으로 구분하고 감가상각비 인정액을 연간 한도(대당 800만 원)까지만 비용처리하게 할 뿐 초과액은 이월시켜서 사후적으로 손비로 처리하는 복잡한 관리 문제가 발생한다.

업무용 승용차 관련 비용의 손금불산입규정이란 것이 승용차 관련 비용 중 비업무용 사용액을 드러내서 세무상 경비에서 부인하는 것이지만, 업무 사용의 입증 및 실제 업무용으로 인정된 경비라 해도 다시 감가상각비의 연간 한도(대당 800만 원)를 재차 적용하는 등 세무조정은 실무적으로 매우 어려운 내용이다.

이에 감가상각비를 포함한 승용차 관련 비용이 (1대당) 1.5천만 원 이내인 경우에는 차량운행기록부를 작성하지 않아도 100% 업무용으로 간주하는 제도를 마련하고 있다. 세무적 편의로만 예상해 보자면 감가상각비를 포함한 승용차 관련 비용이 (1대당) 1.5천만 원 이내로 산출되어 차량운행기록부를 작성하지 않아도 100% 경비가 인정되는 차량이 세무상 인기가 많은 차량일 거라는 예상이 가능하다.

업무용 승용차 관련 비용의 사후관리

🔘 세무상 업무용 승용차 관련 비용 계산 절차

업무용 승용차 관련 비용을 세무상 경비로 인정받으려면 출퇴근을 포함한 회사 업무에 해당하는 운행 활동을 차량운행기록부에 작성해 업무사용비율을 파악해야 한다. 이후 업무용 승용차 관련 비용 중 비업무용 사용액을 세무상 경비부인하고, 업무용 사용액으로 인정된 경비라도 감가상각비 한도(대당 연간 800만 원)의 사후관리 문제가 발생한다.

사례를 통해 업무용 승용차 관련 비용의 세무상 경비 인정방법에 대해 알아보자. 업무용 승용차 한 대의 감가상각비가 1,500만 원이고, 보험료를 포함한 차량 관련 비용은 연간 500만 원이 발생했으며(총 2천만 원), 차량운행기록부상 업무사용비율은 80%라고 가정해보자.

🔘 (Step 1) 업무용 경비와 비업무용 경비의 구분

1차적으로 업무용 승용차 관련 비용 1,600만 원(총 2천만 원×80%)이 세무상 업무용 경비로 인정된다. 따라서 비업무용 경비 400만 원을 세무상 경비에서 부인하는데, 개인사업자의 경우에는 단순히 경비만 부인하지만 법인사업자는 세무상 경비부인(상여 등)과 더불어 그 차량의 사용자에게 상여 등으로 소득처분해 소득세를 부과한다.

🆆 (Step 2) 업무용 경비 내에서 감가상각비의 연도별 한도 처리

업무용 승용차 관련 비용의 세무상 처리에서 가장 어려운 것은 차량의 업무용 감가상각비를 대당 800만 원 한도(월할 계산)로 한다는 것이다. 이에 세법은 차량의 감가상각비 계산을 간단히 하기 위해 5년간 정액법으로 무조건 감가상각 한다.

(Step 1)에 따라 세무상 업무용 경비로 인정되었더라도 차량의 감가상각비가 연간 800만 원을 초과하면 초과액을 세무상 경비부인하고 감가상각이 종료된 뒤 매년 800만 원까지 추가로 세무상 경비 처리한다. 이처럼 세무상 업무용 경비로 인정되었지만 감가상각비 연간 한도에 걸려 2차적으로 부인되는 감가상각비는 언젠가는 세무상 경비로 인정받게 된다.

본 사례에서 업무상 경비로 인정된 1,600만 원 중 감가상각비는 1,200만 원(=1,500만 원×80%)이고 그 외의 차량 관련 비용은 400만 원이다. 그런데 감가상각비의 연간 한도가 800만 원이므로 2차적으로 400만 원을 세무상 경비부인하다가 차량의 감가상각이 끝나면 매년 800만 원까지 추가로 세무상 경비로 사후 인정한다.

그런데 운용리스 차량이나 렌트차량은 사업자 소유의 차량이 아니므로 차량의 감가상각비가 없다. 그러면 리스료나 렌트료가 전액 세무상 경비로 될 수 있는데, 자기 차량과의 형평성을 맞추기 위해 리스차량은 리스료에서 자동차세, 보험료, 수선유지비를 차감한 금액을 감가상각비로 간주하고, 렌트차량은 렌트료의 70%를 감가상각비로 보아 위 규정을 적용한다.

㉾ (Step 3) 업무용 차량의 매각 시 처분손실의 연도별 한도 처리

한편, 업무용 차량을 처분하고 처분손실이 발생했다면 그 차량의 처분손실도 감가상각비 한도와 마찬가지로 연간 800만 원까지만 세무상 경비로 인정해 처분한 해에 큰 감세효과가 없다. 5천만 원 상당의 승용차를 구입해 100% 업무용으로 사용하고, 첫해 1천만 원을 회계상 감가상각비로 처리했다고 가정하자. (Step 2)에서 본 바와 같이 연간 800만 원을 초과한 200만 원의 감가상각비가 세무상 경비부인 된다.

그런데 다음 해에 즉시 이 승용차를 3천만 원에 매각해 회계상 장부가액 4천만 원(=5천만 원−1천만 원)에 비해 1천만 원의 차량 처분손실이 발생했다고 가정하자. 이때 업무용 승용차 처분손실은 연간 800만 원까지만 세무상 경비 처리가 되기 때문에 차량 처분손실 중 200만 원을 세무상 경비부인 한다. 그리고 그 다음 해에 감가상각비 당초 유보액 200만 원과 차량 처분손실 유보액 200만 원을 합한 400만 원을 세무상 경비로 사후 인정한다.

🎯 (Step 4) 차량운행기록부 미작성 시 세무상 처리

끝으로 이러한 계산을 하는 것이 힘들어서 차량운행기록부를 작성하지 않았다고 가정하자. 그러면 차량 운행 거리로 업무 사용 비율을 환산할 수 없기 때문에 다음과 같은 계산식으로 업무 사용 비율을 계산한다.

◢

$$차량운행기록부\ 미작성\ 시\ 업무\ 사용\ 비율 = \frac{1.5천만\ 원}{업무용\ 승용차\ 관련\ 비용}$$

예를 들어 업무용 승용차의 감가상각비가 1,500만 원이고 보험료를 포함한 차량 관련 비용은 연간 500만 원이 발생해 총 2천만 원인데, 차량운행기록부를 작성하지 않았다고 가정하자.

그러면 업무 사용 비율은 75%(=1.5천만 원 / 2천만 원)로 산출된다. 따라서 비업무용 경비 500만 원을 세무상 경비에서 부인하는데, 개인사업자는 단순히 경비만 부인하지만 법인사업자는 세무상 경비부인(상여 등)과 더불어 그 차량의 사용자에게 상여 등으로 소득처분해 소득세를 부과한다.

이때 (Step 2)에 따라 업무용으로 세무상 경비로 인정된 1.5천만 원을 감가상각비와 그 외 경비로 구분해본다.

사례의 경우에는 감가상각비 1,500만 원 가운데 75%인 1,125만 원이 세무상 업무용 경비로 인정된 것이고, 그 외 경비는 375만 원이 세무상 업무용 경비로 인정된 것이다. 그러나 감가상각비가 연간 한도 800만 원을 초과하는바 한도 초과액 325만 원을 손금불산입으로 세무조정하고 사후관리 한다.

그런데 만일 차량운행기록부를 작성하지 않고 업무용 승용차 관련 비용이 1.5천만 원 이하가 될 경우에는 업무사용비율이 100% 이상이 된다. 따라서 감가상각비를 포함한 승용차 관련 비용이 1대당 1.5천만 원 이내이고 차량의 감가상각비가 800만 원 이하라면 차량운행기록부를 작성하지 않아도 세무상 100% 업무용으로 간주되는 것이다. 그래서 연식이 조금 오래된 차량은 차량운행기록부를 작성할 필요가 별로 없을 것이다.

한편, 2022년부터 업무용 승용차 관련 비용을 손금산입하여 신고한 사업자가 해당 명세서를 미제출 또는 불성실 제출하게 되면 관련 비용의 1%를 가산세로 부과하게 된다.

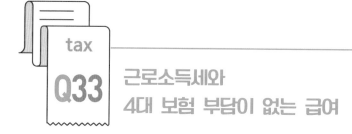

근로소득세와
4대 보험 부담이 없는 급여

회사와 근로계약을 맺고 종속적 지위에서 제공하는 근로 제공의 대가는 지급 방법이나 명칭 여하에도 불구하고 근로소득으로 보는 것이 원칙이다. 그렇다면 근로자가 회사에서 제공받는 각종의 대가에 대해서 모두 세금(근로소득세)이 붙는 것일까?

반드시 그렇지는 않다. 소득세법은 근로소득 과세에서 제외되는 소득으로 비과세소득을 열거하고 있다. 물론 근로제공의 대가로 비과세소득이 지급되었는지는 회사에서 입증해야 한다. 대표적인 비과세 근로소득에 대해 정리하면 다음과 같다.

- 실비변상적 급여
- 식사 또는 월 20만 원 이내의 식대
- 월 20만 원 이내의 출산 · 보육수당
- 기업출산지원금 전액
- 근로자의 업무 관련 학자금 보조금
- 국외근로소득
- 생산직 근로자 등의 연장 · 야간 · 휴일근로수당
- 근로자의 4대 보험 사업자 부담분과 4대 보험 관련 보험금 수령액
- 그 외 복리후생적 급여

🔞 실비변상적 급여

일직료나 숙박료, 직장 전용 제복이나 피복비, 월 20만 원 이내의 시내출장 자가운전보조금, 월 20만 원 이내의 연구직원 등에 대한 연구보조금이 대표적이다. 다만, 자가운전보조금은 종업원(배우자 포함) 소유의 차량 또는 종업원이 본인 명의로 임차한 차량이 있어야 하고, 연구보조금은 연구전담부서나 기업부설연구소로 인정을 받아야 한다.

🔞 식사 또는 월 20만 원 이내의 식대

근로자가 제공받는 식사(현물)나 식사 제공 없이 월 20만 원 이내의 식사대(현금)는 비과세된다. 단, 식사를 주면서 식대를 따로 주는 경우에는 식대에 과세된다.

🔞 월 20만 원 이내의 출산·보육수당

근로자 또는 그 배우자의 출산이나 6세 이하(해당 과세기간 개시일을 기준으로 판단함) 자녀의 보육과 관련하여 사용자로부터 받는 급여로서 월 20만 원 이내의 금액에 대해서 비과세된다.

🔞 기업출산지원금

근로자 또는 그 배우자의 출산과 관련하여 자녀의 출생일 이후 2년 이내에 회사로부터 지급받은 금액은 전액 비과세한다. 다만, 법인의 지배주주등에게 지급하거나 개인사업자의 친족관계에 있는 근로자에게 지급하는 경우는 비과세하지 않는다. 그리고 출산지원금을 3차례 이상 지급받은 경우 최초 지급분과 그 다음 지급분까지만 비과세 금액으로 인정한다.

⚒ 근로자의 업무 관련 학자금 보조금

근로자 본인이 회사 업무와 관련된 교육을 받음으로써 보조받는 학자금은 소정 요건을 갖춘 경우 비과세되지만, 자녀학자금 보조액은 무조건 과세된다. 다만, 비과세 요건을 충족하지 않은 본인이나 자녀에게 지출한 학자금은 연말정산 시 교육비 세액공제가 된다.

⚒ 국외근로소득

국외에서 근로를 제공하고 받은 소득은 월 100만 원(원양어선 · 국외건설현장 근로는 월 500만 원)까지 비과세된다.

⚒ 생산직 근로자 등의 연장 · 야간 · 휴일근로수당

월정액 급여가 210만 원 이하이고, 전년도 총급여액이 3,000만 원 이하인 생산직 근로자 등이 받는 연장 · 야간 · 휴일근로수당은 연간 240만 원(광산근로자와 일용근로자는 전액) 한도로 비과세된다.

근로자의 4대 보험 사업자 부담분과 4대 보험 관련 보험금 수령액

근로자의 4대 보험료 관련 사업자 부담분과 4대 보험 관련 보험금 수령액 대부분은 비과세된다.

그 외 복리후생적 급여

다음의 복리후생적 급여는 비과세되는데 종래에는 근로소득으로 보지 아니하는 것으로 규정되었다가 최근 비과세소득으로 편입되었다.

- 우리사주조합원의 자사주 취득 이익
- 임직원의 업무에 관련한 특정보험료
- 종업원에 대한 사택 제공
- 사내 근로복지기금으로부터 받은 금품 등
- 사회 통념상 타당하다고 인정되는 범위 안의 경조금
- 직장어린이집을 설치하거나 지역의 어린이집과 위탁계약을 맺은 사업주가 영유아보육법령에 따라 부담하는 비용(단, 직장어린이집을 설치하거나 지역의 어린이집과 위탁계약을 맺은 사업주는 그 어린이집의 운영 및 수탁 보육 중인 영유아의 보육에 필요한 비용의 50% 이상을 부담하여야 한다)

- 임직원의 업무에 관련한 특정보험료
  ① 종업원의 사망·상해 또는 질병을 보험금의 지급사유로 하고 종업원을 피보험자와 수익자로 하는 보험으로서 만기에 납입보험료를 환급하지 아니하는 보험(단체순수보장성보험)과 만기에 납입보험료를 초과하지 아니하는 범위 안에서 환급하는 보험(단체환급부보장성보험)의 보험료 중 연 70만 원 이하의 금액
  ② 임직원의 고의(중과실 포함) 외의 업무상 행위로 인한 손해의 배상청구를 보험금의 지급사유로 하고 임직원을 피보험자로 하는 보험의 보험료
  ③ 퇴직급여로 지급되기 위하여 적립되는 급여(DC형)

🏧 연봉계약서 작성 시 주의사항

위와 같이 비과세소득에 대해 살펴보았는데, 여기에서 주의할 점은 이러한 비과세소득 항목이 대부분 수당 개념이라는 것이다. 연봉제를 도입한 회사의 경우 각종 수당을 포괄적으로 제수당에 넣는다면 회사가 비과세소득 명목으로 근로의 대가를 지급했다는 것을 입증할 방법이 없다. 연봉제하에서 각종 수당의 비과세소득 혜택을 누리려면 연봉계약서에 제수당 산정 시 인별로 적용되는 개별적 비과세 항목을 고려하고 그 내역을 기재하는 것이 좋은 방법일 것이다.

Q34 급여 지급 시 각종 세금과 공제항목은 무엇일까?

1인 이상 근로자를 고용한 사업자가 근로자에게 급여를 줄 때 가장 머리 아픈 것은 무엇일까? 바로 사업장의 4대 보험 가입에 따른 보험료 공제, 근로소득세 공제 등 급여를 지급할 때 차감하는 각종 공제액에 관한 것이다.

4대 보험 가입 자격취득신고

일단 사업자는 4대 보험 사업장 가입을 위해 지역별 건강보험관리공단에 사업장가입신고서와 사업장가입 자격취득신고서를 송부해야 한다. 4대 보험기관은 사업자의 신고 자료를 공유하므로 국민연금관리공단이나 근로복지공단(고용보험·산재보험 취급)에는 별도로 신고서를 송부하지 않아도 된다.

🏦 공제 후 차인지급액

4대 보험 사업장으로 가입되면 사업자는 근로자에게 급여를 지급할 때, 다음 표와 같이 급여대장을 작성하고 각종 공제액을 차감한 뒤 표 아래쪽의 차인지급액을 근로자에게 지급한다.

급여 항목	지급금액	공제 항목	공제 금액
기본급	2,000,000원	국민연금③	90,000원
상여		건강보험④	70,900원
식대(비과세)	200,000원	고용보험⑤	18,000원
차량유지비(비과세)	200,000원	장기요양보험료	9,080원
연구개발비		기타공제	
연장근로수당		연말정산 소득세	
야간근로수당		연말정산 지방세	
국외근무수당		건강보험료 정산	
연차수당		장기요양보험료 정산	
자녀교육비		소득세②	19,520원
		지방소득세	1,950원
과세급여①	2,000,000원	농어촌특별세	
비과세급여	400,000원		
감면소득		공제액 계	209,450원
지급액 계	2,400,000원	차인지급액	2,190,550원

급여대장을 작성할 때 공제 항목인 소득세(②)와 지방소득세(소득세의 10%)를 알려면 근로자의 과세급여(①)와 부양가족 수를 파악해 국세청에서 발급하는 간이세액표를 찾아보면 된다.

실무적으로는 주로 전산 프로그램(간이세액표 전산화)을 사용하는데, 근로자 인적사항을 쓰고 급여내역을 기본급, 상여, 각종 수당 등 항목별로 과세소득인지 비과세소득인지 구분해주면 전산 프로그램에서 자동으로 세금을 계산해준다.

🎯 4대 보험요율

또한 공제 항목인 4대 보험료 근로자 부담분(③, ④, ⑤)은 원칙적으로 과세급여(①)에 4대 보험료율을 적용해 산출한다. 즉, 국민연금 4.5%, 건강보험 3.545%(장기요양보험료는 건강보험료의 12.81%), 고용보험료 0.9% 명목으로 과세급여의 약 9.4%가 4대 보험료 근로자 부담분으로 공제된다. 반면, 산재보험료는 전액 사업주 부담이다.

구 분	국민연금	건강보험	고용보험	산재보험
사업주	4.5%	3.545%	0.9%	업종별 요율×0.1%
근로자	4.5%	3.545%	0.9%	
계	9%	7.09%	1.8%	업종별 요율×0.1%

※ 장기요양보험료는 건강보험료를 징수할 때 건강보험료의 12.95%를 추가 징수하며, 사업주와 근로자가 각각 절반씩 부담한다.

🎯 4대 보험료와 근로소득세, 지방소득세의 정산

그래서 급여 항목을 과세급여와 비과세급여로 구분하는 것이 매우 중요하다. 왜냐하면 과세급여를 기준으로 근로소득세와 지방소득세, 4대 보험료 근로자 부담분을 계산해 공제하고 남은 금액을 근로자에게 실제 지급하기 때문이다. 다만, 연중에 근로소득 지급액에 변동이 생기면 근로소득세와 지방소득세, 4대 보험료 근로자 부담분은 이듬해에 정산된다.

🔰 건강보험료의 정산

실무적으로 건강보험료의 근로자 부담분은 공단에 당초 신고된 과세급여를 기준으로 공제한다. 따라서 당초 제출한 과세급여와 실제 지급한 과세급여가 다른 경우, 즉 상여금이나 수당 등이 추가된 경우 또는 지급급여가 낮아진 경우에는 매월 건강보험료 공제액이 달라진다. 하지만 대개 월별로 정산하지 않고 계속 월정액으로 납부하다가 다음 해 4월경에 건강보험관리공단에서 이를 정산해준다. 즉, 지난해에 매월 납부한 건강보험료가 과소 납부되었으면 추가 징수하고, 과다 납부되었으면 환급해준다.

🔰 국민연금의 정산

국민연금의 근로자 부담분도 건강보험료와 마찬가지로 공단에 당초 신고된 과세급여를 기준으로 공제한다. 따라서 당초 제출한 과세급여와 실제 지급한 과세급여가 다른 경우, 즉 상여금이나 수당 등이 추가된 경우 또는 지급 급여가 낮아진 경우에는 매월 국민연금 공제액이 달라진다. 하지만 국민연금은 당초 신고된 대로 계속 월정액으로 납부하다가 다음 해 7월경 국민연금관리공단에서 새로 신고된 과세급여를 기준으로 향후 증액 또는 감액해서 부과한다. 즉, 건강보험료와 같은 추가 징수나 환급은 발생하지 않는다.

🏧 고용보험료의 정산

고용보험료의 근로자 부담분은 건강보험료와 국민연금과는 달리 매월 실제 지급하는 과세급여의 고용보험료율을 적용해 공제한다. 그렇기 때문에 근로자 부담분 보험료의 정산은 통상적으로 필요하지 않다.

🏧 근로소득세와 지방소득세의 정산

근로소득세는 매월 과세급여분 소득과 부양가족 수를 고려해 매월 간이세액으로 공제한다. 하지만 근로소득세 연말정산 시 근로자별로 추가적인 소득공제 및 세액공제가 발생하므로 반드시 정산해야 한다.

통상적인 연말정산은 이듬해 2월분 급여 지급 시 근로자에게서 각종 소득공제 및 세액공제 자료를 수령받아 사업자가 근로자의 근로소득세를 정산해주는 것이다.

그런데 연말정산 시 근로자가 제출하는 소득공제 및 세액공제 자료의 내역에 따라 어떤 해에는 세금 환급이 나오고 어떤 해에는 세금 징수가 나와서 근로자의 불만이 많았다. 이에 2015년 세법을 개정해 매월 근로소득세 원천징수세액을 간이세액의 80%, 100%, 120%로 선택할 수 있게 했다.

다만, 간이세액보다 적게 원천징수를 했다고 연말정산세액이 달라지는 것은 아니다. 예를 들어, 간이세액 총액이 '100'이고 연말정산 후 세액이 '90'이라면, 간이세액(100)보다 적게 공제(80)했다가는 연말정산(90)을 할 때 부담할 세액(10)이 늘어나고, 간이세액(100)보다 많이 공제(120)하면 연말정산(90)을 할 때 환급세액(△30)이 발생한다.

결국 근로자가 부담하는 세금은 연말정산으로 확정된 세금이므로, 월별로 적게 공제하든 많이 공제하든 사실상 아무 관계가 없다. 다만, 연말정산을 통해 추가 부담액이 있고, 그 추가 부담액이 10만 원을 초과할 경우 2월분부터 4월분까지 3개월 급여에서 분납할 수 있다. 그러므로 연말정산을 하는 달에 공제액이 너무 많으면 분납을 고려하는 것이 좋다.

tax

Q35 | 연말정산의 이모저모(1)

2019년 기준 통계청 전국 사업체 조사자료에 따르면, 대한민국에는 약 410만의 사업자가 있고, 그 가운데 중소기업이 차지하는 비중이 99.9%이며 약 5.2천 개의 대기업이 0.1%의 비중을 차지한다. 그리고 전체 사업체에 종사하는 사람은 근로자를 포함해 약 2.1천만 명에 이르는데 그중 1.7천만 명이 중소기업에, 약 370만 명이 대기업에 종사하고 있다.

💲 연말정산 의무자

당초 종합소득세는 자진신고 · 납부를 원칙으로 하지만, 이처럼 많은 근로자의 종합소득세 신고 의무를 덜어주기 위해 그를 고용한 사업주에게 연말정산 의무를 부여한다. 이에 사업주는 다음 연도 초에 근로자의 근로소득세를 확정해 근로자의 2월분 급여 지급 시 정산해야 하고, 근로자와 정산한 세액을 세무서에 납부하거나 환급받아 연말정산을 마무리하는 것이다.

🏧 연말정산의 절차

연초(매년 1월 15일 연말정산 자료가 홈택스를 통해 공개)가 되면 근로자들은 전년도 근로소득세를 정산받기 위해 국세청의 홈택스를 통해 소득공제 및 세액공제 자료를 취합해 사업주에게 전달한다.

이 경우 사업주는 근로자별 정산세액을 2월분 급여 지급 시 가산(환급이 발생한 경우)하거나 차감(세금이 발생한 경우)하여 근로자에게 지급한다. 정산세액을 환급받게 되면 급여가 많아지는데, 이른바 '13월의 보너스'라고 말하는 이유가 바로 이 때문이다.

그리고 사업주는 근로자 전체로 보아 근로소득세가 납부할 금액으로 나오면 3월 10일까지 이를 사업장 관할 세무서에 납부하고, 환급할 금액이 있으면 향후 납부할 원천징수세액에서 차감 납부한다.

예를 들어, 연말정산을 통해 근로자 A는 20 환급, 근로자 B는 30 납부가 나오면 사업주는 근로자 A의 2월분 급여에 20을 얹어주고, 근로자 B의 급여에서 30을 차감한다. 그러면 근로자 전체로 정산된 근로소득세가 10만큼 납부할 금액이 나오기 때문에 이를 3월 10일까지 사업장 관할 세무서에 납부하는 것이다.

반대로 근로자 A는 30 환급, 근로자 B는 20 납부가 나오면, 사업자는 근로자 A의 2월분 급여에 30을 얹어주고, 근로자 B의 급여에서 20을 차감한다. 그러면 근로자 전체로 정산된 근로소득세가 10만큼 환급할 금액이 나오기 때문에 사업자는 향후 월별로 납부하는 원천징수세액에서 10만큼 차감하고 납부한다.

ⓦ 연말정산은 근로소득세 정산을 대리하는 것일 뿐!

이처럼 사업주 입장에서 연말정산은 근로소득세 정산을 대리하는 것일 뿐 손해가 있거나 이익이 있는 것은 아니다. 그럼에도 불구하고 2월분 급여 지급 시 환급세액을 급여에 더해 지급하면서, 사업주는 마치 자신이 직원급여를 더 많이 주는 것으로 오인하기도 한다. 하지만 연말정산의 손해나 이익은 전적으로 근로자에게 있다. 그렇다면 근로자는 어떻게 해야 연말정산을 통해 13월의 보너스를 많이 받을 수 있을까?

ⓦ 연말정산의 절세 포인트

연말정산의 절세 포인트는 근로자 각자의 소득공제 및 세액공제 자료의 정확한 취합이다. 예를 들어, 소득공제액이 100만 원 추가될 경우 근로소득세가 적게는 6만 원(최저 세율인 6% 적용 시)에서 많게는 45만 원(최고 세율인 45% 적용 시)이 절세된다.

앞서 연말정산의 절세 포인트는 근로자 각자의 소득공제 및 세액공제 자료의 정확한 취합이라고 했다. 먼저, 소득공제에 대해 알아보자. 이러한 소득공제는 종합소득자 전체 또는 근로자만 적용되는 것으로 구분된다는 점에 유의하자.

인적공제

종합소득이 있으면 누구나 적용되는 다음의 인적공제가 있다.

- 기본공제(인당 150만 원): 본인공제, 배우자공제, 부양가족공제(연령 및 소득금액 고려)
- 추가공제: 경로우대자(100만 원), 장애인(200만 원), 부녀자(50만 원), 한부모가족(100만 원)

기본공제는 연령 및 소득금액을 고려하는데, 구체적인 내용은 다음과 같다.

구 분	공제 요건
(1) 본인공제	당해 거주자
(2) 배우자공제	거주자의 배우자로서 연간소득금액이 없거나 연간소득금액의 합계액이 100만 원 이하인 자(총급여액 500만 원 이하의 근로소득만 있는 배우자를 포함)
(3) 부양가족공제	거주자(그 배우자를 포함)와 생계를 같이하는 다음에 해당하는 부양가족으로서 연간 소득금액의 합계액이 100만 원 이하인 자. 다만, 장애인에 해당되는 경우에는 연령의 제한을 받지 않음 ① 거주자의 직계존속(재혼한 경우로서 계부ㆍ계모를 포함)으로서 60세 이상인 자 ② 거주자의 직계비속(재혼한 경우로서 의붓자녀를 포함)과 동거입양자로서 20세 이하인 자 ③ 거주자의 형제자매로서 20세 이하 또는 60세 이상인 자 ④ 수급자 ⑤ 위탁아동

한편, 기본공제 대상자에 한하여 다음의 추가공제 사유가 있는 경우 공제한다.

구 분	공제 요건	공제액
(1) 장애인공제	기본공제대상자 중 장애인이 있는 경우	1인당 연 200만 원
(2) 경로우대자공제	기본공제대상자 중 경로우대자(70세 이상)가 있는 경우	1인당 연 100만 원
(3) 부녀자공제	당해 거주자(종합소득금액 3천만 원 이하)가 ① 배우자가 없는 여성으로서 기본공제대상 부양가족이 있는 세대주 ② 배우자가 있는 여성인 경우	연 50만 원
(4) 한부모가족	배우자가 없는 사람으로서 기본공제대상자인 직계비속 또는 입양자가 있는 경우	연 100만 원

🪙 연금보험료공제

종합소득이 있으면 국민연금 등 공적(公的)연금의 납입액은 전액 소득공제한다.

🪙 특별소득공제

근로자에 한해 적용되는 특별소득공제로, 본인 부담분 건강보험료 · 고용보험료공제(전액 공제), 주택자금공제(조건별로 600만 원, 800만 원, 1,800만 원, 2,000만 원 공제)가 있다.

🪙 조세특례제한법상의 소득공제

조세특례제한법상의 소득공제로는, 소기업 · 소상공인공제(노란우산공제부금공제, 소득금액별 200~600만 원 한도)와 신용카드 소득공제(총급여액의 25% 초과 사용액의 15%, 30%, 40%를 200~300만 원 한도 공제)가 대표적이며, 주택청약 종합저축공제(불입액의 40% 공제), 투자조합출자공제(출자액의 10~50% 공제), 장기집합투자증권 저축공제(납입액의 40% 공제), 우리사주조합 출연금공제(400만 원 한도) 등이 있다.

이 가운데 신용카드 소득공제, 주택청약 종합저축공제, 장기집합투자증권 저축공제, 우리사주조합 출연금공제는 근로자에게만 적용된다.

한편, 매년 연말정산을 소개하는 미디어에서 강조하는 것이 바로 이런 소득공제 대상 금융상품의 가입이다. 다만, 연말정산 시 혜택이 있다고 해서 소비나 투자의 위험을 간과해서는 안 된다. 왜냐하면 실상은 우리나라 근로자의 절반 이상이 아무런 절세 상품에 가입하지 않아도 이미 면세점에 해당하기 때문이다.

앞서 연말정산의 절세 포인트는 근로자 각자의 소득공제 및 세액공제 자료의 정확한 취합이라고 했다. 이번에는 세액공제에 대해 알아보자. 이러한 세액공제는 종합소득자 전체 또는 근로자만 적용되는 것으로 구분된다는 점에 유의하자.

혼인세액공제

결혼을 장려하기 위해 혼인세액공제가 신설되면서 최대 100만 원까지 세액공제를 받을 수 있다. 2024년부터 2026년까지 혼인신고를 한 부부에게 혼인신고를 한 날이 속하는 과세기간에 혼인세액공제를 적용하여 본인과 배우자 각 50만 원씩, 총 100만 원까지 세액공제를 적용한다.

자녀세액공제

종합소득이 있으면 누구나 적용되는 다음의 자녀세액공제가 있다.

① 자녀공제: 공제대상자녀로서 8세 이상의 사람이 1명인 경우 연 25만 원, 2명인 경우 연 55만 원, 3명 이상인 경우 연 55만 원+2명을 초과하는 1명당 연 40만 원

② 출산 · 입양공제: 첫째 30만 원, 둘째 50만 원, 셋째 이상 70만 원

연금계좌세액공제

연금저축 납입액과 DC형/IRP형 퇴직연금 근로자불입액은 세액공제가 된다. DC형/IRP형 퇴직연금은 근로자에게 귀속되는 것으로 회사의 퇴직연금 불입액 외에 근로자가 추가 불입할 수 있으며, 근로자 추가 불입금이 세액공제 대상이다. 반면, DB형 퇴직연금은 회사에 귀속되는 것이기 때문에 근로자가 추가 불입하는 대상이 아니다.

연금저축 납입액은 납입액의 12%를 세액공제한다. 단, 근로소득만 있는 경우에는 총급여액 5,500만 원 이하, 종합소득금액이 있는 경우 종합소득금액이 4,500만 원 이하인 경우에는 납입액의 15%를 세액공제한다. 공제를 위한 납입 한도는 개인연금저축은 600만 원, 개인연금저축과 퇴직연금 불입액을 합쳐서는 900만 원까지이다.

특별세액공제

근로자에 한해 다음에 해당하는 지출액(한도 있음)에 대해 특별세액공제를 한다.

구 분	내 용
① 보장성보험료	보험료 100만 원 한도 내 12%, 장애인보장성보험료는 추가 100만 원 한도 내 15% 세액공제
② 의료비	본인과 기본공제 대상자의 의료비(총급여액의 3% 초과분) 지출액에 대해 15%(난임시술비 30%, 미숙아·선천성 이상아 의료비 20%) 세액공제. 다만, 기본공제 대상자 판정 시 연령과 소득 불문
③ 교육비	본인 교육비는 전액, 기본공제 대상자 대학생 900만 원·고등학생 이하 300만 원 한도 내 15% 세액공제. 다만, 기본공제 대상자 판정 시 연령 불문
④ 기부금	특례기부금(구.법정기부금), 일반기부금(구.지정기부금) 개별 한도 내 기부금액의 15%, 1천만 원 초과분 30%
⑤ 월세	총급여액 8천만 원 이하 무주택근로자, 종합소득금액 7천만 원 이하인 무주택 성실사업자 등의 월세지출액에 대해 월세액 연 1천만 원 한도로 15%(총급여액 5천 5백만 원 이하인 근로자, 종합소득금액 4천 5백만 원 이하인 성실사업자 등은 17%) 세액공제
⑥ 표준세액공제	특별세액공제와 주택자금공제가 없는 근로자는 연 13만 원 세액공제

tax

Q38 연말정산의 이모저모(4)

주민등록표상 동거하지 않는 경우의 기본공제 여부

대부분의 기본공제 대상은 주민등록등본으로 확인되지만, 주민등록이 같이 되어 있지 않은 자녀와 부모님도 인적공제 대상이다. 심지어 형제자매 등 동거 가족 가운데 취약, 요양, 근무상 형편으로 일시 퇴거를 한 경우에도 기본공제 대상이다. 가족관계증명서나 취학, 질병으로 인한 요양 등 일시 퇴거 사유를 증명하는 서류를 사업주에게 제출하면 된다.

소득이 있는 자의 기본공제 대상 여부

기본공제 대상 판정 시 해당 연도의 소득금액이 100만 원 이하인 사람(총 급여액이 500만 원 이하의 근로소득만 있는 배우자 포함)만 기본공제 대상이지만, 비과세소득이나 분리과세소득은 소득금액에 합산되지 않는다.

🏧 기본공제 대상자의 연말정산 간소화 서비스 이용

근로자가 받을 수 있는 각종 소득공제 및 세액공제는 근로자뿐만 아니라 기본공제 대상자가 지출한 내역도 포함된다. 본인 외 부양가족의 연말정산 간소화 서비스를 일괄적으로 조회하려면 부양가족이 공인인증서, 휴대폰, 신용카드, 팩스, 우편 등으로 정보 이용에 동의하면 된다.

🏧 장애인공제 유의사항

장애인공제의 경우 통상적으로 장애인증명서를 제출하는 방법으로 추가 공제를 받는다. 2025년부터는 장애인증명서 외에도 「장애아동 복지지원법」에 따른 발달재활서비스를 지원받고 있는 6세 미만 장애아동에 한하여 발달재활서비스 이용증명서를 제출하면 장애인공제를 적용받을 수 있다. 또한, 항시 치료를 요하는 중증환자(소견서 제출)와 국가유공자인 상이자 또는 이에 준하는 자도 공제 대상이라는 점에 유의해야 한다.

🏧 부녀자공제 유의사항

종합소득이 있는 자가 부녀자인 경우 모두 50만 원의 추가 공제 혜택이 있는 것이 아니라, 종합소득금액이 3천만 원 이하인 거주자에 한정된다. 그리고 배우자가 없는 여성으로서 부양가족이 있는 세대주이거나 배우자가 있는 여성인 경우에만 적용된다.

💲 홈택스에서 확인되는 않는 지출증빙 제출

국세청 홈택스에서 확인되지 않는 의료비 · 교육비 · 기부금 · 월세액 등 다음 내역은 별도로 확인해 지출증빙을 제출해야 한다.

- 취학 전 아동 학원비
- 중 · 고생 교복 구입비용(1인당 연간 50만 원), 초 · 중 · 고생 체험학습비 (1인당 연간 30만 원)
- 보청기, 휠체어 등 장애인보장구 구입비용
- 종교단체기부금, 사회복지단체 및 시민단체 등의 지정기부금
- 주민등록번호를 알려주지 않은 신생아 의료비
- 난치성질환 등 중증환자의 의사소견서
- 월세세액공제를 위한 임대차계약서, 월세액 지급 증명서류(고시원도 가능)
- 자녀나 형제자매의 국외교육비

💲 보장성보험료 세액공제 유의사항

보장성보험료 세액공제는 자동차보험, 질병 · 상해보험, 암보험 등 보장성보험의 보험료 불입액에만 적용되는 것으로, 저축성보험료 불입액은 해당되지 않는다. 다만, 일반보장성보험의 보험료는 아무리 불입액이 많아도 100만 원 한도 내 12%를 세액공제하고, 장애인보장성보험의 보험료가 있다면 추가적으로 100만 원 한도 내 15%를 세액공제한다.

💲 의료비 세액공제 유의사항

의료비 세액공제(의료비 지출액의 15%)는 근로자가 소득공제신고서에 공제 대상 부양가족으로 기재한 자(연령과 소득금액 불문)에게 지출한 의료비에 한한다. 따라서 그 부양가족이 다른 사람의 기본공제 대상자로 중복 기재된 경우에는 의료비 세액공제를 받을 수 없다.

참고로 진찰, 치료, 예방, 요양을 위한 의료비가 아니라 미용, 성형수술 비용과 건강 증진을 위한 의약품 구입비용은 의료비 세액공제 대상이 아니다.

💲 교육비 세액공제 유의사항

교육비 세액공제(교육비 지출액의 15%)는 근로자가 소득공제신고서에 공제 대상 부양가족으로 기재한 자(연령 불문)에게 지출한 교육비에 한한다. 따라서 그 부양가족이 다른 사람의 기본공제 대상자로 중복 기재된 경우에는 교육비 세액공제를 받을 수 없다. 또한 직계존속의 교육에 지출한 교육비는 공제 대상이 아니다.

통상적으로 교육비 납입액을 공제 대상으로 하지만 근로자 본인의 학자금대출 원리금상환액도 포함되며, 방과 후 학교수업료와 급식비와 교재비, 학교에서 구입한 교과서대금, 중·고생의 교복구입비(1인당 50만 원 한도), 체험학습비(1인당 30만 원 한도), 대학입학전형료, 수능응시료도 공제 대상이 된다.

💮 주택자금 소득공제 유의사항

연말정산 시 소득공제 혜택이 가장 큰 항목은 아마도 주택자금 소득공제일 것이다. 왜냐하면 대출조건별로 최저 400만 원에서 최대 1,800만 원까지 이자상환액을 소득공제하기 때문이다. 따라서 주택자금대출 시 소득공제 혜택 여부와 금액을 반드시 확인해야 한다.

유 형	공제 항목	공제 금액
전세자금을 차입하였을 때	주택임차차입금 원리금 상환액 소득공제	원리금 상환액의 40% (주택마련저축 납입액의 40% 금액과 합한 금액의 연 400만 원 한도)
주택 구입자금을 차입하였을 때	장기주택저당차입금 이자상환액 소득공제	이자상환액 (최대 2,000만 원까지)
주택마련저축에 납입한 금액 (청약저축, 주택청약종합저축)	주택마련저축 납입액 소득공제	납입액 (한도 연 300만 원)의 40% (주택임차차입금 원리금 상환액의 40% 금액과 합한 금액의 연 400만 원 한도)
월세를 지급하였을 때	월세액 세액공제	월세액의 15%, 17% (월세액 1,000만 원 한도)

근로소득자가 세대주인 경우에는 주택임차차입금 원리금상환액 소득 공제, 장기주택저당차입금 이자상환액 소득공제, 주택청약종합저축, 월세세액공제의 요건을 충족한다면 적용받을 수 있다. 다만, 주택임차차입금 원리금상환액 소득공제와 장기주택저당차입금 이자상환액 소득공제, 월세세액공제는 세대주가 공제를 받지 않는 경우 세대원도 공제가 가능하다.

주택청약종합저축의 경우에는 기존에는 주민등록등본상 세대주만 소득공제가 가능하였는데 2024년 세법 개정으로 2025.01.01. 이후 주택청약종합저축에 납입하는 금액부터는 세대주 뿐만 아니라 세대주의 배우자도 주택청약종합저축 소득공제가 가능하다는 점에 유의해야 한다.

🔰 신용카드 소득공제 유의사항

신용카드 소득공제의 공제 대상에는 본인과 배우자, 직계존비속, 배우자의 직계존비속과 동거·입양자가 포함된다. 다만, 그 밖의 기본공제 대상자의 신용카드 등 지출액은 제외된다.

🔰 정치자금 세액공제

합법적으로 지출한 정치자금은 10만 원까지는 전액 세액공제되고, 10만 원 초과분은 16.5%가 세액공제(3천만 원 초과분 27.5% 세액공제)된다.

🔰 고향사랑기부금 세액공제

고향사랑기부금은 10만 원까지는 전액 세액공제되고, 10만 원 초과분은 16.5%가 세액공제된다.

🔰 연말정산 소득공제 및 세액공제 누락 시 구제 방법

연말정산 소득공제 및 세액공제를 누락한 경우에는 과거 5년치 근로소득세를 경정청구해 환급받을 수 있다.

tax
Q39

법인의 임원 상여금과 퇴직금은 어떻게 산정할까?

간혹 개인사업자에게서 "저도 직원들과 같이 일하는데, 저는 월급과 퇴직금이 없나요?"라는 질문을 받는다. 또 "직원들에게 상여금과 퇴직금을 주었는데, 저도 같은 방법으로 받을 수 있습니까?"라고 묻는 법인대표도 있다.

ⓦ 개인사업자와 법인사업자의 상여금과 퇴직금

개인사업자의 경우에는 개인사업으로 남은 돈이 모두 본인의 것이므로 별도의 상여금이나 퇴직금 개념이 있을 수 없다. 만약 개인사업자가 상여금 및 퇴직금 명목으로 돈을 인출한다고 해도 이는 세무상 근로소득이나 퇴직소득으로 구분되지 않을 뿐더러 세무상 경비로 처리할 수도 없다.

반면, 법인으로 사업을 영위하는 경우 법인대표는 임직원으로서 상여금과 퇴직금을 지급받을 수 있다. 다만, 임원(직원은 아님)이 그 직위를 이용해 과다하게 상여금과 퇴직금을 가져가는 것을 규제하기 위해 세법은 임원 보수 지급에 대한 적법 절차를 규정하고 있다.

따라서 이 적법 절차를 무시하고 임원이 임의적으로 상여금과 퇴직금을 가져가면 세무상 경비에서 부인한다.

⚙ 상법상 법인 임원의 급여와 상여

먼저 임원의 급여와 상여에 대해 알아보자. 상법 제388조를 보면 "임원(이사와 감사)의 보수는 정관에 그 액을 정하지 아니한 때에는 주주총회의 결의로 정한다"라고 되어있다. 따라서 임원의 보수, 즉 임원의 급여와 상여는 매년 주주총회를 할 때 정해야 한다.

그런데 대다수의 중소법인은 주주총회를 생략하는 경우가 많다. 가족기업과 다를 바 없는 중소기업의 경우 주주총회를 생략해도 소유와 경영의 권리의무관계(주주가 경영을 간섭하는 일)에 미치는 영향이 거의 없기 때문이다.

그러나 주주총회를 생략한 것을 세무상 문제로 접근하면 불이익이 매우 크다. 왜냐하면 주주총회가 없으면 과세관청은 회사가 임원의 보수를 임의 책정한 것으로 보아 세무상 경비를 부인하는 등 세무상 불이익을 줄 수 있기 때문이다.

이는 임원 퇴직금의 경우에도 마찬가지이다. 법인세법은 임원 퇴직금을 '정관'에 정하거나, 정관에 임원 퇴직금이 정해지지 않은 경우에 세법상 특정 계산식(근로자의 법정퇴직금 규모와 유사)에 따른 퇴직금만 세무상 경비로 인정하도록 규정하고 있다. 그렇다면 법인의 정관을 한번 살펴보자.

통상적으로 임원 퇴직금의 지급은 "주주총회의 결의를 거친 임원 퇴직금 지급규정에 의한다."라고 규정되어 있을 것이다. 만일 이런 규정 자체가 없다면 정관을 변경해 법원에 다시 신고해야 한다. 그리고 이후로는 매년 주주총회의사록을 작성하고 임원의 보수와 퇴직금에 관한 사항을 넣어두어야만 세무상 불이익을 제거할 수 있다.

그런데 법인사업을 하는 대다수의 중소기업자는 주주총회를 할 때 어떤 안건을 다루는지 모르는 경우가 많다. 통상적으로 주주총회 때는 전년도 재무제표 승인의 건, 임원 보수에 관한 건, 임원 퇴직금에 관한 건, 임원 상여에 관한 건, 배당금 지급에 관한 건, 기타 안건을 다룬다.

직원과 임원의 상여금에 대한 법인세법 규정

한편, 주주총회의 결의를 거친 퇴직금 지급규정에 따라 지급한 직원과 임원의 상여금과 퇴직급여에 대한 세무처리는 다음과 같다.

구 분	직원 상여금	임원 상여금
급여지급기준 범위 내 금액	손금 인정	손금 인정
급여지급기준 초과 금액	손금 인정	손금불산입(상여)

직원과 임원의 퇴직급여에 대한 세법 규정

구 분	직원 퇴직급여	임원 퇴직급여
한도 내 금액	손금 인정	손금 인정
한도 초과액	손금 인정	손금불산입(상여)

따라서 퇴직급여 지급규정이 중요한데 세법은 주주총회에서 정한 퇴직급여지 급규정에 의하여 지급한 퇴직급여는 인정하지만, 주주총회나 정관의 위임이 없이 이사회에서 정한 퇴직급여 지급규정은 인정하지 아니하는바, 퇴직급여 지급규정이 없는 경우에는 다음의 계산식에 따라 임원퇴직금의 한도를 계산한다.

퇴직급여 한도액
=해당 임원의 퇴직 직전 1년간 총급여액×10%×근속연수

tax

Q40 직원 퇴직금의 계산 방법과 사후관리

퇴직금 산정 방법

근로자퇴직급여보장법에서는 "사용자는 퇴직하는 근로자에게 급여를 지급하기 위해 퇴직급여제도 중 하나 이상의 제도를 설정해야 한다. 다만, 계속근로기간이 1년 미만인 근로자, 4주간을 평균해 1주간의 소정근로시간이 15시간 미만인 근로자에 대해서는 그렇지 않다"라고 규정하고 있다.

이 조항에 관해 2010년까지는 5인 이상 사업장에만 퇴직금 지급을 의무화했지만, 2010년 12월 1일부터 모든 사업장으로 확대·적용되었다. 따라서 근로계약에 따라 고용한 근로자가 1년 이상 근속하고 퇴사하면, 사업자는 근로자의 근무 연수 1년을 기준으로 월평균임금 상당액의 퇴직금을 반드시 지급해야 한다.

예를 들어, 퇴직하는 근로자의 월평균임금이 300만 원이고 근속연수가 만 3년이라면 월평균임금에 3년을 곱한 900만 원을 퇴직금으로 주어야 한다. 이러한 평균임금 계산에는 정기 상여나 연차수당이 포함되지만, 부정기 상여와 부정기 수당은 제외된다. 참고로 근로자퇴직급여보장법에 명기된 퇴직금 산식(일 단위 기준)은 다음과 같다. 실무적으로는 일 단위와 월 단위 가운데서 선택적으로 사용하는데, 월 단위가 조금 더 많이 산출된다.

- 퇴직금 = 1일 평균임금×30(일)×(재직 일수/365)
- 1일 평균임금= 퇴직일 이전 3개월간 지급받은 임금총액/퇴직일 이전 3개월간의 총 일수

그런데 이와 같은 퇴직금의 계산도 중요하지만, 근로자가 퇴직할 때 정산을 고려해야 할 사항은 다음 세 가지이다.

퇴직하는 달의 급여신고 시 연말정산

사업자는 근로자가 퇴직하면 퇴직한 달의 급여신고 시 해당 월까지의 지급 급여에 대해 연말정산을 해야 한다. 이때는 근로자의 소득공제 및 세액공제 자료가 홈택스에서 조회되지 않기 때문에 최소한의 연말정산만 하게 된다.

그리고 근로자는 퇴직하는 연도에 다른 회사에 입사하면, 그 회사가 다음 해 연말정산을 할 때 전 근무지에서 퇴직 시 연말정산을 한 근로소득원천징수영수증과 소득공제 및 세액공제 자료를 제출해 다시 연말정산을 한다.

만약 근로자가 그 해에 다른 회사에 입사하지 않았을 때는 본인이 다음 해 5월 말까지 퇴직 시 연말정산할 때 공제받지 못한 소득공제 및 세액공제를 추가해 관할 세무서에 종합소득세를 자진신고하면 된다.

ⓦ 퇴직으로 인한 건강보험료 정산

사업자는 근로자가 퇴직하면 건강보험관리공단에 해당 근로자의 사업장 가입자격상실신고서를 제출해야 한다. 그러면 건강보험관리공단은 해당 연도에 지급한 실제 급여에 대한 건강보험료 정산액을 수일 내에 알려주고, 다음 달에 사업장으로 정산보험료를 부과한다.

따라서 사업자는 퇴직하는 달의 급여에서 근로자 부담분 정산보험료를 차·가감하거나, 퇴직금 정산 시 근로자 부담분 정산보험료를 차·가감한다. 또한 법규상 퇴직금 지급은 퇴직 후 14일 이내에 지급하도록 되어 있다.

퇴직소득세의 원천징수와 지급명세서의 제출사업자는 퇴직금을 지급할 때 퇴직소득세를 정산해 원천징수(공제)한 뒤 지급해야 한다. 그리고 다음 해 3월 10일까지 관할 세무서에 퇴직소득 지급명세서를 제출해야 한다. 한편 '확정기여형(DC형) 퇴직연금'에 가입하면 퇴직소득세의 원천징수와 지급명세서 제출의무가 없다.

ⓦ 확정기여형 퇴직연금

확정기여형 퇴직연금(DC형이라 함)은 매년도 모든 사원의 퇴직금을 중간정산해서 금융기관에 예치하는 제도이다. 따라서 사업자는 근로자가 퇴직할 때 퇴직금을 별도로 지급할 필요가 없다. 이미 금융기관에 퇴직금 전액을 예치했기 때문이다. 이에 따라 근로자의 급여가 지속적으로 상승해도 근로자 급여 상승에 따른 퇴직금 누적 증가를 신경 쓰지 않아도 된다.

또한 매년도 예치금액이 사업자의 당기경비로 처리되고 퇴직금의 지급과 정산을 금융기관에서 책임지기 때문에 근로자가 퇴사해도 퇴직금 지급 및 퇴직소득세 정산을 신경 쓸 필요가 없다. 아울러 퇴직소득세 원천징수가 없기 때문에 퇴직급여 지급명세서를 세무서에 제출할 필요도 없는 것이다.

ⓦ 확정급여형 퇴직연금

확정기여형과 대비되는 확정급여형 퇴직연금(DB형이라 함)은 회사가 매년도 퇴직금 재원의 60% 이상을 금융기관에 예치하는 제도이다. 근로자가 퇴직하게 되면 사업자는 퇴직금을 지급해야 하는데, 일부는 금융기관에서 지급하고 나머지는 사업자가 지급하게 된다.

퇴직금은 근로자퇴직급여보장법의 산식으로 계산하므로, 최종 3개월 임금이 크면(임금은 매년 상승함) 총 근속연수를 곱한 퇴직금이 DC형보다 커지게 된다.

그러나 매년도 예치금액은 사업자의 자산으로 처리될 뿐 당기경비로 처리될 수 없으며(세무상 손금산입은 가능함), 퇴직금의 경비 처리는 실제 퇴직일이 속하는 연도에 이루어진다. 따라서 근로자가 퇴사할 때 퇴직금 지급 및 퇴직소득세를 정산해야 하고, 퇴직소득세 원천징수가 있기 때문에 퇴직급여 지급명세서를 세무서에 제출해야 한다.

그런데 확정급여형 퇴직연금에 가입한 사업자는 근로자에게 퇴직금을 지급할 때 근로자가 개설한 IRP계좌(개인형 퇴직연금)로 지급하는 것이 원칙이다. 이 경우 퇴직소득세가 과세이연되기 때문에 퇴직소득 지급명세서 작성이 실무적으로 가장 복잡하다.

참고로 '퇴직소득세 과세이연'이란, 근로자가 퇴직금을 IRP계좌로 받으면 퇴직소득 과세를 미루는 제도로 퇴직급여 지급명세서에 이 사실을 기재해야 한다.

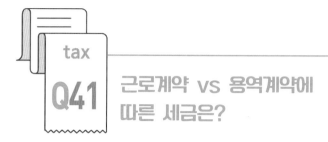

Q41 근로계약 vs 용역계약에 따른 세금은?

사업자가 일을 하다 보면 사업장에 사람을 써야 하고, 사람을 쓰려면 돈이 들어가며, 돈이 있는 곳에는 세금이 있다. 그래서 사업자는 어떤 방식으로 사람을 써야 하는지, 그 방식의 차이에 따라 세금이 어떻게 달라지는지 궁금해 한다.

사업자는 사업장에 사람을 쓸 때 계약에 따라 종속적 인적용역(人的用役)과 독립적 인적용역으로 구분해 사용할 수 있다. 그리고 이것은 크게 다음 세 가지 면에서 다르다.

ⓦ 대가 지급 시 원천징수세액과 4대 보험료의 공제

종속적 인적용역의 대표적인 예는 직원을 고용하는 것이다. 예를 들어, 학원사업자가 강사를 사용하는데 종속적 관계를 형성하려면 근로계약을 해서 직원으로 고용한다. 그리고 학원사업자는 해당 강사에게 월정액의 급여로 보상하고, 급여를 지급할 때는 근로소득세를 원천징수하며 4대 보험료 근로자 부담분을 공제한다.

그런데 독립적 인적용역으로 사용할 때는 이와 다르다. 예를 들어, 학원사업자가 강사와 상호 독립적 관계를 형성하려면 용역계약을 하고 동등한 지위에서 업무를 한다. 그리고 학원사업자는 해당 강사에게 계약에 따라 수행한 만큼만 용역비로 보상하고, 용역비를 지급할 때는 지급총액의 3.3%를 사업소득세로 원천징수한다. 또한 용역자는 근로자가 아니므로 4대 보험료 근로자 부담분을 공제할 필요가 없다.

ⓦ 원천징수 세금의 사후정산

사업자가 근로계약에 따라 근로자에게 급여를 줄 때는 간이세액표에 따른 근로소득세와 4대 보험료 근로자 부담분을 공제해 지급하고, 이듬해 2월분 급여 지급 시 해당 근로자의 근로소득세를 연말정산하여 최종적으로 정산해 줄 의무가 있다.

반면, 사업자가 인적용역 사업자에게 용역비를 지급할 때는 지급 총액의 3.3%만 공제하고 지급하면 된다. 따라서 대부분의 인적용역 사업자는 이듬해 5월 말(성실신고확인 대상 사업자는 6월 말)까지 본인의 사업소득에 대한 종합소득세 신고·납부 의무를 스스로 이행해야 한다.

다만, 간편장부대상자인 보험모집인·방문판매원·음료계약배달판매원은 대가를 지급하는 사업자가 사업소득세 연말정산을 해야 한다.

🏧 퇴직금의 지급 의무

사업자는 1년 이상 근속한 근로자가 퇴직할 때 근로기준법상 퇴직금을 지급할 의무가 있다. 하지만 사업자가 용역자와 독립적 인적용역으로 계약한 경우에는 용역자를 해촉(解囑)할 때 퇴직금을 지급할 의무가 없다.

🏧 일시적 인적용역

사업자가 종속적 인적용역 또는 독립적 인적용역을 사용할 때라도 사용 기간이 일시적이면 원천징수하는 세금의 종류가 달라진다.

🏧 일용근로소득의 지급

종속적 인적용역으로 근로계약을 한 경우에도 그 사용 기간이 세법상 3개월(건설근로자는 1년) 미만의 일용근로자라면 사업자는 일당 지급 시 다음의 (일용)근로소득세를 원천징수 신고·납부하는 것으로 모든 납세의무를 종결시킨다. 연말정산도 없고 1년 미만 근속자의 퇴직금도 없다.

① 일용근로자 과세표준: 일급여액−15만 원
② 산출세액: 과세표준×6%
③ 결정세액: 산출세액−산출세액의 55%
④ 일용근로자 원천징수세액(지방소득세 포함): 결정세액×1.1

💱 기타소득의 지급

독립적 인적용역의 경우에도 용역 제공자가 일시적·우발적인 소득이라면 사업자가 용역비를 지급할 때 기타소득금액(지급액의 40%)의 22%를 기타소득세(지방소득세 포함)로 원천징수하면 된다.

이 경우 기타소득금액이 300만 원 이하이면 기타소득자는 기타소득에 대한 종합소득세 신고·납부를 하지 않아도 무방하다(선택적 분리과세). 선택적 분리과세는 일반적으로 기타소득자에게 유리하지만, 기타소득 외에 소득이 없는 경우에는 기타소득에 대한 종합소득세를 자진신고·납부하는 것이 좋다.

예를 들어, 한 대학생이 사업자에게 일시적·우발적인 용역을 제공해 기타소득으로 연 750만 원을 받았다고 가정해보자. 일시적 인적용역의 기타소득금액 계산 시에는 수입금액의 60%를 세무상 경비로 간주한다. 따라서 기타소득금액은 300만 원(=750만 원-450만 원)이고, 원천징수된 기타소득세(지방소득세 포함)는 66만 원(=300만 원×22%)이다.

기타소득밖에 없다면 대학생은 기타소득에 대한 종합소득세 신고·납부 의무를 이행하는 것이 좋다. 선택적 분리과세를 하면 원천징수된 66만 원으로 납세의무가 종결되지만, 종합소득세를 자진신고하면 다음과 같이 561,000원이 환급되기 때문이다.

구 분	금 액(원)	비 고
종합소득금액	3,000,000	기타소득금액
(−) 종합소득공제	1,500,000	기본공제 1명
과세표준	1,500,000	
(×) 기본세율	6%	과세표준 1,400만 원까지
산출세액	90,000	
(−) 세액공제감면		
(+) 가산세		
총부담세액	90,000	
(−) 기납부세액	600,000	원천징수세액
차가감납부세액	△510,000	세무서에서 환급
지방소득세	9,000	
(−) 기납부세액	60,000	원천징수세액
차가감납부세액	△51,000	구청에서 환급

tax

Q42

사업자가 추계신고하는 방법은?
(1) 단순율

🪙 추계신고

사업자가 법인세나 종합소득세를 신고 · 납부하기 위해서는 원칙적으로 세무장부를 만들어야 한다. 그런데 개인사업자 중 상당수가 세무장부를 만들지 않고 종합소득세를 추계(推計)로 신고하고 있다. 원칙적으로 종합소득세는 실제 소득금액을 기준으로 신고 또는 결정하는 것이지만, 납세자가 영세해서 세무장부가 없는 등 실제 수입금액 또는 실제 경비를 밝힐 수 없다면 추계로 신고하거나 결정할 수 있기 때문이다.

다만, 세무장부를 하는 것이 원칙이므로 사업자의 수입금액(매출액 개념) 규모에 따라 추계경비로 인정하는 비율을 단순경비율과 기준경비율로 차등 적용함으로써 세무장부에 의한 신고가 유리하게끔 유도하고 있다. 사례를 통해 세무장부를 만들지 않고 세금을 추계로 신고하는 방법을 알아보자.

ⓦ 단순경비율에 의한 종합소득세 신고

신규 사업자 그리고 직전 연도 수입금액이 다음 표에 미달하고 당해 연도 수입금액이 간편장부대상자에 해당하는 개인사업자는 단순경비율 이라는 방법으로 사업소득금액을 확정해 종합소득세를 신고할 수 있다.

업종 구분	수입금액
농업·수렵업 및 임업, 어업, 광업, 도·소매업, 부동산매매 업, 기타사업	6,000만 원
제조업, 숙박·음식점업, 전기·가스·증기·수도사업, 하수· 폐기물처리·원료재생·환경복원업, 건설업, 운수업, 출판·영 상·방송통신·정보서비스업, 금융·보험업, 상품중개업	3,600만 원
부동산임대업, 부동산업, 전문·과학 및 기술서비스업, 사업시 설관리·사업지원 및 임대서비스업, 교육서비스업, 보건업 및 사회복지서비스업, 예술·스포츠 및 여가 관련 서비스업, 협회 및 단체, 수리 및 기타 개인서비스업, 가구 내 고용활동	2,400만 원

2023년부터는 수리 및 기타 개인서비스업에 포함된 인적용역사업자의 경우에는 단순경비율 적용대상 수입금액 기준을 기존의 2,400만 원에서 3,600만 원으로 상향 조정하기 때문에 단순경비율 적용대상 인적용역사 업자가 확대될 전망이다.

한편, 단순경비율은 통상 수입금액의 70~90% 내외로 국세청에서 매 년 업종별로 고시한다. 업종이 매우 다양하기 때문에 업종별 단순경비율 과 기준경비율 고시는 책 한 권으로 나온다. 해당 사업자의 업종별 단순 경비율은 홈택스에 로그인해서 [세금신고 〉 종합소득세 신고 〉 신고도움 자료 조회 〉 기준·단순경비율]에서 조회하면 된다.

단순경비율에 의한 소득금액 계산은 사업자의 수입금액과 업종별 단순경비율을 이용해 다음과 같이 계산한다.

$$추계사업소득금액 = 수입금액 - (수입금액 \times 단순경비율)$$

🐝 단순경비율 적용 사례

예를 들어보자. 도서를 출간하는 출판사의 경우 업종코드는 221100이고, 2022년 귀속 단순경비율은 95.6%로 고시되어 있다. 이 출판사의 2022년 귀속 수입금액이 1억 원이고, 해당 사업자가 단순경비율 대상자로 확인되었다면 이 출판사의 2022년도 귀속 추계사업소득금액은 440만 원이다.

- 추계사업소득금액 = 수입금액 - (수입금액 × 단순경비율)
- 440만 원 = 1억 원 - (1억 원 × 95.6%)

이 예를 보고 해당 연도 수입금액이 1억 원이니 단순경비율 대상자(수입금액 3,600만 원 미만)가 아니라고 착각하는 사람이 많다. 그런데 단순경비율 대상자를 판단하는 기준은 해당 연도 수입금액이 아니라 직전 연도 수입금액이다. 다만, 해당 연도 수입금액이 복식장부 의무자 기준금액(출판업은 1.5억 원) 이상인 경우에는 단순경비율 적용을 배제한다.

하지만 이 문제를 따로 고민할 필요가 없는 것이, 국세청에서 종합소득세 신고안내문을 통해 단순경비율 대상자 여부를 알려주기 때문이다.

(2024 년 귀속) 종합소득세 · 농어촌특별세
과세표준확정신고 및 납부계산서
(단순경비율 사업 · 근로 · 연금 · 기타소득자용)

관리번호	-

거주구분	거주자1 / 비거주자2
내 · 외국인	내국인1 / 외국인9
거주지국	대한민국 / 거주지국코드 KR

❶기본사항

① 성 명	박지원	② 주민등록번호	111111-1111111
③ 주 소		④ 전자우편주소	
⑤ 주소지 전화번호		⑥주사업장 전화번호 02-2222-2222	⑦ 휴대전화번호
⑧ 신고유형	32추계-단순율 40비사업자	⑨ 기장의무	2 간편장부대상자 3 비사업자	⑩ 신고구분	10 정기신고, 20 수정신고 40 기한후신고

❷환급금 계좌신고   ⑪ 금융기관/ 체신관서명   ⑫ 계좌번호

❸종합소득세액의 계산

구 분		금 액
⑬종합소득금액 : ❺사업소득소득명세(⑦)와 ❼근로소득 · 연금소득 · 기타소득명세(⑯)의 소득금액 합계를 적습니다.		4,400,000
⑭소득공제 : (⑮~ ㉒) 합계 - ㉚		2,500,000

소득공제명세

관계코드	성 명	내외국인코드	주민등록번호	구 분		인원	금 액
0	박지원	1.내국인	111111-1111111	기본공제	⑮ 본 인		
					⑯ 배 우 자		
					⑰ 부 양 가 족		
				추가공제	⑱ 경 로 우 대 자		
					⑲ 장 애 인		
					⑳ 부 녀 자		
					㉑ 한 부 모 가 족		

㉒기부금(이월분) 소득공제 : 4쪽의 작성방법을 참고하여 기부금 지출액 중 공제액을 적습니다.		
㉓연금보험료공제	국민연금	
	공무원 · 군인 · 사립학교 교직원 · 별정우체국 연금	
㉔주택담보노후연금 이자비용공제		
㉕개인연금저축공제 : 개인연금저축 납입액에 40%를 곱한 금액과 72만원 중 적은 금액을 적습니다.		
㉖벤처투자조합 출자 등 소득공제	투자조합출자자	
	벤처기업투자	
㉗소기업 · 소상공인 공제부금		
㉘청년형 장기집합투자증권저축		
㉙근로소득자 소득공제 : 근로소득이 있는 경우에만 3쪽의 ❻근로소득자 소득공제명세 합계금액(⑱)을 적습니다.		
㉚소득공제 종합한도 초과액 : 종합한도 적용 소득공제액 - 2,500만원		
㉛과세표준 : ⑬ - ⑭ ("0 "보다 적은 경우에는 "0 "으로 합니다.)		1,900,000
㉜세율 : 5쪽의 작성방법을 참고하여 세율을 적습니다.		6%
㉝산출세액 : ㉛× ㉜- 누진공제액		114,000
㉞중소기업에 대한 특별세액감면 금액을 적습니다.		
㉟근로소득자 세액감면 : 근로소득이 있는 경우에만 3쪽의 ❽근로소득자 세액감면 합계금액(⑩)을 적습니다		
㊱세액공제 : 세액공제명세(㊲~ ㊻)의 합계금액을 적습니다.		

㊲전자계산서 발급전송세액공제				
㊳자녀세액공제	8세 이상의 기본공제 자녀(입양자 및 위탁아동 포함) · 손자녀 ※ 1명 : 15만원, 2명 : 30만원, 3명 이상 : 30만원 + 2명 초과 1명당 30만원			명
	출산 · 입양 세액공제 : 첫째 30만원, 둘째 50만원, 셋째 이상 70만원			명
㊴연금계좌세액공제	공제대상금액	과학기술인공제		
		퇴직연금		
		연금저축		
		ISA 만기시 연금계좌납입액		
㊵기부금세액공제 : 기부금지출액 중 공제액의 15% (1천만원 초과분은 30%) ※ 사업소득만 있는 경우는 제외 (연말정산대상 사업소득자는 공제 가능)	특례기부금공제 대상금액		
	일반기부금공제 대상금액		
	우리사주조합기부금공제 대상금액		
㊶표준세액공제 - 근로소득이 없는 경우 : 7만원 - 근로소득이 있는 경우 : 13만원(특별소득공제, 보험료 · 의료비 · 교육비 · 기부금 세액공제, 월세 세액공제 중 하나 이상의 소득 · 세액공제를 받는 경우는 0원)			
㊷납세조합공제 : 납세조합징수증상의 납세조합공제액을 적습니다.			
㊸정치자금기부금 세액공제	10만원 이하	100/110	
	10만원 초과	15%(3천만원 초과분 25%)	
㊹고향사랑기부금 세액공제	10만원 이하	100/110	
	10만원 초과	15%	
㊺근로소득자 세액공제 : 근로소득이 있는 경우에만 3쪽의 ❿근로소득자 세액공제명세 합계금액(⑩)을 적습니다.			
㊻전자신고세액공제			

㊼결정세액 : ㉝ - ㉞ - ㉟ - ㊱ ("0 "보다 적은 경우에는 "0 "으로 합니다.)		114,000

구 분								금 액

⑱ 가산세액: 가산세액명세(㊴ ~ ㊼) 의 합계금액을 적습니다

구 분			계산기준	기준금액	가산세율	가산세액
		부정무신고	무신고 납부세액		40/100(60/100)	
㊴ 무 신 고			수 입 금 액		14/10,000	
		일반무신고	무신고 납부세액		20/100	
			수 입 금 액		7/10,000	
㊵ 과 소 신 고		부정과소신고	과소신고 납부세액		40/100(60/100)	
			수 입 금 액		14/10,000	
		일반과소신고	과소신고납부세액		10/100	
㊶ 납부지연			미 납 일 수	( )	2.2/10,000	
			미 납 부 (환 급) 세 액			
㊷ 보 고 불성실	지급명세서	미제출 (불명)	지급 (불명) 금액		1/100	
		지 연 제 출	지연제출 금액		0.5/100	
	간이지급명세서	미제출 (불명)	지급금액		0.25/100	
		지 연 제 출	지연제출금액		0.125/100	
	일용근로소득 지급명세서	미제출 (불명)	지급금액		0.25/100	
		지 연 제 출	지연제출금액		0.125/100	
㊸ 공동사업장 등록불성실		미등록 · 허위등록	총 수 입 금 액		0.5/100	
		손익분배비율 허위신고등	총 수 입 금 액		0.1/100	
㊹ 무 기 장			산 출 세 액		20/100	
㊺ 신용카드거부		거 래 거 부 · 불 성 실 금 액			5/100	
		거 래 거 부 · 불 성 실 건 수			5,000원	
㊻ 현금영수증 미 발 급		미 가 맹 수 입 금 액			1/100	
		발 급 거 부 · 불 성 실 금 액			5/100	
		발 급 거 부 · 불 성 실 건 수			5,000원	
		미 발 급 금 액			20/100 (10/100)	
㊼ 주택임대 사업자미등록		미등록기간 수입금액			2/1,000	

(left vertical label: 가산세액계산명세서)

㊽ 총결정세액: ㊼＋ ㊽	114,000
㊾ 기납부 세 액	중간예납세액	
	원천징수 및 납세조합징수 세액의 합계: ❶원천(납세조합) 징수세액의 원천징수 또는 납세조합징수세액 ㊿ 합계를 적습니다. ❶근로소득 · 연금소득 · 기타소득명세의 소득세 원천징수세액 ㊿ 합계를 적습니다.	
㉑ 납부할 세액 또는 환급받을 세액 : ㊽ - ㊾	114,000

❹농어촌특별세의 계산

㉒ 과세표준: ㉕주택자금차입금 이자세액공제 금액을 적습니다	
㉓ 세율	20%
㉔ 산출세액: ㉒ X ㉓	
㉕ 가산세액	
㉖ 합계: ㉔＋ ㉕	
㉗ 기납부세액: 원천징수된 ㉗농어촌특별세 합계를 적습니다	
㉘ 납부(환급) 할 세액: ㉖- ㉗	

❺사업소득명세

일련 번호	사업장		⑦소득 구분 코드	⑦ 업종 코드	⑦ 총수입 금액	⑦단순경비율(%)		⑦필요경비 (= ⑦X ⑦)	⑦소득금액 (= ⑦- ⑦)	❻원천(납세조합) 징수세액	
	⑦상호(성명)	⑦사업(주민) 등록번호				일반율	자가율			⑦원천징수 또는 납세조합징수세액	⑦원천징수의무자 또는 납세조합 사업자등록번호
1	허생전	777-77-77777	30	221100	100,000,000	95.6%		95,600,000	4,400,000		

❼근로소득 · 연금소득 · 기타소득명세

⑦소득 구분코드	⑧ 일련 번호	소득의 지급자 (부여자의 국내사업장)		⑧총수입금액 (총급여액 · 총연금액)	⑭필요경비 (근로소득공제 · 연금소득공제)	⑮소득금액 (⑧- ⑭)	원천징수세액	
		⑪상호 (성명)	⑫사업자등록번호 (주민등록번호)				⑯소득세	⑰농어촌특별세

❽근로소득자 소득공제명세

특별소득공제	⑱보험료 공제 (건강보험료 및 고용보험료)	
	⑲주택자금 공제	
그밖의 소득공제	⑳주택마련저축소득공제	
	㉑우리사주조합 출연금	
	㉒장기집합투자증권저축	
	㉓신용카드 등 사용액	
	㉔고용유지 중소기업 근로자	
㉕합 계: ⑱+ ⑲+ ⑳+ ㉑+ ㉒+ ㉓+ ㉔		

❾근로소득자 세액감면

㉖「소득세법」상 세액감면(제59조의5)	
㉗「조세특례제한법」상 세액감면(제18조 외)	
㉘「조세특례제한법」상 세액감면(제30조)	
㉙조세조약 원어민교사 등)	
㉚합 계: ㉖+ ㉗+ ㉘+ ㉙	

❿근로소득자 세액공제명세

㉛근로소득세액공제				
특별세액공제	㉜보험료	보장성	공제대상금액	
			세액공제액	
		장애인전용보장성	공제대상금액	
			세액공제액	
	㉝의료비		공제대상금액	
			세액공제액	
	㉞교육비		공제대상금액	
			세액공제액	
㉟주택자금차입금 이자세액공제				
㊱외국납부세액공제				
㊲월세액 세액공제			공제대상금액	
			세액공제액	
㊳합 계: ㉛~ ㊲세액공제액 합계				

신고인은 「소득세법」 제 70조 및 「국세기본법」 제45조의3에 따라 위의 내용을 신고하며, **위 내용을 충분히 검토하였고 신고인이 알고 있는 사실 그대로를 정확하게 적었음을 확인합니다.** 위 내용 중 과세표준 또는 납부세액을 신고하여야 할 금액보다 적게 신고하거나 환급세액을 신고하여야 할 금액보다 많이 신고한 경우에는 「국세기본법」 제47조의3에 따른 가산세 부과 등의 대상이 됨을 알고 있습니다.

2025 년 06 월 02 일   신고인   박지원   (서명 또는 인)

세무대리인은 조세전문자격자로서 위 신고서를 성실하고 공정하게 작성하였음을 확인합니다.

세무대리인   (서명 또는 인)

세무서장 귀하

첨부서류	1. 장애인증명서 1부(해당자에 한정하여, 총전에 제출한 경우에는 제외합니다) 2. 기부금명세서(별지 제45호서식) 및 기부금납입영수증 각 1부 (기부금공제가 있는 경우에 한정합니다) 3. 가족관계등록부 1부(주민등록표등본에 의하여 공제대상 배우자, 부양가족의 가족관계가 확인되지 않는 경우에만 제출하며, 총전에 제출한 후 변동이 없는 경우에는 제출하지 않습니다) ※ 이 신고서는 5월 31일까지 세무서에 제출해야 합니다.

Q43 사업자가 추계신고하는 방법은? (2) 기준율

🐷 기준경비율에 의한 종합소득세 신고

　복식장부 또는 간편장부를 작성하지 않은 경우로서 수입금액이 단순경비율 대상자가 아닌 개인사업자는 기준경비율이라는 방법으로 종합소득세 (추계)신고를 할 수 있다.

　기준경비율은 통상 수입금액의 10~30% 내외로 국세청에서 매년 업종별로 고시하는데, 기준경비가 매우 낮기 때문에 기준경비와 더불어 실제 지출한 고정자산의 임차료·재화의 매입비용(외주비, 운송업의 운반비 포함)·인건비를 경비 처리할 수 있다.

추계소득금액
=수입금액−(임차료+매입비용+인건비)−(수입금액×기준경비율)

　하지만 장부를 하지 않은 사업자는 실제 비용을 입증하기가 매우 곤란한데, 이 경우 단순경비율과 기준경비율의 차이가 수십 배이기 때문에 기준경비율로 사업소득금액을 계산하면 엄청나게 큰 소득금액이 산출될 수 있다. 이에 세법은 '배율법'이라는 비교소득금액 계산 방식과 비교해서 선택하도록 규정하고 있다. 따라서 다음의 배율법 방식으로 계산해서 비교한 뒤 적은 소득금액을 선택해야 한다.

비교소득금액=단순경비율 소득금액×배율[*]

*배율은 복식부기의무자는 3.4배, 간편장부대상자는 2.8배로 한다.

기준경비율 적용 사례

음식점 중 제과점을 하는 어느 기준경비율 대상자의 추계사업소득금액 확정 방법에 대해 알아보자. 음식점 중 제과점의 업종코드는 552301이고, 2022년 귀속 기준경비율은 10.0%, 단순경비율은 89.9%로 고시되어 있다.

이 사업자의 국세청 종합소득세 신고안내문을 보니 2022년 귀속 수입금액은 2억 원이고, 해당 사업자는 기준경비율 대상자이며 간편장부대상자로 확인되었다. 세무장부를 하려고 하니 확인되는 경비가 별로 없었다. 다만, 연간 임대료, 재료 매입비용, 인건비는 확인되었다.

확인 결과 연간 임대료는 2천만 원, 재료 매입비용은 5천만 원, 인건비는 2천만 원이었다. 그렇다면 이 제과점의 2022년 귀속 기준경비율에 의한 사업소득금액은 9,000만 원에 해당한다.

- 추계소득금액
  =수입금액-(임차료+매입비용+인건비)-(수입금액×기준경비율)

- 90,000,000원
  =2억 원-(2천만 원+5천만 원+2천만 원)-(2억 원×10.0%)

하지만 이것으로 끝이 아니다. 배율법에 의한 사업소득금액과 비교해야 한다. 배율법에 의한 사업소득금액은 단순경비율 소득금액에 배율(간편장부대상자 2.8배 또는 복식부기의무자 3.4배)을 곱하는 것이다.

이 제과점의 단순경비율 소득금액은 2,020만 원(=2억 원-2억 원×89.9%)이고, 이 제과점 사업자가 간편장부대상자이기 때문에 여기에 2.8배를 곱하면 56,560,000원이 비교소득금액으로 산출된다.

- 비교소득금액=단순경비율 소득금액×배율
- 56,560,000원=20,200,000원×2.8

따라서 기준경비율에 의한 사업소득금액 9천만 원보다 적은 비교소득금액 5,656만 원을 사업소득금액으로 선택하면 된다. 이와 같은 사례에서 많은 사람들이 헷갈려 하는 것이 해당 연도 수입 금액이 2억 원이면 간편장부대상자(직전 연도 수입금액 1억 5천만 원 미만)가 아닌 복식부기의무자가 아니냐는 것이다. 그러나 간편장부대상자를 판단하는 기준은 해당 연도 수입금액이 아니라 직전 연도 수입금액이기 때문에 국세청의 종합소득세 신고안내문과 직전 연도 수입금액을 확인해 파악하면 된다.

프리랜서(인적용역 사업자)가
소득세를 신고하는 방법은?

프리랜서(freelancer, 인적용역 사업자)란 흔히 회사에 고용되지 않은 상태로 일하는 특정 분야의 전문가를 말한다. 프리랜서의 수입금액(용역비)은 고정적으로 결정되지 않고, 용역계약에 따라 자신이 제공한 용역의 가치만큼 결정된다.

프리랜서는 대개 작가, 미술가, 음악가, 무용수, 감독, 직업 운동선수, 번역가, 배우, 성우, 프로그래머, 아나운서, 편집자와 같이 특정 분야에서 전문성을 인정받고 있는 사람으로서 소속이 고정되지 않은 상태로 일하는 경우가 많다.

🔞 보험모집인 등 프리랜서

그런데 여기에는 보험모집인, 방문판매원, 음료계약배달판매원(이하 보험모집인 등)과 같이 특정 회사에 소속되어 있으면서 개인사업 형태로 판매 실적에 따라 보상을 받는 직업도 포함된다.

세법은 프리랜서가 인적용역을 제공하고 받은 대가를 사업소득으로 분류한다. 그런데 대부분의 사업소득자는 사업자등록을 하고 사업을 하지만, 프리랜서는 사업자등록을 내는 일이 거의 없다. 왜냐하면 대부분의 프리랜서는 별도의 사업장이 없고 근로자를 고용하지 않은 상태로 업무를 수행하기 때문이다.

3.3% 원천징수

세법은 사업장이 없고 근로자를 고용하지 않은 프리랜서를 부가가치세 면세사업자로 규정하고 있다. 따라서 프리랜서가 인적용역을 제공하고 대가를 받을 때는 세금계산서를 발행하지 않고 대가를 지급하는 사업자가 그 지급액의 3.3%를 원천징수(공제)한 뒤 지급하게 된다.

이런 원천징수제도를 두는 이유는 프리랜서의 수입금액을 국세청에서 미리 파악하기 위한 것이다. 그리고 프리랜서도 사업자이기 때문에 다음 해 5월 31일(성실신고확인 대상 사업자는 6월 30일)까지 종합소득세를 신고·납부해야 하고, 이미 원천징수된 세액은 납부할 종합소득세에서 차감된다.

프리랜서 사업자의 종합소득세 신고 방법

프리랜서의 사업소득금액은 여느 사업자와 마찬가지로 장부에 의한 방법과 추계에 의한 방법이 있다. 하지만 프리랜서의 경우에는 사업 관련 비용을 장부에 의해 확정하기가 쉽지 않다. 별도의 사업장이 없고 고용한 근로자도 없어 평소 기장관리를 소홀히 하기 때문이다.

따라서 대부분의 프리랜서는 추계에 의한 방법으로 사업소득금액을 확정하는데 단순경비율(기본율과 초과율), 기준경비율, 배율을 모두 고려해야 하기 때문에 가장 복잡하다.

ⓦ 보험모집인 등의 사업소득 연말정산

이때 간편장부대상자인 보험모집인 등은 예외로 한다. 보험 모집수당 등을 지급하는 자가 다음 해 2월분 사업소득 지급 시 '연말정산 사업소득률(1-단순경비율)'을 적용해 보험모집인 등의 사업소득금액을 확정하고 연말정산을 해주는 것으로 납세의무가 종결된다.

따라서 보험모집 수당 등 외에 다른 소득이 없는 경우에는 보험모집인 등이 별도로 종합소득세를 자진신고할 필요가 없다. 하지만 복식부기의무자(직전 연도 수입금액 7.5천만 원 이상)인 보험모집인 등과 연말정산을 한 자라도 다른 소득이 있는 경우에는 종합소득세를 자진신고 · 납부해야 한다.

ⓦ 추계사업소득금액 확정 사례

인세(印稅) 수입을 얻는 작가로서 기준경비율 대상자의 추계사업소득금액 확정 방법에 대해 알아보자.

작가의 업종코드는 940100이고, 2023년 귀속 기준경비율(일반율)은 11.2%, 단순경비율 기본율은 58.7%, 단순경비율 초과율은 42.2%로 고시되어 있다.

어느 작가의 국세청 종합소득세 신고안내문을 보니 2023년 귀속 수입 금액이 6천만 원이고, 해당 사업자가 기준경비율 대상자이며 간편장부대상자로 확인되었다. 세무장부를 하려고 하니 확인되는 경비가 별로 없었다. 다만, 기준경비율 적용을 위해 연간 임대료, 재료 매입 비용, 인건비를 확인했지만 프리랜서이기 때문에 아무런 경비도 없었다. 그러면 이 작가의 2023년 귀속 기준경비율에 의한 사업소득금액은 53,280,000원이 된다.

추계소득금액=수입금액-(임차료+매입비용+인건비)-(수입금액×기준경비율)
53,280,000원=6천만 원-(0+0+0)-(6천만 원×11.2%)

그런데 이것이 끝이 아니다. 배율법에 의한 사업소득금액과 비교해야한다. 배율법에 의한 사업소득금액은 단순경비율 소득금액에 배율(간편장부대상자 2.8배 또는 복식부기의무자 3.4배)을 곱하는 것인데, 인적용역 사업자의 단순경비율 소득금액 계산은 단일 기준이 아니라 수입금액 4천만 원까지는 기본율(58.7%), 4천만 원 초과액은 초과율(42.2%)을 적용한다는데 주의하여야 한다.

먼저, 이 작가의 단순경비율 소득금액을 계산해 보자.

구 분	일반율 (4천만 원까지)	초과율 (4천만 원 초과)	계
수입금액	40,000,000원	20,000,000원	60,000,000원
경비율	58.7%	42.2%	
단순경비	23,480,000원	8,440,000원	31,920,000원
추계사업소득금액	16,520,000원	11,560,000원	28,080,000원

이 작가는 간편장부대상자이기 때문에 단순경비율 소득금액에 2.8배를 곱하면 78,624,000원이 비교소득금액으로 산출된다.

- 비교소득금액=단순경비율 소득금액×배율
- 78,624,000=28,080,000×2.8

이것은 기준경비율에 의한 사업소득금액 53,280,000원 보다 크니 배율법을 포기하고 기준경비율에 의해 사업소득금액을 선택해야 한다. 결국, 사례의 작가는 기준경비율로 약 672만 원 정도의 경비를 공제받은 셈이다.

그런데 만일 사례의 작가가 1년동안 활동 실비로 672만 원 이상을 지출했다고 가정해 보자. 이 경우 간편장부로 신고하면 추계신고보다 절세하는 길이며 복식장부로 신고하면 산출세액의 20% 기장세액공제를 받으니 더욱 절세하는 길이다.

⑱추계소득금액계산서(기준경비율적용대상자용)

가. 소득금액 계산

					계(40)
①소득구분코드			(40)		(40)
②일련번호			1		
③사업장 소재지			서울시OO구OO길 200 괄선녀빌딩101호		서울시OO구OO길 200 괄선녀빌딩101호
④과 세 기 간					2023.01.01부터 2023.12.31까지
⑤상 호			구운몽		구운몽
⑥사업자등록번호			000-00-00000		000-00-00000
⑦업태 / 종 목			예술·스포츠 / 작가	/	예술·스포츠 / 작가
⑧업 종 코 드			940100		940100
⑨총 수 입 금 액			60,000,000		60,000,000
기 준 소 득 금 액	필 요 경 비	주 요 경 비	⑩기초재고자산에 포함된 주요경비		
			⑪당기에 지출한 주요경비(= ㉞)		
			⑫기말재고자산에 포함된 주요경비		
			⑬계(⑩+⑪-⑫)		
		기준경비율에 의하여 계산한 경비	⑭기준경비율(%)	11.2%	11.2%
			⑮금액(⑨×⑭)	6,720,000	6,720,000
		⑯필요경비 계(⑬+⑮)			6,720,000
	⑰기준소득금액(⑨-⑯)('0'보다 작은경우 '0'으로 적음)				53,280,000
비 교 소 득 금 액	단순경비율에 의해 계산한 소득금액	⑱단순경비율(%)	초과율(58.7/42.2)		초과율(58.7/42.2)
		⑲금액{ ⑨×(1- ⑱) }	28,080,000		28,080,000
	⑳비교소득금액(⑲×기획재정부령으로 정한 배율)		78,624,000		78,624,000
㉑소득금액(⑰또는 ⑳중 작은금액)					53,280,000

나. 당기 주요경비 계산명세(소득구분별·사업장별)

(40. 사 업)

구 분	계(A) (=B+C+D)		정규증빙서류 수취금액(B)		주요경비지출명세서 작성금액(C)		주요경비지출명세서 작성제외금액(D)	
매입비용	㉒		㉓		㉔		㉕	
임차료	㉖		㉗		㉘		㉙	
인건비	㉚		㉛		㉜		㉝	
계(㉞= ⑪)	㉞		㉟		㊱		㊲	

※ 첨부자료 : 주요경비지출명세서1부

210mm×297mm(신문용지 54g/㎡) (재활용품))

보험설계사의 사업소득은 연말정산이 가능하다고?

연말정산과 대상소득

연말정산이란 근로소득 · 연금소득 · 퇴직소득 그리고 특정사업소득에 대하여 원천징수의무자가 연말정산을 통해 연간 세액과 이미 원천징수한 세액을 비교하여 그 차액을 추가로 징수납부하거나 환급해 주는 제도를 말한다. 그런데 많은 분들은 연말정산이란 근로소득자만 해당되는 것이라고 생각한다. 그러나 사업소득자 중에서도 연말정산을 할 수 있는 사업소득자가 있는데 대표적인 것이 보험설계사이다.

물론 모든 보험설계사가 연말정산을 할 수 있는 것은 아니다. 연말정산 대상 보험설계사는 직전 연도 수입금액이 7,500만 원을 넘지 않는 간편장부대상인 보험설계사이다. 당해 수입금액과는 무관하기 때문에 예를 들어서 2022년 수입금액이 7,000만 원인 보험설계사가 2023년 수입금액이 1억 원인 경우에도 1억 원의 수입에 대해서 2024년 2월분 사업소득을 지급하는 보험회사가 연말정산을 해 주는 것이다.

이 보험설계사에게 보험설계수입 외 다른 소득이 없다면 연말정산으로 종합소득세 과세가 종결되지만, 다른 소득이 있다면 2024년 5월 말(성실신고확인대상자는 6월 말)까지 종합소득세 확정신고 의무가 있다.

한편, 연말정산대상 사업소득은 간편장부대상자인 보험모집인(=보험설계사) 외에도 방문판매원 및 음료배달원이 있다. 간편장부대상자에 대해서는 "Q27 세무장부를 꼭 해야 할까?"를 참조하기 바란다.

🏦 연말정산시기

연말정산대상 사업소득을 지급하는 원천징수의무자는 지급 시마다 3.3%(지방소득세 포함)의 원천징수세금을 공제하고 지급한다. 그리고 다음 연도 2월분의 사업소득을 지급할 때 또는 해당 인적용역사업자와의 거래계약을 해지하는 달의 사업소득을 지급할 때에 다음과 같이 연말정산을 해야 한다.

- 사업소득금액=수입금액×연말정산 사업소득의 소득률*
- 종합소득 과세표준=사업소득금액－종합소득공제
- 종합소득 산출세액=종합소득 과세표준×종합소득세율
- 연말정산 시 결정세액=종합소득 산출세액－세액공제
- 연말정산 결정세액 〉해당 과세기간의 원천징수세액(3%)인 경우 추가 원천징수
- 연말정산 결정세액 〈 해당 과세기간의 원천징수세액(3%)인 경우 세액환급

*보험설계사의 경우 소득률(=1－단순경비율)은 4천만 원 이하분은 22.4%, 4천만 원 초과분은 31.4%를 적용한다.

ⓦ 보험설계사의 연말정산 효과

연말정산대상 사업소득만 있는 사업자는 연말정산으로 신고납부의무가 종결되기 때문에 추가로 종합소득세 확정신고를 하지 않아도 된다. 예를 들어 보험설계 수입만 있는 보험설계사가 연말정산대상이 된 경우라면 종합소득세 확정신고를 하지 않을 수 있다. 여기서 확정신고를 하지 않을 수 있다는 뜻은 연말정산하는 경우 수입금액에 법정소득률을 곱하여 소득금액을 계산하기 때문에 실제 사업용 경비가 많아서 소득률로 계산한 소득금액보다 사업소득금액이 적은 경우라면 장부기장을 통해 종합소득 확정신고를 하여 절세할 수도 있다는 의미이다.

ⓦ 2 이상의 보험설계수입이 있는 경우의 연말정산

한편, 보험설계수입이 2 이상의 회사로부터 발생한 경우에는 주된 수입금액이 발생한 회사에 다른 회사에서 발생한 수입금액의 사업소득 원천징수영수증을 제출하여 주된 회사에서 총수입금액으로 연말정산할 수도 있다. 그러나 만약 2 이상의 회사에서 발생한 보험설계수입을 합산하여 연말정산을 하지 않았거나, 보험설계수입 외에 다른 소득이 있다면 다음 연도 5월 말(성실신고확인대상자는 6월 말)까지 종합소득세 확정신고를 하여야 한다.

관리번호		[v]사업소득 원천징수영수증(연말정산용) [ ]사업소득지급명세서(연말정산용) ([v]소득자 보관용 [ ]발행자 보관용 [ ]발행자 보고용)		소득자 구분		
①귀속연도	2023년			거주구분	거주자1 비거주자2	
				내·외국인	대국인1 외국인9	
				거주지국	거주지국코드	

징 수 의무자	②법 인 명(상호)	(주)A보험	③대표자(성명)	이보험	④사업자등록번호	111-11-11111
	⑤주민(법인)등록번호		⑥소재지(주소)			

소득자	⑦상 호	(주)A보험		⑧사업자등록번호	111-11-11111
	⑨사업장소재지				
	⑩성 명	김보험		⑪주민등록번호	111111-2222222
	⑫주 소				

수입 금액	⑬발생처 구 분	⑭법인명 (상 호)	⑮사업자등록번호	발생기간 (연·월·일)		지급액 (수입금액)
	주(현)	(주)A보험	111-11-11111	2023/01/01-2023/01/31		100,000,000
	종(전)	좋은보험	333-33-33333	2023/01/01-2023/01/31		20,000,000
	사업별 수입금액 계			보험모집 수입금액 계		120,000,000
				방문판매 수입금액 계		
				음료배달 수입금액 계		
				합 계(⑫④)		120,000,000

소득 금액	사업 별	수입금액 ( )	적용소득률		소득금액				㉑ 비고
			4천만원 이하분	4천만원 초과분	4천만원 이하분	4천만원 초과분	합 계		
	보험모집	120,000,000	22.4%	31.4%	8,960,000	25,120,000	34,080,000		
	방문판매		25.0%	35.0%					
	음료배달		20.0%	28.0%					
	(⑫④)합계	120,000,000							

㉒사업소득금액(⑳)			34,080,000	㉟투자조합 출자등 소득공제		구 분	소득세	지방 소득세	농어촌 특별세	계
인 적 공 제	기 본 공 제	㉓본인	1,500,000			㊸결정세액	3,407,000	340,700		3,747,700
		㉔배우자		㊱소득공제등 종합한도 초과액		기납부 세 액	㊹종(전) 근무지	500,000	50,000		660,000
		㉕부양가족 (명)		㊲종합소득 과세표준	31,580,000		㊺주(현) 근무지	3,000,000	300,000		3,300,000
		㉖경로우대 (1 명)	1,000,000	㊳산출세액	3,477,000	㊻차감납부할 세 액		-193,000	-19,300		-212,300
	추 가 공 제	㉗장애인 (명)		㊴ 자녀 세액 공제	공제대상자녀 (명)						
		㉘부녀자			출산·입양 (명)		위 원천징수세액(수입금액)을 영수(지급)합니다.				
		㉙한부모가족									
㉚연금보험료				㊵연금계좌 세액공제			년 월 일				
㉛기부금(이월분)				㊶ 기부금 세액 공제	정치자금						
㉜종합소득 공제계			2,500,000		법정		징수(보고)의무자	(주)A보험 (서명 또는 인)			
					우리사주 조합						
㉝개인연금저축소득공제					지정		김보험 귀하				
㉞소기업 소상 공인 공제부금				㊷표준세액공제	70,000					

Part

04

사업자 세금의
절세와 유의사항

Q46 절세는 어떻게 이루어지는 것일까?

중소기업자들은 사업 관련 세금에 관심이 많고, 사업을 영위하지 않는 대다수 국민은 연말정산과 관련된 근로소득세와 이른바 '대중세(大衆稅)'인 양도소득세, 상속세, 증여세에 관심이 많다. 특히 절세에 관심이 많다.

ⓦ 양도소득세의 절세

양도소득세는 부동산이나 주식을 매각한 뒤 양도차익이 생기면 내야 하는 소득세이다. 우리나라에서 팔리는 부동산 가운데 주택이 차지하는 부분이 상당히 많기 때문에 주택에 대한 양도소득세는 항상 이슈가 된다.

그런데 1세대 1주택자에게는 양도소득세 비과세 혜택을 주어 주택자금의 원본이 침해되지 않도록 하고 있어, 1세대 1주택 비과세 및 특례규정을 이용해 다주택자라 하더라도 특례규정에 해당하도록 사전에 사실관계를 형성하여 합법적으로 양도소득세를 절세할 수 있다.

그러나 이러한 사전적 사실관계 형성이 없이 단순히 주택을 양도하고 찾아오는 경우가 더 흔하다. 그러면서 세무사에게 양도소득세를 깎아달라고 한다. 하지만 어느 누구도 확정된 사실관계를 비틀어서 세금을 줄일 수는 없다. 그런 일에 휘말리면 탈세로 추징당하고 처벌받을 것을 각오해야 한다.

💰 상속 및 증여세의 절세

상속세 또는 증여세도 마찬가지이다. 자연인의 사망에 따라 발생하는 상속세는 상속재산이 5억 원이 넘는 경우(배우자 생존 시는 10억 원)에 부과된다. 따라서 상속이 발생하기 전에 10년 단위의 사전증여 등으로 그 재산을 관리하면 상속세의 부담을 없애거나 줄일 수 있다.

또한 재산의 무상 기부로 발생하는 증여세의 경우, 증여재산의 평가나 증여재산 공제 규정을 이용해 10년 단위로 배우자나 직계존비속에게 재산을 증여함으로써 절세를 도모할 수 있다.

사전증여 없이 피상속인 사망 후 잔여재산에 대해 가상화폐로 돌린다, 골드바로 돌린다 등등 엉뚱하면서도 아무 효과도 없는 상속세 탈세를 계획하는 분들도 있지만 황당무계한 얘기에 불과하다.

세법이 예정한 절세 방법은 합리적이고 합법적인 행위이다(Tax saving is beautiful). 그런데 이런 절세의 특징은 사전에 적법한 절차를 통해 절세의 행동을 취함으로써 이루어진다. 따라서 이미 결정된 양도, 상속, 증여에 대해서는 누가 계산해도 똑같은 세금이 나오는 것이 옳다.

ⓦ 사업 관련 세금의 절세

사업 관련 세금인 부가가치세, 사업소득세 또는 법인세는 어떠한가? 막상 제대로 신고하려고 하니 부가가치세 부담이 크다는 이유로 거짓 세금계산서나 계산서를 수수하고, 이미 계산이 완료된 사업소득금액을 낮춰보려고 가공경비 등을 넣어 탈세를 하고 있지는 않은가?

모든 일을 사전에 예측해 미리 준비하지 못하고 사후에 무리하게 해결하려는 잘못된 관행이 절세가 아닌 탈세를 만들고 있다.

ⓦ 성과배분상여금 활용

예를 들어, 특정 해에 실적이 매우 좋아 사업소득금액이 크게 산출되었다고 하자. 당연히 사업소득세 또는 법인세의 부담이 클 것이다. 실적이 좋아서 임직원들에게 상여를 듬뿍 주었는데도, 그해 결산이 끝난 다음에 주었다는 이유로 실적이 좋은 당해 과세기간에 경비로 반영되지 않는다면 무척 억울할 것이다.

그러나 만약 사전에 노사(勞使)가 합의해 법인세 차감 이후 당기순이익을 기준으로 성과배분상여금을 지급하기로 했다고 가정해 보자. 실제 지급은 결산이 확정되고(이듬해 3월 말) 이루어지겠지만, 그 성과배분상여금은 성과배분의 기준일이 속하는 연도에 비용 처리를 할 수 있다(법규-1313, 2005. 11. 29.).

또한 조세특례제한법은 성과공유 중소기업의 경영성과급에 대해 사업자에게 추가적인 세액공제를 해 주니, 성과가 좋으면 지급하는 성과급이 사업소득세나 법인세가 절세로 연결되니 금상첨화라 할 수 있다.

하지만 대다수의 중소기업은 사업실적과 인건비를 연동하는 제도를 모르기 때문에 세금을 사전에 예측하지 못하니 안타까울 수밖에 없다.

🏦 창업벤처기업 세액감면

조세특례제한법이 규정한 세제 혜택을 선용(善用)하는 방법도 있다. 예를 들어, 수도권과밀억제권역 밖에서 제조업, 건설업, 음식점업, 출판업 등 감면 대상 업종을 창업한 중소기업자에게는 5년간 사업소득세 또는 법인세의 50%(상시근로자 증가율에 따라 최대 50% 추가 감면)를 감면해 준다.

또한 수도권과밀억제권역 안에서도 창업 후 3년 내에 벤처기업으로 확인된 중소기업자에게는 이와 동일한 혜택을 준다. 따라서 사업자가 밀집한 수도권과밀억제권역 안에서 최소한 50%의 세금을 감면받으려면 벤처기업이 되는 것이 매우 중요하다.

다만, 벤처기업육성에 대한 특별조치법이 2021년 2월 12일 개정되어 기술보증기금에서 확인하는 기술평가보증유형과 중소벤처기업진흥공단에서 확인하는 기술평가대출유형은 폐지되고 일정 요건을 충족한 벤처투자기업, 연구개발기업, 혁신성장기업에 해당하는 경우에 벤처기업이 될 수 있다.

🏢 고용증대세제

2019년과 2021년의 세법개정으로 근로자 추가 고용 시 청년을 중심으로 고용증대세제를 다음과 같이 확대했으며, 적용 기한은 2024년까지 연장하였다. 대기업은 2년간 세액공제, 중소·중견기업은 3년간 세액공제 해 줌으로써 사실상 중소기업이 청년을 고용할 경우에 3년간 임금의 절반 가까이를 정부가 보조하는 셈이다.

(단위: 만 원)

세액공제액	중소기업		중견기업		대기업	
	수도권	지방	수도권	지방	수도권	지방
상시근로자	700	770	450	450	–	–
청년·장애인·60세 이상 근로자	1,100	1,300*	800	900*	400	500*

*2021년과 2022년 고용증가분에 한시적으로 적용함.

🏢 통합고용세액공제 신설

2022년 세법개정으로 기존의 고용증대 세액공제, 사회보험료 세액공제, 경력단절여성 세액공제, 정규직 전환 세액공제, 육아휴직 복귀자 세액공제를 통합하여 통합고용세액공제를 신설하였다. 소비성 서비스업을 제외한 모든 기업이 적용대상이며, 기본공제로 고용증가인원 1인당 세액공제액은 다음 표와 같다.

구 분	중소기업(3년 지원)		중견기업 (3년 지원)	대기업 (2년 지원)
	수도권	지방		
상시근로자	850	950	450	–
청년 정규직, 장애인, 60세 이상, 경력단절여성 등	1,450	1,550	800	400

그리고 청년의 범위를 기존 15~29세에서 15~34세로 확대하였으며, 청년, 장애인, 60세 이상 근로자에 추가로 경력단절여성의 재고용도 포함하였다. 기본공제 외에 추가공제로 정규직 전환·육아휴직 복귀자 인원 1인당 세액공제액은 다음 표와 같다.

구 분	중소기업	중견기업
정규직 전환자(1년 지원)	1,300	900
육아휴직 복귀자(1년 지원)		

이에 2023년과 2024년 과세연도분에 대해서는 '통합고용세액공제'와 기존의 '고용증대 및 사회보험료 세액공제'를 선택하여 적용할 수 있다. 중복 적용은 불가하기 때문에 둘 중 유리한 것으로 선택하여 적용하면 된다.

🔞 연구 및 인력개발비 세액공제

또한 연구 또는 개발을 필요로 하는 업종은 공대·미대 출신 또는 이에 준하는 경력 1인 이상으로 이루어진 연구전담부서를 설립하거나, 공대·미대 출신 또는 이에 준하는 경력 2~5인 이상으로 이루어진 기업부설연구소를 설립해 한국산업기술진흥협회에 인정받는 방법이 있다. 문화를 다루는 업종은 문화체육관광부를 통해 창작전담부서 또는 창작연구소를 설립하면 된다.

이 경우 연구전담부서 등에 소요된 인건비 등의 25% 상당액을 사업소득세 또는 법인세에서 세액공제 받을 수 있다. 창업 초기에 이렇게 활용하면 사실상 수년간 사업소득세 또는 법인세를 낼 일이 거의 없다.

충실한 증빙 관리

끝으로 충실한 증빙 관리도 사전에 절세하는 하나의 방법이다. 사업계획을 세워 성과 관리를 하고, 업종 특성에 맞는 조세 특례를 활용하며 충실히 세무자료를 관리하면 절세의 테크트리(tech tree)가 완성된다.

어떤 세금이든 사전에 예측해서 미리 준비하면 합법적 방법으로 줄일 수 있다. 이렇게 줄인 것이 아니라면 세무사가 아니라 국세청 할아버지가 와도 절세가 아니라 탈세이거나 조세 회피이다. 모든 일이 다 끝난 뒤에 세금을 줄이려 한다면 한마디로 어불성설이다.

탈세는 부과 시효가 최대 10년이기 때문에 그 안에 적발되면 가산세까지 포함해 세금폭탄을 맞게 되고, 자칫 사업을 접어야 할 수도 있다. 이런 부조리를 조장하는 자에게 탈세수수료까지 주는 어리석은 행동은 삼가야 한다.

tax
Q47

중소기업의 세제 지원 필요성과 지원 제도

세무사와 거래하는 업체는 대부분 중소기업이다. 그래서 세무사는 중소기업이라면 무조건 적용받을 수 있는 세제 혜택을 판단해서 적용해주어야 한다. 세법을 통틀어 중소기업이 적용받는 혜택은 수십 가지가 넘는다. 그런데 왜 중소기업에는 세금 혜택을 주어야 할까?

전체 기업 중 중소기업이 차지하는 비중

2019년 기준 통계청 전국 사업체 조사자료에 따르면, 대한민국에 소재하는 전체 사업체 수는 약 410만 개에 이른다. 그 가운데 중소기업이 차지하는 비중이 99.9%이고, 약 5.2천 개의 대기업이 0.1%의 비중을 차지한다. 그리고 전체 사업체에 종사하는 사람은 근로자를 포함해 약 2.1천만 명에 이른다. 그중 1.7천만 명이 중소기업에, 약 370만 명이 대기업에 종사하고 있다.

또한 대한민국에 소재하는 약 410만 개의 중소사업체 가운데 개인사업체가 320만 개, 법인사업체가 60만 개 있다. 그 나머지는 조합 형태, 비영리법인 등으로 구성된다. 한편, 2020년 국세통계를 기준으로 개인사업자가 500만 명, 법인사업자가 70만 명 가량 있으며, 근로자의 수는 종전과 크게 변화가 없다.

국내 중소기업의 평균수명

그런데 실제 국내 중소기업의 평균수명은 12.3년이며, 신설 기업의 경우 창업해서 2년 뒤까지 생존하는 기업은 50%가 안 되고 5년 이내에 폐업하는 비율이 76.4%나 된다. 즉, 중소기업의 5년 이상 생존 확률은 불과 23.6%에 불과하다. [*]

[*](보도자료) '한국기업 비상구를 찾아라', (재)재기중소기업개발원 이종락 사회부장

중소기업에 세제 혜택을 주어야 하는 이유

중소기업에 왜 세금 혜택을 주어야 하느냐고 필자에게 묻는다면, 이렇게 답하겠다. 분명한 사실은 대한민국 사업자 가운데 99.9%가 중소기업이고, 이 중소기업에 종사하는 사람이 전체 2천만 명의 경제인구 가운데 86%에 해당하는 1.7천만 명이라는 점이다. 따라서 중소기업이 살아야 대한민국이 살 수 있는 것이다.

중소기업의 대표적인 세제 혜택

1. 중소기업 특별세액감면

중소기업자의 사업소득세 또는 법인세의 5~30%(업종별·규모별 감면율 적용) 상당액을 세액감면(감면 한도 1억 원)

2. 창업중소기업 등에 대한 세액감면

수도권과밀억제권역 외의 지역에서 창업하거나(지역 불문) 벤처기업으로 확인받은 중소기업의 경우 5년간 사업소득세 또는 법인세의 100% 또는 50% 감면(상시근로자 증가율에 따라 최대 50% 추가 감면), 설립 시 등록면허세 면제, 사업용 자산에 대한 취득세 75% 면제, 재산세 5년간 50% 감면

3. 연구·인력개발비 세액공제

중소기업은 연구·인력개발비 세액공제 적용 시 최저한세 적용 배제, 세액공제율 우대 적용(최소 25%)

4. 최저한세 우대 적용

중소법인의 최저한세* 적용 시 7% 세율 적용, 중소기업 졸업 시 유예기간 이후 3년간 8%, 그 후 2년간 9%

*각종 세제 혜택을 받고 나서의 세액이 최저한세에 미달하면 그 미달분은 공제, 감면하지 않고 세금을 납부하는 제도

5. 결손금 소급공제

중소기업자가 해당 사업연도에 결손금이 발생할 경우 직전 사업연도에 과세한 사업소득세 또는 법인세에 대한 환급신청 가능

6. 기업업무추진비 한도 우대

기업업무추진비 한도 계산 시 기본금액이 일반법인은 연간 1.2천만 원이지만, 중소기업은 연간 3.6천만 원 적용

7. 중소기업 대손금 특례 규정

중소기업은 부도발생일부터 6개월이 경과한 외상매출금(부도 발생일 이전 발생분)에 대해서도 대손금 처리가 가능하고, 중소기업 외상매출금으로서 회수기일로부터 2년이 경과한 외상매출금 및 미수금도 대손금 처리 가능

8. 법인세 납부기한 연장

중소기업 법인은 납부세액이 1천만 원을 초과하는 경우 그 세액의 1/2 이내를 2개월 내에 분납 가능(일반 기업은 1개월 내)

9. 원천징수 방법 특례

상시 고용인원이 20인 이하인 사업자(대부분 중소기업)는 관할 세무서장의 승인을 받아 반기(6개월)별로 원천징수 신고·납부 가능

10. 가업상속공제

10년 이상 중소기업을 영위한 사업자가 후계자에게 가업을 상속하는 경우 가업상속재산 상당액을 상속공제(가업 영위 기간에 따라 300억 원, 400억 원, 600억 원을 한도로 함)

11. 가업상속에 대한 연부연납 특례

가업상속재산에 대해 상속세 납부세액이 발생하는 경우 20년 또는 10년 거치 후 10년(가업상속재산 비율에 관계없이 적용) 간 연부연납

12. 중소기업 최대주주 주식의 주식 할증평가 제외

일반 기업의 최대주주의 보유 주식은 120%로 할증평가 하지만, 중소기업의 주식은 최대주주 주식의 할증평가에서 제외

13. 중소기업 사회보험료 세액공제

고용 증가 인원의 사회보험료 상당액의 50~100%를 사업소득세 또는 법인세에서 사회보험 신규 가입자에 대한 사회보험료 세액공제 적용

14. 근로소득증대 세제, 고용증대 세제 공제율 우대 적용

근로소득증대 세제, (청년)고용증대 세제 세액공제 적용 시 공제율 우대 적용

15. 고용유지 중소기업에 대한 세액공제

일자리 나누기에 참여한 중소기업이 임금 삭감 방식으로 고용을 유지하는 경우 연간 임금감소 총액의 10%와 시간당 임금 상승에 따른 임금 보전액의 15%를 세액공제

16. 정규직 근로자 전환에 따른 세액공제

중소기업이 기간제 근로자, 단시간 근로자, 파견 근로자를 정규직 근로자로 전환한 경우 인당 1천만 원을 사업소득세 또는 법인세에서 공제

17. 중소기업 취업자에 대한 소득세 감면

청년과 경력단절 여성 등이 중소기업에 취업하는 경우 취업일부터 3년(청년은 5년)이 되는 날이 속하는 달까지 발생한 근로소득에 대해 소득세 70%(청년은 90%) 세액감면(근로자 혜택 사항)

18. 각종 투자세액 공제 시 우대

사업용 유형자산 투자, 신성장사업화를 위한 시설투자, 국가전략기술의 사업화를 위한 시설투자, 신성장기술사업화를 위한 시설투자, 영상콘텐츠 제작비용, 고용창출투자에 대한 우대 공제율 적용

19. 중소기업의 상생 결제 지급금액에 대한 세액공제

중소(중견)기업이 중소(중견)기업에 지급한 구매대금이 상생결제제도에 부합하는 경우 구매대금의 0.2%(결제기간 15일 초과 시 0.1%) 상당액을 사업소득세 또는 법인세에서 공제

20. 중소기업 지원 설비에 대한 손금산입

내국인이 사업에 직접 사용하던 자동화설비 등을 중소기업에 무상 기증하거나 저가 양도함으로써 중소기업이 얻은 이익 상당액을 손금산입

21. 기술 이전 및 취득 지원

중소기업의 특허권, 실용신안권, 기술비법 등 이전(대여)에 따른 사업 소득세 또는 법인세의 50%(대여 시 25%) 감면. 중소기업이 특허권 등을 취득한 경우 취득비용의 10% 세액공제

22. 성과공유 중소기업의 경영성과급에 대한 세액공제 등

성과공유 중소기업이 상시근로자에게 경영성과급을 지급하는 경우 경영성과급의 10% 상당액을 사업소득세 또는 법인세에서 공제. 다만, 상시근로자 수가 직전 과세연도의 상시근로자 수보다 감소한 경우는 불공제

23. 중소기업의 지방 이전 지원

중소기업이 수도권과밀억제권역 내의 본사와 공장을 함께 지방으로 이전할 경우 7년간 사업소득세 또는 법인세 면제, 이후 3년간 50% 감면

24. 중소기업의 공장 이전에 대한 과세특례

중소기업자가 수도권과밀억제권역 외 공장 이전을 위해 매각한 공장의 부동산 양도차익에 대한 양도소득세 및 법인세 2년 거치 분할 납부

25. 중소기업 간의 통합에 대한 양도소득세 이월과세

중소기업 간의 통합으로 발생하는 부동산 양도차익에 대해 요건 충족 시 양도소득세 이월과세

26. 창업자금에 대한 증여세 과세특례

18세 이상인 거주자가 중소기업을 창업하기 위해 부모에게 창업자금을 증여받는 경우 일정 금액까지 증여세 10% 특례세율 적용

27. 중소기업 핵심인력 성과보상기금 수령액에 대한 소득세 감면 등

중소 · 중견기업에 대해 내일채움공제와 중소기업재직자우대저축공제

연구전담부서 또는 기업부설연구소의 세무상 혜택

💱 연구 · 인력개발비 세액공제

중소기업 세제 혜택 중 가장 파격적인 것이 연구 · 인력개발비 세액공제이다. 적어도 해당 연도에 발생한 연구 · 인력개발비의 25%를 무제한으로 사업소득세 또는 법인세에서 공제한다. 산출된 세금보다 세액공제액이 크다면 당연히 해당 연도에 낼 세금은 없고, 공제되지 못한 잔액은 다음 연도로 이월되어 계속적으로 세액공제 혜택을 받을 수 있다.

이러한 세액공제의 연구 · 인력개발비는 대부분 연구전담부서나 기업부설연구소에 종사하는 직원의 인건비이다. 예를 들어, 연구전담부서 직원이 2명이고 각 직원의 연봉이 3천만 원이라고 할 때, 두 사람의 연봉 총액 6천만 원에 대한 연구 · 인력개발비 세액공제액을 계산하면 1.5천만 원(3천만 원×25%)이다. 실질적으로 국가가 1.5천만 원의 급여를 간접적으로 보조하는 셈이다.

ⓦ 연구 · 인력개발비 세액공제 적용 제외 대상

이때 주의할 것은 '주주인 임원으로서 법인의 지분이 10%를 초과하는 자 및 그와 특수관계인에 대해서는 연구 · 인력개발비 세액공제 적용 대상자에서 제외한다'는 것이다.

즉, 중소기업의 지배주주인 대표이사가 연구 전담요원 자격을 갖추어 연구전담부서 등을 설립한다고 해도 대표이사 인건비는 세제 혜택에서는 제외되는 것이다. 따라서 세제 혜택을 받으려면 연구 인력의 직위와 지분 요건을 검토하는 것이 바람직하다.

ⓦ 연구전담부서 설치 또는 기업부설연구소 설립

어쨌든 사업자가 연구 또는 개발을 필요로 하는 업종을 창업한 경우에는 연구전담부서나 기업부설연구소를 설립하자. 연구전담부서 등의 설립 및 인정 절차는 한국산업기술진흥협회에서 주관한다. 연구전담부서와 기업부설연구소는 연구 인력의 숫자에 따라 결정되는 것일 뿐 세금 혜택은 똑같다.

연구전담부서는 공대, 미대 출신 또는 그에 준하는 경력의 연구인력 1인 이상, 기업부설연구소는 공대, 미대 출신 또는 그에 준하는 경력 2~5인 이상(기업체 유형에 따라 다름)으로 구분된다.

🌐 연구전담부서 등의 인정 요건

한국산업기술진흥협회에 연구전담부서 등으로 인정을 받으려면 연구전담부서 등의 설립을 위한 인적 요건과 물적 요건을 갖추어야 한다. 인적 요건은 앞서 서술한 연구 인력의 학력과 경력을 보는 것이고, 물적 요건은 연구할 독립된 공간이 있는지 여부를 확인하는 것이다. 자세한 내역은 한국산업기술진흥협회 홈페이지(https://www.koita.or.kr/)에서 확인하면 된다.

참고로 연구전담부서 등의 설립 신고는 2011년 1월 3일부터 온라인으로만 할 수 있다. 설립 상담부터 서류 작성 및 인정까지 협회에서 일괄적으로 처리해주며, 연구전담부서 등 인정에 따른 수수료나 별도 비용은 없다. 정책자금 컨설팅 같이 성공보수 조건으로 컨설팅 회사의 도움을 받을 필요는 없다는 이야기이다. 다만, 연구전담부서 등의 인정을 받으면 한국산업기술진흥협회의 회원이 되고, 회원가입에 따른 월회비를 부담하면 된다.

한편, 회사 측에만 세무상 혜택이 있는 것이 아니다. 연구전담부서와 기업부설연구소에 종사하는 직원은 월 20만 원 한도의 연구보조비를 근로소득에서 비과세한다.

tax
Q49

창업중소기업에 대한 세무상 혜택(1)

많은 분들이 창업의 꿈을 안고 각종 정보를 습득한 뒤 창업한다. 매출과 이익이 많은 창업 업종을 공부하고 사전 경험도 쌓으면서 사장님이 되기 위해 노력한다. 그리고 창업한 이후에 매출이 늘고 이익이 많이 생기게 되면 절세에 대해 생각하게 되는 것이 인지상정이다.

그런데 세법은 특정하게 열거된 업종에 대해서, 동종 업종의 첫 번째 창업에 해당할 때에 청년 창업인지 일반 창업인지로 구분하여, 수도권과 밀억제권역 내에서 창업했는지 수도권과밀억제권역 외에서 창업했는지로 구분하여 사업소득세 또는 법인세의 파격적인 감면 혜택을 부여한다.

🐜 창업 감면 업종

일단 창업 감면대상 업종은 다음과 같이 열거되어 있다. 많이 적용받는 업종을 꼽자면 제조업, 통신판매업, 음식점업, 정보통신업, 이·미용업 등이다.

① 광업

② 제조업(제조업과 유사한 사업으로서 대통령령으로 정하는 사업을 포함한다)

③ 수도, 하수 및 폐기물 처리, 원료 재생업

④ 건설업

⑤ 통신판매업

⑥ 대통령령으로 정하는 물류산업

⑦ 음식점업

⑧ 정보통신업. 다만, 다음 각 목의 어느 하나에 해당하는 업종은 제외한다.

   가. 비디오물 감상실 운영업

   나. 뉴스제공업

   다. 블록체인 기반 암호화자산 매매 및 중개업

⑨ 금융 및 보험업 중 대통령령으로 정하는 정보통신을 활용하여 금융서비스를 제공하는 업종

⑩ 전문, 과학 및 기술 서비스업(대통령령으로 정하는 엔지니어링사업을 포함한다). 다만, 다음 각 목의 어느 하나에 해당하는 업종은 제외한다.

   가. 변호사업

   나. 변리사업

   다. 법무사업

   라. 공인회계사업

   마. 세무사업

   바. 수의업

   사. 「행정사법」 제14조에 따라 설치된 사무소를 운영하는 사업

   아. 「건축사법」 제23조에 따라 신고된 건축사사무소를 운영하는 사업

⑪ 사업시설 관리, 사업 지원 및 임대 서비스업 중 다음 각 목의 어느 하나에 해당하는 업종

   가. 사업시설 관리 및 조경 서비스업

   나. 사업 지원 서비스업(고용 알선업 및 인력 공급업은 농업노동자 공급업을 포함한다)

⑫ 사회복지 서비스업

⑬ 예술, 스포츠 및 여가관련 서비스업. 다만, 다음 각 목의 어느 하나에 해당하는 업종은 제외한다.

    가. 자영예술가

    나. 오락장 운영업

    다. 수상오락 서비스업

    라. 사행시설 관리 및 운영업

    마. 그 외 기타 오락관련 서비스업

⑭ 협회 및 단체, 수리 및 기타 개인 서비스업 중 다음 각 목의 어느 하나에 해당하는 업종

    가. 개인 및 소비용품 수리업

    나. 이용 및 미용업

⑮ 「학원의 설립·운영 및 과외교습에 관한 법률」에 따른 직업기술 분야를 교습하는 학원을 운영하는 사업 또는 「국민 평생 직업능력 개발법」에 따른 직업능력개발훈련시설을 운영하는 사업(직업능력개발훈련을 주된 사업으로 하는 경우로 한정한다)

⑯ 「관광진흥법」에 따른 관광숙박업, 국제회의업, 유원시설업 및 대통령령으로 정하는 관광객 이용시설업

⑰ 「노인복지법」에 따른 노인복지시설을 운영하는 사업

⑱ 「전시산업발전법」에 따른 전시산업

🅦 창업의 범위

창업 감면을 받으려면 동종 업종의 첫 창업이어야 한다. 따라서 다음과 같은 경우에는 이를 창업으로 보지 않는다.

① 합병·분할·현물출자 또는 사업의 양수를 통하여 종전의 사업을 승계하거나 종전의 사업에 사용되던 자산을 인수 또는 매입하여 같은 종류의 사업을 하는 경우

② 거주자가 하던 사업을 법인으로 전환하여 새로운 법인을 설립하는 경우

③ 폐업 후 사업을 다시 개시하여 폐업 전의 사업과 같은 종류의 사업을 하는 경우

④ 사업을 확장하거나 다른 업종을 추가하는 경우 등 새로운 사업을 최초로 개시하는 것으로 보기 곤란한 경우

그렇다면 기존에 영위하던 창업 업종에 감면 업종을 추가하면 새로운 창업인가? 원칙적으로 창업중소기업 세액감면은 감면대상 업종을 창업 당시부터 영위해야만 적용받을 수 있으므로, 창업 이후 다른 감면대상 업종을 추가한 경우에는 세액감면을 적용받을 수 없다.

그러나 개인사업을 법인사업으로 전환하면서 기존 감면업종(도매업)에 다른 감면업종(제조업)를 추가하여 제조업종으로 주업종으로 변경한다면 이는 새로운 제조업의 창업에 해당하여 세액감면을 받을 수 있으니, 감면 여부에 대해 세무대리인과 잘 협의해야 한다.

Q50 창업중소기업에 대한 세무상 혜택(2)

창업중소기업 세액감면에 관해서 감면대상 업종이며 동종 업종의 최초 창업에 해당한다고 해도 추가적으로 검토해야 할 사항이 있는데 청년 창업인지 일반 창업인지, 수도권과밀억제권역 내에서 창업했는지 수도권과밀억제권역 외에서 창업했는지 검토해 보는 것이다.

💮 청년이 아닌 창업중소기업

구 분	수도권과밀억제권역 외 지역	수도권과밀억제권역 내 지역
연 수입 8,000만 원 이하	소득발생일부터 5년간 100%	소득발생일부터 5년간 50%
연 수입 8,000만 원 초과	소득발생일부터 5년간 50%	해당사항 없음

⚙️ 청년창업중소기업

구 분	수도권과밀억제권역 외 지역	수도권과밀억제권역 내 지역
청년창업중소기업	소득발생일부터 5년간 100%	소득발생일부터 5년간 50%

⚙️ 청년창업중소기업의 범위

청년창업중소기업이란 개인사업자의 경우에는 창업 당시 15세 이상 34세 이하인 사람을 의미한다. 다만, 병역을 이행한 경우 6년을 한도로 병역이행기간을 빼고 나이를 계산한다. 다만, 산업기능요원은 차감하는 복무기간에 해당하지 아니한다. 법인사업자의 경우에는 개인사업자 요건을 갖춘 경우로서 해당 법인의 최대주주여야 한다.

⚙️ 감면 누락 시 경정청구

수도권과밀억제권역 외의 지역에서 2021년 음식점을 창업하였다. 그러나 2021년 및 2022년 귀속 종합소득세 신고 시 창업중소기업 세액감면을 모르고 적용하지 않았다. 그러면 어떻게 하면 될까? 수도권과밀억제권역 외 음식점업 창업은 일반 창업도 수입금액과 관계없이 적용된다. 따라서 음식점업을 창업하고 세액감면의 모든 요건을 충족하였으나 2021년 및 2022년 종합소득세 신고 시 세액감면을 받지 않은 경우 법정신고기한으로부터 5년 이내에 경정청구를 하면 누락된 세액감면 신청이 가능하다.

수도권과밀억제권역

수도권과밀억제권역이란 수도권정비계획법 시행령 별표 1에 따른 다음의 지역을 말한다.

① 서울특별시
② 인천광역시[강화군, 옹진군, 서구 대곡동 · 불로동 · 마전동 · 금곡동 · 오류동 · 왕길동 · 당하동 · 원당동, 인천경제자유구역(경제자유구역에서 해제된 지역을 포함한다) 및 남동 국가산업단지는 제외한다]
③ 의정부시
④ 구리시
⑤ 남양주시(호평동, 평내동, 금곡동, 일패동, 이패동, 삼패동, 가운동, 수석동, 지금동 및 도농동만 해당한다)
⑥ 하남시
⑦ 고양시
⑧ 수원시
⑨ 성남시
⑩ 안양시
⑪ 부천시
⑫ 광명시
⑬ 과천시
⑭ 의왕시
⑮ 군포시
⑯ 시흥시[반월특수지역(반월특수지역에서 해제된 지역을 포함한다)은 제외한다]

종업원 고용을 늘리고 급여를 올리면 추가 세금 혜택이 있다

종업원 고용을 늘리거나 급여를 올리면 회사의 인건비가 증가하고, 인건비 증가에 따른 사업소득세 또는 법인세가 절감되는 것은 당연하다. 그런데 고용을 창출하거나 근로소득을 증대시킨 것에 따른 추가적 세금 혜택도 있다.

종래 세법은 고용단계별로 9개의 고용 관련 조세특례제도를 운용했는데, 2017년 말 세법을 개정해 이른바 고용창출 세제를 더욱 확대하고 매년 강화하고 있다.

한편 2022년 말에는 통합고용세액공제를 신설하였고 2023년 및 2024년 과세연도분에 대해서는 새로운 '통합고용세액공제'와 기존의 '고용증대 및 사회보험료 세액공제' 중 선택하여 적용 가능하도록 하였다. 고용 단계별 세제지원은 다음과 같다.

🌐 신규고용 단계

신규고용 단계에서 적용되는 조세특례제도는 고용창출투자세액공제, 청년고용증대세제, 중소기업 고용증가 인원 사회보험료 세액공제, 중소기업에 취업한 청년·경력단절 여성·60세 이상·장애인에 대한 근로소득세 감면 제도이다.

그런데 2018년 이후부터는 고용창출투자세액공제와 청년고용증대세제를 통합해 투자가 없더라도 고용이 증가하는 경우 세제 지원하는 고용증대세제를 신설하고, 중소기업 특별세액감면, 사회보험료 세액공제, 각종 투자세액공제 등과 중복 적용할 수 있도록 허용하였다.

특히 2019년과 2021년의 세법개정으로 근로자 추가 고용 시 청년을 중심으로 고용증대세제를 다음과 같이 확대했으며, 적용 기한은 2024년까지 연장하였다. 게다가 대기업은 2년간 세액공제, 중소·중견기업은 3년간 세액공제 해줌으로써 사실상 중소기업이 청년을 고용할 경우에 3년간 임금의 절반 가까이를 정부가 보조하는 셈이다.

(단위: 만 원)

세액공제액	중소기업		중견기업		대기업	
	수도권	지방	수도권	지방	수도권	지방
상시근로자	700	770	450	450	–	–
청년·장애인·60세 이상 근로자	1,100	1,200	800	800	400	400

그리고 2022년 말 세법을 개정하면서 기존의 '고용증대 세액공제', '사회보험료 세액공제', '경력단절여성 세액공제', '정규직 전환 세액공제', '육아휴직 복귀자 세액공제'를 통합하여 통합고용세액공제를 신설하였다. 통합고용세액공제는 기본공제와 추가공제를 적용할 수 있는데 기존의 고용증대 세액공제는 기본공제로 세액공제를 적용하는데 세액공제액은 다음과 같다.

(단위: 만 원)

구 분	중소기업(3년 지원)		중견기업 (3년 지원)	대기업 (2년 지원)
	수도권	지방		
상시근로자	850	950	450	–
청년 정규직, 장애인, 60세 이상, 경력단절여성 등	1,450	1,550	800	400

그리고 청년의 범위를 기존 15~29세에서 15~34세로 확대하였으며, 청년, 장애인, 60세 이상 근로자에 추가로 경력단절여성의 재고용도 포함하였다.

🎖 재고용 단계

2022년 말 세법 개정으로 '경력단절여성 세액공제'와 '육아휴직 복귀자 세액공제'가 '통합고용세액공제'로 통합되면서 2023년부터는 경력단절여성의 경우는 기본공제로, 육아휴직 복귀자의 경우에는 추가공제로 세액공제받게 된다. 추가공제로 적용되는 세액공제액은 다음과 같다.

구 분	중소기업	중견기업
정규직 전환자(1년 지원)	1,300	900
육아휴직 복귀자(1년 지원)		

고용유지 단계

고용유지 단계에서 적용되는 조세특례제도는 고용유지 중소기업 등 과세특례이다. 일자리 나누기에 참여한 중소기업에 대해 연간 임금 감소 총액의 10%와 시간당 임금 상승에 따른 임금보전액의 15%를 세액공제한다.

임금 증대 단계

임금 증대 단계에서 적용되는 조세특례제도는 근로소득증대 기업에 대한 세액공제이다. 해당 기업의 상시근로자의 해당 과세연도의 평균임금 증가율이 직전 3년간 평균임금 증가율의 평균보다 크고 상시근로자 수가 직전 과세연도의 상시근로자 수보다 줄어들지 않았다면, 해당 기업에 대해 직전 3년 평균 초과임금 증가분에 대해 중견기업은 10%, 중소기업은 20%를 세액공제한다. 2022년 세법개정으로 대기업을 적용대상에서 제외하였다.

🪙 정규직 전환 단계

정규직 전환 단계에서 적용되는 조세특례제도는 정규직 근로자로의 전환에 따른 세액공제이다. 중소기업에 대한 정규직 근로자로의 전환에 있어 종전 1인당 7백만 원 세액공제했던 것을 1천만 원(중견기업 7백만 원)까지 상향 조정했고, 그 적용 기한은 2022년 말까지로 연장했다.

그리고 2022년 말 세법개정으로 2023년부터는 '통합고용세액공제'로 통합되어 추가공제로서 세액공제를 적용받게 된다. 세액공제액은 정규직 전환 인원 1인당 다음과 같다.

(단위: 만 원)

구 분	중소기업	중견기업
정규직 전환자(1년 지원)	1,300	900
육아휴직 복귀자(1년 지원)		

현재 국가가 가장 관심을 기울이는 정책은 일자리 창출 지원 정책이다. 비록 사업 환경이 녹록지는 않겠지만, 고용을 늘리는 많은 사업자가 이와 같은 고용창출 세제를 이해하고 더 많은 세제 혜택을 받기를 바란다.

tax

Q52 기회발전특구제도와 세제 혜택

최근 정부는 우리나라 지방 시대를 열고 지역의 균형 있는 발전을 위해 기회발전특구제도를 신설하고 이와 관련된 세제 혜택을 발표했다. 기회발전특구제도는 지방에 기회발전특구로 지정된 지역의 입주기업에 대해 다음과 같은 세제 혜택 등 인센티브를 제공하여 기업의 지방 이전과 투자 촉진, 양질의 신규일자리를 창출하여 지방으로의 인구 유입을 유도하기 위한 제도이다.

🏢 창업 단계

창업 단계의 세제 혜택은 사업소득세 등 감면으로 기회발전특구에 2026년 12월 31일까지 제조업 등의 업종으로 창업하거나 사업장을 신설하는 기업에 대해서는 소득세 또는 법인세를 50~100% 감면한다. 다만, 기존 사업장을 이전하는 경우는 제외하며, 기회발전특구로 지정된 기간에 창업하거나 사업장을 신설하는 경우에 한정한다.

감면의 구체적인 내용은 감면대상사업에서 최초로 소득이 발생한 과세연도부터 5년간은 소득세 또는 법인세의 100%를 감면하고, 그 다음 2년은 50%의 소득세 또는 법인세를 감면한다. 다만, 감면 한도가 있는데 투자누계액의 50%와 감면대상사업장의 상시근로자 수에 1천 500만 원(청년과 서비스업의 경우에는 2천만 원)을 곱한 금액의 합계액을 한도로 한다.

🪙 이전 단계

이전 단계의 세제 혜택은 양도소득세 등 감면으로 수도권에서 3년(중소기업은 2년) 이상 계속하여 사업을 한 내국인이 기회발전특구로 이전하기 위하여 수도권에 있는 사업용 부동산을 2026년 12월 31일까지 양도하고 기회발전특구 내 사업용 부동산을 대체취득하는 경우 종전 사업용 부동산의 양도차익에 대해서는 기회발전특구 내 사업용 부동산 처분 시까지 과세이연할 수 있다.

한편, 기회발전특구에서 창업한 기업이 창업을 위하여 취득하는 사업용 부동산에 대해 최대 100%의 취득세 감면과 재산세 감면도 적용된다.

🪙 투자 단계

투자 단계에서 세제 혜택은 기회발전특구펀드에 투자하는 투자자에 대한 분리과세 과세특례이다. 기회발전특구의 기반시설·입주기업 등에 일정 비율 이상 투자하는 펀드에 10년 이상 투자하는 경우 해당 펀드에서 발생하는 이자·배당소득은 10년간 9% 세율로 분리과세한다. 즉, 이자·배당소득이 연간 2천만 원이 넘더라도 종합과세하지 않고 9% 세율로 과세가 종결된다.

🐜 기타 세제 혜택

기회발전특구로 이전하는 기업에 대해서는 가업상속공제 적용 시 상속인의 대표이사 취임 요건을 배제하고 사후관리에 있어서도 한국표준산업분류상 가업상속공제 적용대상업종이면 자유롭게 변경할 수 있다. 한편, 기회발전특구에서 발생한 개발부담금의 부담의무도 배제할 방침이다.

🐜 기존의 특구제도와 비교

올해 새롭게 시행될 기회발전특구제도 외에 기존의 특구제도로 위기지역, 농공단지, 중소기업특별지원지역, 연구개발특구, 제주첨단과학기술단지, 제주투자진흥지구, 기업도시, 지역개발사업구역, 여수해양박람회특구, 새만금지구, 아시아문화중심도시, 금융중심지, 첨단의료복합단지, 국가식품클러스터가 있다. 통상적인 세제 혜택은 특구 내 창업 시 일정 기간 동안 법인세 또는 소득세를 감면한다.

이에 반해 기회발전특구제도는 이 외에도 취득세, 재산세, 상속세, 개발부담금 등 기업의 직면하는 거의 대부분의 세금과 공과금을 면제 또는 감면하는 파격적인 세제 혜택을 부여하여 지역균형발전을 도모하고자 한다.

tax
Q53 중소기업에 취업하는 종업원은 세제
혜택이 있다!

중소기업을 운영하는 사업자가 직원을 채용하기 어렵다고 하소연하는 경우가 많다. 실업률이 올라가는 상황에서조차 중소기업이 구인난을 겪는 현실이 아이러니하다.

중소기업이 인력을 채용할 때 신규 채용 종업원에게 다양한 혜택을 준다면, 구인난에서 조금 벗어날 수 있지 않을까 생각해 본다.

중소기업 취업을 활성화하고, 청년층·노년층·장애인과 경력단절여성의 취업을 장려하기 위해 해당 종업원의 소득세를 감면해 주는 중소기업 취업자의 소득세 감면에 대해 알아보자.

💰 감면 대상자

고령자, 장애인, 경력단절여성의 경우 취업 후 3년간 70%의 근로소득세를 200만 원 한도로 감면한다. 청년의 경우 5년간 90%의 근로소득세를 200만 원 한도로 감면한다.

구 분	요 건	감면 기간	감면율	감면 한도
청년	근로계약 체결일 현재 15~34세 이하인 자. 연령 계산 시 군복무기간(최대 6년)은 차감하고 계산함.	5년	90%	연간 200만 원
고령자	근로계약 체결일 현재 60세 이상인 자	3년	70%	
장애인	① 「장애인복지법」의 적용을 받는 장애인 ② 「국가유공자 등 예우 및 지원에 관한 법률」에 따른 상이자 ③ 「5·18민주유공자예우 및 단체설립에 관한 법률」에 따른 5·18민주화운동부상자 ④ 고엽제후유의증 환자로서 장애등급 판정자			
경력단절 여성	① 퇴직 전 1년 이상 근로소득이 있을 것 ② 결혼·임신·출산·육아·자녀교육 사유로 퇴직 ③ 퇴직일부터 2~15년 이내 동종 업종에 재취직 ④ 해당 중소기업의 최대주주 등과 특수관계인이 아닐 것			

🏦 감면대상 업종

중소기업이라고 해서 모든 업종이 중소기업 취업자 소득세 감면을 적용받을 수 있는 것은 아니고, 아래의 업종에 해당하는 경우에 감면을 적용한다.

구 분	업 종
감면대상	1. 농업, 임업 및 어업 2. 광업 3. 제조업 4. 전기, 가스, 증기 및 공기조절 공급업 5. 수도, 하수 및 폐기물처리, 원료재생업 6. 건설업 7. 도매 및 소매업 8. 운수 및 창고업 9. 숙박 및 음식점업(주점 및 비알코올 음료점업은 제외한다) 10. 정보통신업(비디오물 감상실 운영업은 제외한다) 11. 부동산업 12. 연구개발업 13. 광고업 14. 시장조사 및 여론조사업 15. 건축기술, 엔지니어링 및 기타 과학기술 서비스업 16. 기타 전문, 과학 및 기술 서비스업 17. 사업시설 관리, 사업 지원 및 임대 서비스업 18. 기술 및 직업훈련학원 19. 사회복지 서비스업 20. 개인 및 소비용품 수리업 21. 창작 및 예술 관련 서비스업 22. 도서관, 사적지 및 유사 여가 관련 서비스업 23. 스포츠 서비스업
감면 제외 (예시)	1. 전문 · 과학 및 기술서비스업종 중 전문서비스업(법무관련과 회계 · 세무관련 서비스업 등) 2. 보건업(병원과 의원 등) 3. 금융 및 보험업 4. 유원지 및 기타 오락관련 서비스업 5. 교육서비스업(기술 및 직업훈련 학원 제외) 6. 기타 개인 서비스업

🐳 실무 적용 사례

중소기업 취업자에 대한 소득세 감면에 있어 취업 후 이직하는 경우 감면 기간은 소득세를 감면받은 최초 취업일부터 기간 중단 없이 계산한다. 예를 들어, 2020년 4월 A중소기업에 취업한 청년이 2022년 3월 퇴사 후 1년간 휴직하고 2023년 5월에 B중소기업으로 재취업한 경우 최초 취업일로부터 5년간(2020년 4월~2025년 3월) 발생한 소득에 대해서만 감면된다.

이에 감면을 적용받던 청년이 다른 중소기업으로 이직하는 경우 이직 당시 만 34세 이하의 연령 요건을 충족하여야 하는지 의문이 생길 수 있는데, 이 경우 중소기업 취업자에 대한 소득세 감면을 적용받던 청년이 다른 중소기업체로 이직하는 경우에는 그 이직 당시의 연령에 관계없이 소득세를 감면받은 최초 취업일로부터 5년이 속하는 달까지 발생한 소득에 대하여 청년 감면을 적용받을 수 있다.

🐳 중소기업 취업자 소득세 감면 신청

중소기업 취업자에 대한 소득세를 감면받으려면 그 적용받으려는 근로자는 원천징수의무자인 회사에 감면 신청을 하여야 한다.

■ 조세특례제한법 시행규칙 [별지 제11호 서식] (2023.3.20. 개정)

중소기업 취업자 소득세 감면신청서

※ [ ]에는 해당되는 곳에 √표를 합니다.

1. 신청인	① 성 명		② 주민등록번호	
	③ 주 소		④ 취업자 유형	[ ] 청년(15세~34세) [ ] 60세 이상 사람 [ ] 장애인 [ ] 경력단절여성

2. 취업 시 연령

⑤ 중소기업에 취업한 날 연령	년 월 일 (취업일: , 생년월일:)
⑥ 병역근무기간* (6년을 한도로 함)	년 월 일 (입대일·소집일: , 전역일·소집해제일:)
⑦ 병역근무기간 차감 후 연령*(⑤ - ⑥)	년 월 일

* ⑥ 및 ⑦은 '청년'만 작성합니다.

3. 감면기간

⑧ 시작일*: 년 월 일 * 2012 1 1 이후 소득세 감면을 받은 최초 취업일	⑨ 종료일*: 년 월 일 * 시작일부터 3년(청년 5년)이 되는 날(병역이행 후 1년 이내 동일 중소기업에 복직하는 경우 복직한 날부터 2년이 되는 날을 말하며, 그 복직한 날이 최초 취업일부터 5년이 지나지 아니한 경우에는 최초 취업일부터 7년이 되는 날을 말합니다)이 속하는 달의 말일

「조세특례제한법」제30조 제1항 및 같은 법 시행령 제27조 제5항에 따라 위와 같이 중소기업 취업자에 대한 소득세 감면을 신청합니다.

년   월   일

신청인

(서명 또는 인)

원천징수의무자   귀하

첨부서류	1. 병역복무기간을 증명하는 서류 1부 2. 장애인등록증(수첩, 복지카드) 사본 1부 3. 「소득세법」제143조에 따라 발급받은 근로소득 원천징수영수증 1부(「조세특례제한법」제30조에 따라 중소기업 취업 감면을 적용받은 청년 등이 다른 중소기업체에 취업하거나 해당 중소기업체에 재취업하는 경우로 한정합니다)	수수료 없 음

유 의 사 항

1. 감면신청서를 사실과 다르게 신청하는 경우에는 부당하게 감면받은 세액에 가산세를 가산하여 추징하게 됩니다.
2. 장애인은 「장애인복지법」에 따른 장애인과 「국가유공자 등 예우 및 지원에 관한 법률」에 따른 상이자를 말합니다.
3. 2013. 12. 31. 이전에 취업한 청년이 해당 중소기업체에 계속하여 근무하는 경우 취업일부터 3년간 해당 중소기업체에서 받는 근로소득의 소득세 100%를 감면받을 수 있습니다.
4. 2014. 1. 1.부터 2015. 12. 31. 까지 중소기업체에 최초 취업자는 취업일부터 3년간, 재취업자는 소득세 감면기간 종료일까지 해당 중소기업체에서 받는 근로소득의 소득세 50%를 감면받을 수 있습니다
5. 2016. 1. 1. 이후 중소기업체에 최초 취업자는 취업일부터 3년간 해당 중소기업체에서 받는 근로소득의 소득세 70%를 감면(한도 200만원)받을 수 있습니다.
6. 청년의 경우 2018년 이후 귀속 근로소득부터는 취업일로부터 5년간 감면이 적용되며, 근로소득의 소득세 90%를 감면(한도 200만원)받을 수 있습니다.
7. 중소기업체 재취업자의 소득세 감면기간 ⑧ 시작일과 ⑨ 종료일은 최초 감면신청서상 감면기간의 시작일과 종료일을 적습니다.
8. 경력단절여성은 「조세특례제한법」제29조의 3에서 규정하고 있는 여성을 말합니다(동종업종 기업에서 1년 이상 근무하다가 결혼, 임신, 출산, 육아, 자녀교육의 사유로 퇴직하고 2년 이상 15년 이내의 기간이 경과한 후 동종업종 중소기업에 재취업하는 여성으로서 최대주주 또는 최대출자자나 그와 특수관계인이 아닌 경우).
9. 「조세특례제한법 시행령」제27조 제3항 각 호에 따른 사업을 주된 사업으로 영위하는 중소기업으로부터 받은 근로소득만 감면대상입니다.

210mm× 297mm[백상지 80g/㎡ 또는 중질지 80g/㎡]

주택임대사업을 하면 세금을 내야 할까?

주택을 임대하는 경우 세무서에 부가가치세법상 면세사업자로 사업자 등록신청을 하고 사업자등록증을 수령하게 된다. 주택임대사업은 부가가 치세법상 면세 대상에 해당하기 때문에 월세 수입에 대해서 부가가치세 를 거래징수하지 않는 것이다. 사업자등록을 하고 난 후 전세 또는 월세 수입에 대해서 소득세가 과세되는지는 부부 합산 주택 수에 따라서 과세 여부가 달라진다.

🔊 부부 합산 1주택의 경우

부부 합산하여 1개의 주택을 소유하는 자의 주택임대소득은 소득세를 비과세한다. 다만, 국외소재주택 임대소득 및 고가주택의 경우에는 1개 의 주택을 소유하고 발생한 주택임대소득에 대해서 소득세가 과세됨을 유의해야 한다.

여기서 고가주택이라 함은 과세기간 종료일(12.31.) 또는 해당 주택의 양도일 기준 기준시가가 12억 원을 초과하는 주택을 의미한다.

🅦 부부 합산 2주택의 경우

부부 합산하여 2개의 주택을 소유하는 자의 주택임대소득은 월세 수입에 대해서만 소득세를 과세한다. 고가주택인지 여부 등은 상관없이 2주택자의 경우에는 월세 수입에 대해서 소득세가 과세되는 것이다.

다만, 법률 개정으로 2025.12.31.까지는 부부 합산하여 2개의 주택을 소유하는 자의 주택임대소득은 월세 수입에 대해서만 소득세를 과세하지만 2026.1.1. 이후부터는 기준시가가 12억 원을 초과하는 주택을 2개 소유하고 보증금 등 합계액이 3억 원 이상인 경우에는 간주임대료에 대해서도 과세한다.

🅦 부부 합산 3주택 이상의 경우

부부 합산하여 3개 이상의 주택을 소유하는 자의 주택임대소득은 월세 수입에 대해서 소득세를 과세함과 더불어 전세금(보증금)을 받은 금액의 합계액이 3억 원 이상인 경우 간주임대료에 대해서도 소득세를 과세한다.

3주택 이상의 경우 간주임대료를 계산하게 되는데 이 경우 3주택 판단에 있어서 소형주택(1세대당 주거전용면적이 40㎡ 이하인 주택으로서 해당 과세기간의 기준시가가 2억 원 이하인 주택)은 2026.12.31.까지는 주택 수에 포함하지 않는다.

1부부 주택 보유 수	월 임대료		간주임대료	
1주택	기준시가 12억 원 이하	비과세	–	
	기준시가 12억 원 초과 (고가주택)	과세	–	
2주택	과세		기준시가 12억 원 초과인 2주택 소유하고 보증금 등 합계액이 3억 원 이상인 경우 (2026.1.1. 이후부터 과세)	
3주택 이상	과세		보증금 등 합계	과세 여부
			3억 원 이하	–
			3억 원 초과	과세

tax
Q55

주택임대소득의 과세방법은
어떻게 될까?

해당 과세기간에 주택임대업에서 발생한 수입금액(월세+간주임대료)의 합계액이 2천만 원 이하인 경우 분리과세 방법을 선택할 수 있다. 납세자의 상황에 따라 종합과세가 유리할 수도 분리과세가 유리할 수도 있기 때문에 비교해서 세부담이 적은 방법을 선택하면 되는 것이다.

🎖 분리과세 주택임대소득에 대한 사업소득금액 계산 방법

주택임대소득에 대해서 분리과세를 선택한다면 분리과세 주택임대소득에 대한 사업소득금액에 14%를 곱하여 계산된 다음의 세액을 종합소득세 확정 신고 시 더해서 납부한다.

[수입금액−(수입금액×필요경비율)−공제금액]×14%

이 경우 분리과세 주택임대소득에 대한 사업소득금액은 지방자치단체에 임대주택으로 등록했는지 여부에 따라 계산하는 방식이 다르다. 이는 세무서에 사업자등록하는 것과 별개로 지방자치단체에 「민간임대주택에 관한 특별법」에 따른 임대사업자등록을 하고, 세무서에도 사업자등록을 하여야 하며, 임대보증금 또는 임대료의 증가율이 5%를 초과하지 않는 요건 모두를 충족했는지(이하 "등록임대주택"이라 한다.)에 따라 아래 표와 같이 사업소득금액을 계산한다.

구 분	분리과세 주택임대소득에 대한 사업소득금액
① 미등록임대주택을 임대하는 경우	총수입금액−필요경비(총수입금액×50%)−200만원*
② 등록임대주택을 임대하는 경우	총수입금액−필요경비(총수입금액×60%)−400만원*

*200만 원(등록임대주택의 경우에는 400만 원)은 분리과세 주택임대소득을 제외한 해당 과세기간의 종합소득금액이 2천만 원 이하인 경우에만 차감한다.

🏦 분리과세 주택임대소득에 대한 세액 계산 사례

예를 들어 3주택을 소유한 주택임대사업자 A가 2024년의 주택임대 수입금액이 월세 수입 1,200만 원, 간주임대료 800만 원이 있다고 가정했을 경우 주택임대 수입금액은 2,000만 원으로 분리과세를 선택할 수 있다. 이 경우 주택임대사업자 A가 지방자치단체에 임대사업을 등록한 경우와 등록하지 않은 경우로 나누어 분리과세세액을 산출하면 아래와 같다. 주택임대사업자 A는 주택임대소득 외 근로소득금액이 1,000만 원이 있다고 가정한다.

구 분	등록임대주택	미등록임대주택
수입금액	2,000만 원	2,000만 원
필요경비	1,200만 원 (=2,000만 원×60%)	1,000만 원 (=2,000만 원×50%)
공제금액	400만 원	200만 원
소득금액	400만 원	800만 원
세율	14%	14%
산출세액	56만 원	112만 원

주택임대소득에 대해서 분리과세가 유리할까? 종합과세가 유리할까?

주택임대소득을 제외한 다른 종합소득금액이 2천만 원 이하인 주택임대사업자가 주택임대소득에 대해서 분리과세를 선택한다면 지방자치단체 등록임대주택의 경우 주택임대 수입금액이 연간 1,000만 원 이하, 미등록임대주택의 경우 주택임대 수입금액이 연간 400만 원 이하이면 분리과세를 선택하는 경우 소득세 납부세액이 없게 된다.

반대로 지방자치단체 등록임대주택의 경우 주택임대 수입금액이 1,000만 원 초과 2,000만 원 이하이거나 지방자치단체 미등록임대주택의 경우 주택임대 수입금액이 400만 원 초과 2,000만 원 이하이면 분리과세 방법을 선택하게 되면 납부세액이 나오게 된다. 이 경우 주택임대사업과 관련된 실제 비용(수선비, 지급수수료, 이자비용 등)이 주택임대 수입금액보다 크다면 분리과세를 선택하는 것 보다 종합과세를 선택하여 간편장부 또는 복식부기로 신고하는 것이 절세하는 방법이다.

구 분	등록임대주택	미등록임대주택
수입금액	1,000만 원	400만 원
필요경비	600만 원(=1,000만 원 × 60%)	200만 원(=400만 원 × 50%)
공제금액	400만 원	200만 원
소득금액	0 원	0 원
세율	14%	14%
산출세액	0 원	0 원

주택임대소득에 대해서 종합과세하여 결손금이 발생한다면?

해당 과세기간에 주택임대업에서 발생한 수입금액(월세+간주임대료)보다 실제 발생한 비용(수선비, 지급수수료, 이자비용 등)이 커서 분리과세로 신고하지 않고 종합과세를 선택하여 간편장부 또는 복식부기 장부로 신고한다면 주택사업소득금액에서 결손금이 발생하게 된다.

주택임대사업소득금액의 결손금 공제

주택임대사업소득금액이 음수가 발생하여 결손금이 있는 경우에는 다른 종합소득금액에서 결손금을 통산할 수 있다. 주택 외 부동산 임대사업소득금액의 결손금은 다음 연도로 이월하여 주택 외 부동산 임대사업소득금액에서만 결손금을 공제할 수 있지만, 주택임대사업소득금액은 당기 발생 결손금으로 주택임대사업소득 외 사업소득금액에서 먼저 공제하고 남은 결손금은 다른 종합소득금액에서 공제한다.

구 분	주택 외 부동산임대업	주택 임대업
① 결손금	타소득에서 공제 불가	타소득에서 공제 가능
② 이월결손금	타소득에서 공제 불가	타소득에서 공제 가능

💰 주택임대사업소득금액의 결손금 공제 사례

　주택임대사업자 A가 2024년 주택임대 수입금액이 1,500만 원이고 수선비, 지급수수료, 이자비용의 실제 발생액이 2,500만 원이라고 가정하자. 그리고 근로소득금액이 5,000만 원이 있고 다른 소득은 없다고 가정하는 경우 종합과세를 선택하여 간편장부로 주택임대사업소득에 대해서 신고하는 경우 주택임대사업소득의 결손금은 1,000만 원(=1,500만 원-2,500만 원)이 된다.

　주택임대사업소득에서 발생한 결손금 1,000만 원은 A의 다른 종합소득금액인 근로소득금액 5,000만 원에서 공제할 수 있다. 결손금을 공제하고 난 후 A의 종합소득금액은 4,000만 원(근로소득금액 5,000만 원-주택임대사업소득 결손금 1,000만 원)이 되어 근로소득 연말정산 시 계산된 세액보다 줄어들게 되어 환급을 받을 수 있게 되는 것이다.

💰 간편장부 또는 복식부기 장부 신고 활용

　위에서 살펴보았듯이 주택임대소득이 2천만 원 이하인 경우 무턱대고 분리과세를 선택하여 신고하는 것 보다 납세자의 실제 주택관련비용이 주택임대소득보다 크다면 종합과세를 선택하여 간편장부 또는 복식부기 장부로 신고하는 것이 다른 종합소득금액에서 주택임대사업소득에서 발생한 결손금을 공제할 수 있어 훨씬 유리하게 될 수 있다.

tax
Q57 세금을 안내면 어떻게 될까?

"이 세상에서 세금과 죽음을 제외하고 확실한 것은 하나도 없다!" 미국 건국에 앞장선 벤저민 프랭클린의 말이다. 말하자면 죽음만큼 세금도 피할 수 없다는 것이다. 그런데 만약 대한민국에서 세금을 체납하면 어떤 일이 벌어질까?

일단 납세자가 내야 할 세금을 내지 않으면, 과세관청은 언제까지 세금을 납부하라고 납세고지서를 보낸다. 납세고지서상의 납부기한까지 세금을 납부하지 않은 상태를 '체납'이라고 하는데, 이때부터 일이 커지게 된다.

🏦 가산금 성격의 납부지연가산세 징수

체납이 발생하면 그 즉시 고지된 세금의 3% 상당액이 가산금 성격의 납부지연가산세로 추가된다. 즉, 100만 원이 고지되었는데 깜박하고 납부기한을 넘겼을 경우 다음 날 납부하더라도 103만 원을 내야 한다.

한편, 세금을 계속 내지 않으면 지연이자 성격의 납부지연가산세가 가산된다. 납부지연가산세란 납세자가 법정신고기한 이후 미납한 상태가 지속되면 미납 일수를 계산해 당초 납부할 세금의 1일 2.2/10,000(연 8.030%)를 가산하는 것을 말한다.

납세고지할 때 법정신고기한 익일부터 고지 전까지의 납부지연가산세를 가산하고, 체납이 발생하면 3%의 가산금 성격의 납부지연가산세를 추가하고, 이후 고지서상 납부기한의 익일부터 실제 납부일까지 지연이자 성격의 납부지연가산세까지 추가되는 것이다.

납세증명서 발급 제한

세금을 체납하면 단순히 가산금이 붙는 데서 끝나지 않는다. 체납자에게는 대출을 받거나 관급공사에 입찰할 때 제출해야 하는 납세증명서가 발급되지 않는다. 다만, 딱한 사정이 있어 세무서에서 징수를 유예받은 경우에는 "해당 유예액 외에는 체납액이 없다"라는 식으로 납세증명서가 발급된다.

관허사업의 제한

사업 관련 세금이 체납되면 관허사업도 사실상 유지하기가 어렵다. 세무서에서 사업의 주무관서에 허가 등을 제한하도록 요구하거나 허가 취소를 요구할 수 있기 때문이다.

🔘 신용불량 등록, 출국 금지, 인터넷 공개

만일 체납세액이 500만 원 이상이면 신용불량으로 등재될 수 있고, 체납세액이 5천만 원 이상이면 해외도피가 의심스러운 경우 출국 금지를 당할 수도 있다. 그리고 체납세액이 2억 원 이상이면 고액 상습 체납자로 인터넷에 공개되어 망신을 당하게 된다. 다만, 체납된 국세가 억울한 세금이어서 행정쟁송으로 국가와 송사를 벌이는 중일 때는 예외이다.

🔘 강제 징수 절차

과세관청에서는 체납 이후 독촉장을 보내고, 독촉 이후에도 납부하지 않으면 체납자의 재산을 조회해 압류한다. 그리고 이를 캠코, 즉 한국자산관리공사에 의뢰하여 공매한 뒤 과세관청을 비롯한 채권자들이 나누어 가지도록 한다.

🔘 미납국세의 열람

임차인이 전세를 얻을 때는 집주인이 체납자인지 또는 체납의 여지가 있는지 확인하는 것이 중요하다. 왜냐하면 집주인이 체납자라면 그 전셋집이 압류·공매되어 채권자들이 나누어 가질 때 후순위 채권으로 전세금을 떼일 염려가 있기 때문이다. 그래서 상가나 주택의 임대차계약을 하기 전에 임대인의 동의를 받아 임대인이 납부하지 않은 국세를 열람할 수 있는 제도가 운영되고 있다. 임차인은 임대인의 동의를 얻어 임차할 건물 소재지의 관할 세무서장에게 미납국세의 열람을 신청하면 된다.

다만, 2022년 말 세법개정으로 2023. 4. 1. 이후에는 임대인의 동의 없이 열람 가능한 예외를 신설하였다. 열람 기간은 임대차계약 전부터 임대차개시일까지이며, 임차보증금이 1천만 원을 초과하는 경우에는 임대인의 동의 없이도 열람 신청이 가능하다. 이 경우 열람 기관은 전국 세무서에서 가능하며 세무서장은 열람 내역을 임대인에게 통지하여야 한다.

ⓦ 고액·상습 체납자에 대한 감치 신청

고액·상습 체납자에 대한 제재의 실효성을 높이고자 과세관청(세관장)은 일정 요건을 모두 충족한 자*에 대해 30일의 범위 내에서 검사에게 감치 신청을 할 수 있다. 다만, 과세관청(세관장)은 감치 신청 전 체납자에게 소명 기회를 부여하고, 동일한 체납 사실로 인한 재차 감치 신청은 금지한다. 2020년 1월 1일 이후 체납하는 분부터 적용한다.

*① 국세(관세)를 3회 이상 체납, 체납 1년경과, 체납액 합계 1억 원 이상일 것
② 체납국세(관세) 납부 능력이 있음에도 불구하고 정당한 사유 없이 체납할 것
③ 국세(관세)정보공개심의위원회 의결로 감치 필요성이 인정될 것

tax

Q58 | 체납사업자는 재기할 수 있을까?

🏆 중소기업의 현황

2018년 기준 소상공인을 포함한 중소기업자는 약 660만 명에 달한다. 기획재정부가 2009년도에 발표한 자료에 따르면 중소기업의 평균수명은 11.4년이라 한다.

그런데 신설기업의 경우 창업해서 2년 뒤에도 생존하는 기업은 50%가 안 되고, 5년 이내에 폐업하는 비율은 76.4%나 된다는 통계도 있다. 즉, 통계적으로 볼 때 중소기업자의 5년 이상 생존 확률은 23.6%에 불과하다.[*]

*이종락 사회부장, '한국기업 비상구를 찾아라', (재)재기중소기업개발원

중소기업자의 생존 확률을 높이고 그들이 강하게 진화할 수 있도록 돕는 것이 세무전문가에게 주어진 미션이므로, 이런 통계를 볼 때마다 안타까운 마음이 든다. 특히 가까운 거리에서 중소상공인을 마주하는 세무대리인은 사업자의 창업에서 폐업에 이르기까지의 모든 과정을 직접 지켜보아야 하므로 안타까움이 더하다.

🐞 체납 세금의 소멸시효와 유의사항

그런데 폐업했던 사업자가 다시 재기하고 싶어도 체납 세금이 있으면 사업을 할 수 없다. 사업자등록 자체가 불가능하기 때문이다. 사업하다 진 채무는 개인회생 등을 통해 면제되거나 감액될 수 있는데, 세금은 그렇지 않다.

중소상공인이 폐업할 때 체납 세금과 일반 채무를 구분하지 않고 되는 대로 빚정리를 하다가 체납 세금이라는 꼬리표를 떼지 못하는 경우가 많다. 체납 세금은 통상 5년이 경과하면 납세의무가 소멸된다. 다만, 5억 원 이상의 국세는 10년이 경과해야 납세의무가 소멸된다.

납세자가 세금을 납부하지 않으면 과세관청에서 납세고지를 하고, 납세고지를 받고도 납부하지 않으면 독촉장을 보낸다. 만약 독촉장을 받고도 납부하지 않으면 과세관청은 사업자의 재산을 조회해 소액 통장과 심지어 보험까지 압류한다.

그런데 폐업으로 낙심해서 소액 압류에 신경을 쓰지 못하는 사이에 납세자는 체납 세금이 소멸하는 5년을 놓치게 된다. 왜냐하면 체납 세금이 소멸하는 5년이 시작되는 날은 압류가 해제되는 날이기 때문이다. 소액이라도 압류가 지속되는 경우에는 소멸시효가 아예 시작되지도 않는다. 그러니 세무서에 압류된 재산으로 세금을 받아갈 수 있도록 미리 조치해 두어야 한다. 그렇게 해서 압류가 없는 상태, 세무서의 추가적 행정 처분이 없는 상태로 5년(또는 10년)이 지나면 납세의무가 소멸된다.

체납사업자의 재기

세금이란 이론적으로 말하면 '국가나 지방자치단체가 재정수입을 조달할 목적으로 납세의무가 있는 개인 또는 법인에게 반대급부 없이 부과하는 채무'이다. 그런데 세금을 '국가라는 보호 안에서 경제 주체인 개인 또는 법인이 만든 부(富)를 파트너십으로 국가에 나누어주는 지분'으로 생각해보면 어떨까? 체납 세금을 이유로 영원히 재기 불능 상태로 만들기보다는 재기해서 성실히 세금을 납부할 수 있도록 지원해주는 것이 모두가 승리하는 길이 아닌가 생각해본다.

그런 측면에서 폐업한 영세자영업자의 재기를 지원하기 위해 영세개인사업자의 체납액 징수특례와 재기중소기업인의 체납액 등에 대한 과세특례를 조세특례제한법으로 운용하고 있는바 매우 바람직하다고 할 것이다.

부과권의 제척기간

한편, 앞에서 언급한 것처럼 체납된 세금은 압류가 없고 추가적 행정처분이 없는 상태로 5년(또는 10년)이 지나면 소멸한다. 그런데 아직 밝혀지지 않은 세금, 즉 납세자가 신고한 적도 없고 세무서에서 조사한 적도 없는 누락 세금은 언제까지 밝혀서 과세할 수 있을까?

과세관청이 세금을 부과(과세표준 및 세액을 확정)할 수 있는 시간은 법으로 정해져 있다. 이를 '부과시효' 또는 '부과권의 제척기간'이라 한다.

부과시효는 세금의 법정 신고기한 익일부터 다음의 기간이 지나면 만료되므로 그 이후에는 세금을 부과할 수 없다.

① 과소신고한 경우: 5년(역외거래의 경우 7년)
② 무신고한 경우: 7년(역외거래의 경우 10년)
③ 납세자가 부정 행위로 국세를 포탈하거나 환급·공제받은 경우: 10년(역외거래의 경우 15년)
④ 상속세·증여세의 경우: 15년(다만, 재산의 평가착오와 상속·증여 공제 착오는 10년, 고액 포탈은 포탈 사실을 인지한 날부터 1년 이내)

일반적인 국세의 경우에는 과소신고한 경우 5년, 무신고한 경우 7년, 부정행위를 한 경우에는 10년으로 만료기간을 정하고 있다. 예를 들어, 개인종합소득세 세무조사가 2024년 8월에 나왔다면 조사 대상은 원칙적으로 2019년 귀속분부터 2023년 귀속분 종합소득세의 신고 적정성 여부가 된다.

왜냐하면 2018년 귀속 종합소득세는 2019년 5월 31일까지가 법정신고기한이고, 2019년 6월 1일부터 5년이 되는 날인 2024년 5월 31일에 부과 시효가 만료되었기 때문이다.

tax
Q59 세금신고를 하지 않는다면
어떤 가산세가 부과될까?

🏦 세목별 신고 · 납부기한

창업하게 되면 법인사업자는 법인세, 개인사업자는 종합소득세, 부가가치세 과세사업을 영위하는 사업자는 부가가치세, 종업원 등을 고용하는 경우에는 근로소득 원천징수세금 등 여러 종류의 세금을 국가에 신고 · 납부해야 한다.

구 분	신고 · 납부기한	비 고
• 법인세	다음 연도 3월 31일	회계연도가 1.1~12.31인 경우
• 종합소득세	다음 연도 5월 31일	다만, 성실신고사업자는 6월 30일
• 부가가치세	예정신고 · 확정신고기간의 다음 달 25일	• 법인사업자는 4월 25일, 7월 25일, 10월 25일, 다음 연도 1월 25일 • 개인사업자는 7월 25일, 다음 연도 1월 25일
• 원천징수세금	지급일의 다음 달 10일	급여에 따른 근로소득세와 용역의 3.3%

🐞 무신고 가산세

창업하여 세무사 사무실에 기장(=장부작성)을 맡기면 세무대리인이 부가가치세, 원천징수세금, 소득세 및 법인세를 신고기한 내에 신고한다. 그런데 만약 직접 신고하려다가 신고기한이 지나면 무신고에 따른 가산세를 부담해야 한다. 무신고에 따른 가산세는 무신고 가산세와 납부지연 가산세가 있는데, 납부할 세액을 기준으로 다음의 가산세를 부담해야 한다.

구 분		가산세율	
		일반	부정행위
• 신고 관련 가산세	무신고 가산세	20%	40%(60%)
	과소신고 · 초과환급신고 가산세	10%	40%(60%)
• 납부 관련 가산세	납부지연 가산세	1일 0.022%	

즉, 납세의무자가 법정신고기한까지 국세의 과세표준 신고를 하지 아니한 경우에는 무신고 가산세를 부과하는데 일반적으로 무신고 납부세액에 20%의 가산세가 부과되지만, 부정행위로 무신고한 경우에는 40%(국제거래에서 발생한 부정행위의 경우 60%)의 가산세가 부과된다.

🐞 과소신고 · 초과환급신고 가산세

한편, 납세의무자가 법정신고기한까지 국세의 과세표준 신고는 하였으나, 납부할 세액을 신고하여야 할 세액보다 적게 신고하거나 환급받을 세액을 신고하여야 할 금액보다 많이 신고한 경우에는 과소신고 · 초과환급신고 가산세를 부과한다.

일반적으로 과소신고 납부세액에 10%의 가산세가 부과되지만 무신고 가산세와 마찬가지로 부정행위로 과소신고한 경우에는 40%(국제거래에서 발생한 부정행위의 경우 60%)의 가산세가 부과된다.

납부지연 가산세

신고 여부와는 별개로 납세의무자가 법정납부기한까지 국세 납부를 하지 아니하거나, 적게 납부하거나, 환급받아야 할 세액보다 많이 환급받은 경우에는 납부지연 가산세를 부과한다. 납부지연 가산세는 미납세액에 법정납부기한의 다음 날부터 실제 납부일까지의 기간(=미납기간)에 0.022%를 곱한 금액 상당액을 가산세로 부과한다.

또한 세무서로부터 받은 납세고지서상 납부기한까지 납부하지 아니한 경우에는 3%의 가산세를 추가로 부과한다. 예를 들어 개인사업자의 부가가치세 예정고지세액을 법정납부기한까지 납부하지 아니한 경우에는 미납부세액에 미납기간에 0.022%를 곱한 금액과 미납세액의 3%를 곱한 금액을 더하여 가산세로 부과하는 것이다.

원천징수 등 납부지연 가산세

원천징수의무자가 징수하여야 할 세액을 납부하지 아니하거나 과소납부한 경우에는 미납세액에 3%를 곱한 금액과 미납기간에 0.022%를 곱한 금액을 더한 금액을 가산세로 부과한다.

ⓦ 무신고 가산세의 감면사유

그러나 무신고한 경우라도 신고기한 경과 후 6개월 이내에 기한 후 신고를 하게 되면 무신고 가산세액의 일부를 다음과 같이 감면해 준다.

- 법정신고기한이 지난 후 1개월 이내: 무신고 가산세액의 50% 감면
- 법정신고기한이 지난 후 1개월 초과 3개월 이내: 무신고 가산세액의 30% 감면
- 법정신고기한이 지난 후 3개월 초과 6개월 이내: 무신고 가산세액의 20% 감면

ⓦ 과소신고 · 초과환급신고 가산세의 감면사유

한편 과세표준신고서를 법정신고기한까지 제출한 자가 법정신고기한이 지난 후 2년 이내에 수정신고한 경우에는 과소신고 · 초과환급신고 가산세를 다음과 같이 감면해 준다.

- 법정신고기한이 지난 후 1개월 이내: 해당 가산세액의 90% 감면
- 법정신고기한이 지난 후 1개월 초과 3개월 이내: 해당 가산세액의 75% 감면
- 법정신고기한이 지난 후 3개월 초과 6개월 이내: 해당 가산세액의 50% 감면
- 법정신고기한이 지난 후 6개월 초과 1년 이내: 해당 가산세액의 30% 감면
- 법정신고기한이 지난 후 1년 초과 1년 6개월 이내: 해당 가산세액의 20% 감면
- 법정신고기한이 지난 후 1년 6개월 초과 2년 이내: 해당 가산세액의 10% 감면

위에서 살펴본 바와 같이 납세의무자가 법정신고기한이 지난 후에 신고하거나 납부하는 경우에는 가산세가 부과된다. 절세하는 방법에는 여러 가지가 있겠지만 가장 기본적인 절세는 법정신고납부기한에 신고와 납부를 이행하는 것이라 하겠다.

내가 내지 않은 세금이 배우자나 자녀에게 승계될까?

체납 세금의 연대납세의무

세금을 체납한 사업자들은 자신이 내지 않은 세금이 배우자 또는 자녀에게 추징될 수 있는지 종종 묻곤 한다. 체납사업자가 배우자 또는 자녀와 동업을 했다면 동업한 사업장에서 발생한 세금은 공동사업자, 즉 본인과 배우자 또는 자녀가 연대하여 납세할 의무가 있다. 하지만 동업을 하지 않았다면 과세관청은 체납자의 세금을 배우자 또는 자녀에게 추징할 수는 없다.

납세의무의 승계

다만, 체납자가 세금을 내지 않고 사망한 경우라면 이야기가 좀 달라진다. 이는 '납세의무의 승계'라는 세법규정 때문이다. 이 규정에 따르면 법인 간에 합병을 하거나 자연인이 사망하게 되면 합병 후 법인이 합병 전 법인의 모든 납세의무를 무제한으로 승계하거나, 상속인이 사망한 자(피상속인)의 모든 납세의무를 승계하게 된다.

그렇기 때문에 본인이 세금을 내지 않고 사망하면 배우자 또는 자녀가 피상속인의 세금을 물어야 할 수 있다. 하지만 자연인의 사망으로 피상속인의 납세의무가 상속인에게 승계되려면 상속인이 상속으로 인해 얻은 재산이 있어야 한다. 이때 상속으로 얻은 재산이란, 상속재산에서 상속부채와 상속세를 공제하고 남은 것을 말한다.

한편, 민법상 상속에 있어서는 자산보다 부채가 많은 상태로 사망한 경우에 상속을 포기하거나 상속받은 자산의 범위에서만 부채를 갚는 한정상속을 신청하지 않으면 상속인인 배우자 또는 자녀에게 빚도 상속되므로 주의하여야 한다. 이를 상속의 단순승인이라고 한다.

하지만 세법상 납세의무의 승계는 다르다. 혹시 단순승인이 되더라도 상속인에게는 상속으로 인해 얻은 재산을 한도로 해서 피상속인의 납세의무가 승계된다. 즉, 받은 재산이 없다면 승계되는 세금도 없다는 뜻이다.

🆆 보험금과 상속포기

한편, 민법은 상속인이 상속포기를 하게 되면 당초부터 상속인이 아닌 것으로 본다. 그런데 이와 관련해서 재미있는 판례가 있다. 피상속인의 사망으로 상속인이 받게 되는 보험금은 비록 상속인이 상속포기를 하더라도 상속인이 받을 수 있다는 것이다. 그래서 보험금이 있고 피상속인의 빚도 있는 경우 상속포기를 하고 보험금만 챙기는 일이 있다. 이런 식으로 피상속인의 세금을 피하는 일을 막기 위해 보험금을 세법상 의제상속재산으로 보도록 규정하고 있으니 주의할 필요가 있다.

🌐 보험금과 납세의무의 승계

그렇다면 이때 피상속인이 체납한 세금에 대해 상속인은 납세의무를 승계할까? 이 경우 세법은 납세의무 승계를 피하면서 재산을 상속받기 위하여 피상속인이 상속인을 수익자로 하는 보험계약을 체결하고 상속인은 상속을 포기한 것으로 인정되는 경우로서 상속포기자가 피상속인의 사망으로 인하여 보험금을 받는 때에는 상속포기자를 상속인으로 보고, 보험금을 상속받은 재산으로 보아 납세의무 승계규정을 적용하도록 규정한다.

🌐 한정승인과 납세의무

반면, 상속과 관련해 억울한 사례도 있다. 상속받은 재산의 범위에서만 부채를 갚는 한정상속을 한 경우라도 상속받은 재산으로 부채를 갚는 과정에서 양도소득세가 발생하면 상속인이 이를 납부해야 한다.

이 경우 납세자는 "상속재산을 팔아서 빚을 갚았는데 왜 양도소득세를 내야 하느냐?"라고 반문할 수 있다. 즉, 납세의무 승계의 예를 들어 실제 상속받은 재산이 없으니 승계할 세금도 없다는 식으로 주장할 수 있다. 그러나 이 경우는 납세의무의 승계 조항이 적용될 수 없다. 왜냐하면 이 양도소득세는 피상속인의 세금이 아니라 상속인 자신의 세금이기 때문이다.

따라서 상속재산으로 빚을 갚고 한 푼도 남지 않을 것이 확실시 된다면, 추후 상속재산의 양도에 따른 양도소득세로 손해를 보느니 아예 상속을 포기하는 것이 바람직하다. 그렇게 해서 민법상으로도 면책을 받고 세법상으로도 문제의 싹을 제거하는 것이 좋다.

실수로 많이 낸 세금, 어떻게 돌려받을까?

🏦 과오납 세금의 개념

대부분의 국민은 세금에 대해 잘 알지 못하기 때문에 세금을 더 내거나 안 내도 될 세금을 잘못 내기도 한다. 이렇게 낸 세금을 '과오납(過誤納) 세금'이라 한다.

과세관청은 과오납 세금이나 세법상 환급할 세액이 있으면 즉시 환급금으로 결정해 30일(지방세는 지체 없이) 이내에 납세자에게 돌려주어야 한다. 이때 만약 체납 세금이 있다면 직권으로 상계하고 잔액이 있으면 돌려주게 된다.

🏦 과오납 세금과 경정청구

세법상 환급할 세액은 당초 환급해달라고 세무신고한 것이어서 바로 확정된다. 예컨대, 부가가치세를 신고할 때 매입세액이 매출세액보다 많으면 환급해달라고 신고한다.

그런데 과오납 세금은 과오납에 해당하는지 여부를 과세관청과 다투는 경우가 대부분이다. 예를 들어, 기본공제 대상자 가운데 장애인이 있어서 추가공제를 받을 수 있는 근로자가 연말정산 시 장애인증명서 등을 제출하지 않아 근로소득세를 과오납했다고 가정하자. 이 경우 납세자는 본인 또는 세무대리인을 통해 당초 소득공제신고 시 공제 누락이 있었으니 이를 입증할 장애인증명서를 첨부해 근로소득세를 돌려달라고 관할 세무서에 청구해야 한다. 이것이 확인되면 과오납 세금으로서 환급이 결정되는 것이다.

이렇게 잘못 낸 세금을 돌려달라고 하는 청구를 '경정청구'라고 한다. 현재는 과거 5년 전 과오납 세금까지 경정청구를 할 수 있다. 그런데 경정청구를 한다고 해서 무조건 받아주는 것은 아니다. 과세관청은 청구 내용을 심리하여 2개월 이내에 경정청구를 받아들일지 거부할지를 결정한다.

ⓦ 조세불복제도

만약 경정청구를 거부할 경우 거부처분일부터 90일 이내에 심사청구, 조세심판원 심판청구, 감사원 심사청구 가운데 하나를 선택해 과세관청의 행정 처분에 불복하는 청구를 할 수 있다. 심사청구나 심판청구는 이렇게 상급기관에 의뢰해 세금 구제를 받는 제도이다. 경정청구를 거부한 하급기관에 이의신청을 할 수도 있지만, 이미 거부를 결정한 만큼 별 효과는 없다. 따라서 상급기관에 불복청구를 해서 과오납 세금 여부를 다시 판단받게 된다.

이렇듯 경정청구는 당초 신고한 세금의 과오납을 다투는 것이기 때문에 경정청구 후에 불복청구에 들어가게 된다. 하지만 세무조사를 받아 추징된 억울한 세금이 있다면 경정청구 절차 없이 바로 이의신청, 심사청구 또는 심판청구를 하게 된다.

심사청구 또는 심판청구를 하면 해당 기관은 법률상으로 90일 이내에 불복을 받아줄지(인용 결정), 재조사하게 할지(재조사 결정), 불복을 거부할지(기각 결정), 아예 청구 요건이 맞지 않아 심리 자체를 하지 않을지(각하 결정) 결정해야 한다.

🦀 행정소송

만약 불복청구도 기각당하면 납세자는 기각 결정일부터 90일 이내에 행정소송에 들어갈 수 있다. 경정청구, 불복청구까지는 주로 세무사의 세무대리 영역이지만 행정소송에 들어가면 변호사가 소송대리를 해야 한다. 행정소송은 1심에서 종결되는 것이 아니라 국세청이 항소하면 2심 고등법원, 3심 대법원의 최종 결정이 있어야 끝난다.

경정청구 또는 불복청구의 경우에는 세무사 수수료는 있지만 인지대와 같은 소송 실비는 없는 반면, 행정소송에 들어가면 심급이 넘어갈 때마다 변호사 수수료는 물론 인지대와 같은 소송 실비까지 부담해야 한다. 그러므로 납세자에게 최선의 상황은 경정청구를 잘 준비해 과세관청 선에서 끝내는 것이고, 차선은 심사청구 또는 심판청구에서 인용 결정을 받아 끝내는 것이다. 행정소송에 들어가면 시간도 돈도 너무 부담되기 때문이다.

세법이 예정하지 않은 편법,
그 탈세의 유혹에 넘어가게 되면?

🐞 탈세의 유혹

회사가 성장해서 수익성이 좋아지면 대부분의 중소기업자는 그 이익에 따라 납부해야 할 사업소득세 또는 법인세에 부담을 느껴 세금을 줄이기 위한 방법을 모색하게 된다.

그런데 소기업은 중기업보다, 중기업은 중견기업보다 세제 혜택이 많기 때문에 회사 규모에 맞게 세법이 예정한 절세 방법(tax saving)을 찾아 적용하는 것이 최선이다.

만약 어느 세무대리인이 찾아와 세법이 예정하지 않은 절세 방법을 알려준다고 하면, 그는 십중팔구 세금탈루와 연결되어 구전(口錢)을 받으려는 사기꾼일 가능성이 높다.

세금은 '회사의 이익 극대화'라는 명제 아래 탄력적으로 조절될 수 있는 것이 아니다. 확정된 이익에 확정된 세금이 있을 뿐 확정된 이익에 임의로 조절될 수 있는 세금이란 없다.

💹 탈세의 기대 수익과 비용

그런데 어떤 중소기업자들은 탈세(tax evasion)나 조세 회피(tax avoidance)를 염두에 두고 세무조사 확률에 대해 묻곤 한다.

탈세를 할 경우 그 수익과 비용을 분석해보면, 탈세의 수익은 탈세액 자체이고 탈세의 비용은 본세(本稅)와 이에 추가되는 가산세, 탈세의 규모에 따라 부과되는 과태료, 벌금이나 징역형에 세무조사 받을 확률을 곱한 것이 된다. 언뜻 보면 탈세의 비용이 큰 것 같아도 세무조사 확률이 낮으면 중소기업자들은 탈세의 이익이 더 크다고 판단한다.

예를 들어, 1억 원(수익)을 탈세하려는데 세무조사로 걸리면 2억 원(총비용)을 내게 된다 해도, 만약 세무조사로 걸릴 확률이 30%(확률상의 비용 6천만 원)라면 탈세의 수익이 그 비용보다 크기 때문에 이익이라는 논리이다.

💹 세무조사의 무서움

현실적으로 대기업의 경우 4~5년에 한 번씩 정기 세무조사를 받게 되는 반면, 중소기업의 경우에는 연간 5천여 기업이 세무조사 대상으로 선정된다. 그러다 보니 상대적으로 낮은 세무조사 확률에 기대어 세무 리스크를 키우는 중소사업자가 적지 않다.

하지만 생각해보라. 정기 세무조사를 받는 대기업도 세무조사에서 각종 쟁점이 불거져 나와 거액의 세금을 추징당하는 일이 비일비재하다.

하물며 세무 관리를 적절히 하지 못한 중소기업이 세무조사를 받게 된다면 쟁점과 추징세액이 얼마나 크겠는가!

또한 중소기업은 세무조사를 받을 확률이 낮기는 하지만 거래처 또는 임직원의 투서, 금융정보분석원(FIU)의 의심 금융거래정보 등에 따라 일단 세무조사가 나오면, 동종 업계에 반면교사(反面敎師)로 삼을 수 있도록 온정주의(溫情主義)나 관용 없이 강력히 조사하는 것이 통례이다.

세무조사에 따른 세금 추징이 가장 무서운 이유는, 최소 5년에서 최대 15년치의 탈루 세금과 가산세 등이 한꺼번에 나오기 때문이다. 당장 세금을 납부할 현금이 없어 분할 납부를 약속하고 세무서로부터 징수유예나 체납처분유예를 받는다 해도 이는 중소기업이 감내하기 어려운 수준이다. 그래서 신용 악화, 경영 악화를 불러오기도 한다.

정확한 세무 관리의 필요성

사업이 소규모일 때 낮은 세무조사 확률에 기대어 설령 매출누락, 가공경비를 악용해 세무신고 소득금액을 임의적으로 조절한 적이 있더라도, 사업 규모가 커지면 달라져야 한다. 사업 규모가 커지고 존속 기간이 오래되면 세무조사 확률이 한층 높아지고 조직 성장에 따른 투명성도 요구되기 때문에 세무 관리를 정확하고 합리적으로 해야 한다.

특히 매출누락과 가공경비, 이와 연결된 가수금, 가지급금, 거짓 세금계산서, 역외탈세, 특수관계인을 통한 부당행위, 법인의 임원과 지배주주에 대한 과다경비는 기업의 존망과 직결될 수 있는 것으로, 절대 멀리하는 것이 상책이다.

주변에서 다른 사업자들이 괜찮다고 부추기며 세금 편법에 끌어들이려 해도 말려들어서는 안 된다. 다들 혼자 하자니 겁이 나서 그렇게 유혹하는 것인데, 여럿이 함께 탈세하다가는 오히려 더 큰일을 겪을 수 있다. 그것을 발견해 과세하는 세무공무원은 특별승진 대상임을 기억하자.

tax
Q63

타인이 내 명의로 사업을 하면 어떻게 될까?

🔰 타인 명의 사업의 위험성

체납자 또는 신용불량자가 되어 자기 명의로 사업자등록을 할 수 없게 되어 배우자, 직계가족, 친인척, 심지어 친구 명의로 사업하는 사람이 더러 있다. 타인 명의로 사업해야 하는 딱한 사정은 심정적으로 이해가 가지만 그로 인해 타인에게 주는 피해는 상상할 수 없을 만큼 심각하다.

일단 사업이 잘되어 실질사업자가 모든 세무 관계를 깔끔히 정리할 경우 언뜻 생각하기에 명의사업자에게는 큰 피해가 없어 보인다. 하지만 명의사업장의 세금 문제 외에 연금, 건강보험료, 타 소득과의 합산과세 문제는 좀처럼 깔끔하기가 어렵다.

🔰 명의대여자가 부담하는 패널티

명의를 빌려준 사람이 공무원연금 수급자라면 다른 소득금액의 신고에 따라 최대 50%의 연금이 감액될 수 있다. 또한 사업자의 건강보험료 정산이 다음 연도 6월경에 이루어지기 때문에 명의사업장이 연중에 폐업한 다면 다음 해에 건강보험료 폭탄을 맞을 수 있다.

만약 명의사업장의 폐업 이후 부실한 세금 문제가 불거지면 사업 전체 기간에 대해 추징된 세금을 명의사업자가 납부하게 된다. 게다가 거짓 세금계산서를 발급하거나 발급받은 사실이 발각될 경우에는 형사처벌도 받을 수 있다. 이런 사안들은 사업에 개입하지 않은 명의사업자로서는 알 길이 없다.

한편, 명의사업장의 사업이 잘되지 않아 세금 체납 등 문제가 생겨도 그 부담은 고스란히 명의사업자에게 돌아온다. 그뿐만 아니라 외상매입 금 등 거래처 부채를 정리하지 못하면 거래처로부터 독촉을 받게 되고 명의사업자의 재산에 압류가 들어오는 등 엄청난 피해가 발생한다.

🏦 국세기본법상 실질과세원칙

국세기본법에서는 과세 대상의 귀속이 명의일 뿐이고 사실상 귀속되는 자가 따로 있다면, 사실상 귀속자를 납세의무자로 하여 세법을 적용해야 한다고 규정하고 있다. 또한 "사업자 명의등록자와는 별도로 사실상의 사업자가 있는 경우에는 사실상의 사업자를 납세의무자로 본다."라는 유 권해석도 있다(기통 14-0…1).

문제는 단지 명의상 사업자라는 사실을 입증하기가 쉽지 않다는 것이 다. 사업을 하려고 하면 사업용 계좌를 만들어 국세청에 등록해야 하고, 이 계좌에서 발생한 자금의 입출금이 모두 명의인으로 되어 있다. 그렇기 때문에 국세청에서는 단순히 명의상 사업자라는 것을 쉽게 인정하지 않는다.

🏦 타인 명의 사업의 경우 조세범처벌법 규정

또한 명의사업자를 인정한다 해도 조세범처벌법은 "조세회피 또는 강제집행의 면탈을 목적으로 타인 명의로 사업자등록을 하거나 타인 명의 사업자등록을 이용한 자는 2년 이하의 징역 또는 2천만 원 이하의 벌금에 처한다."라고 규정하고 있다. 이와 함께 "그 명의를 빌려준 자도 1년 이하의 징역 또는 1천만 원 이하의 벌금에 처한다."라고 규정하고 있어 형사문제가 된다.

"부모·자식 사이에도 보증은 함부로 서지 말라"라는 말이 있다. 명의를 빌려주는 일은 사실상 보증이나 담보를 해주는 것과 다를 바 없다는 점을 명심하자.

tax

Q64

동업을 할 때는
어떻게 세금을 부담할까?

여러 명이 함께 사업하는 것을 '공동사업'이라고 한다. 이 경우 공동사업자의 사업자등록은 '대표공동사업자 ○○○외 ○○명'으로 하고 해당 구성원을 사업자등록증에 명시하게 되어 있다.

공동사업자 간 세금과 공과금의 부담

그런데 공동사업을 하면서 각종 세금과 공과금이 발생하면 공동사업자 간에 세금과 공과금을 부담하는 방법에 대해 궁금증이 생기기 마련이다. 이럴 때 대표공동사업자가 모든 책임을 질까, 아니면 공동사업자 간 손익분배비율이나 지분별로 나누어 책임을 질까? 답은 이렇다.

먼저, 공동사업에서 발생하는 세금 가운데 사업장이 과세관할인 부가가치세, 원천징수세액과 4대 보험료 등 각종 공과금은 공동사업장을 기준으로 신고·납부한다. 따라서 사업장 기준으로 납부하는 제세공과금을 체납하면 공동사업자 전원이 연대해서 체납액을 납부할 의무가 있다. 만약 사업장에 돈이 없으면 관할관청은 돈이 있는 공동사업 구성원에게 징수하고, 공동사업 구성원 간에 덜 내고 더 낸 금액은 민사적인 방법으로 정산한다.

ⓦ 공동사업자의 사업소득에 대한 종합소득세 과세 방법

그러나 공동사업에서 발생한 각 구성원의 사업소득에 대한 종합소득세는 이와 다르다. 동업을 하는 이유는 사업으로 얻은 이익을 손익분배비율이나 지분별로 나누기 위해서이다.

따라서 공동사업장을 기준으로 사업소득금액 총액을 구하고, 공동사업장 기준으로 계산된 사업소득금액(또는 결손금)을 각 구성원에게 손익분배비율이나 지분율에 따라 배분한다. 이렇게 배분된 사업소득금액을 기준으로 구성원 각자가 자신의 주소지 관할 세무서에 종합소득세를 신고·납부하면 된다. 따라서 공동사업자 가운데 누군가가 종합소득세를 체납한다 해도 그 체납 세금을 연대해서 납부할 의무는 없다.

다만, 공동사업 구성원이 친족 관계이고, 손익분배비율을 거짓으로 나누어 탈세한 경우에는 주된 공동사업자에게 합산과세하고 구성원에게 연대납세의무를 부과하는 제도가 있다. 하지만 이런 경우가 아니라면 공동사업에 있어 종합소득세 연대납세의무는 없다.

⚔ 공동사업과 관련한 이자비용의 세무상 처리 문제

그런데 공동사업장의 소득금액을 계산할 때 한 가지 주의할 점이 있다. 바로 '공동사업과 관련한 이자비용'의 세무상 처리 문제이다.

이자비용은 외부에서 자금을 빌렸을 때 발생한다. 즉, 공동사업자가 공동사업을 하려고 초기 출자금을 빌리는 경우, 또는 출자 이후 공동사업용 자산의 투자를 위해 공동사업장이 차입하는 경우가 이에 해당한다.

국세청에서는 출자를 위한 공동사업자의 차입금 이자는 공동사업의 세무상 경비가 아니라고 보는 반면, 공동사업을 위해 공동사업장이 차입한 차입금의 이자는 공동사업의 세무상 경비로 본다.

간혹 이런 내용을 잘 모르고 공동사업자가 초기 출자금을 모두 빌려서 거액의 부동산을 공동으로 매입하는 경우가 있다. 이 경우 그 차입금의 이자비용이 공동사업의 세무상 경비에 해당하는지 여부가 실무상 쟁점이 된다. 그러니 이런 문제로 골치 아프지 않으려면 아예 공동출자 약정 시 출자금을 적게 하고 공동사업장의 사업자등록 이후 공동사업용으로 차입하는 편이 낫다. 그래야 이자비용의 세무상 리스크를 줄일 수 있을 것이다.

세무공무원이 시키는 대로 세무신고를 해도 괜찮을까?

자진신고와 책임의 귀속

요즘은 홈택스에서 사업자의 사업소득세와 부가가치세 신고는 물론, 양도소득세와 상속세, 증여세 신고도 할 수 있다. 게다가 영세사업자의 사업소득세와 부가가치세 신고에 대해서는 관할 세무서에서 신고서 자기작성교실을 운영해 납세자 스스로 세무신고를 할 수 있도록 도와준다.

세무사 업계도 불필요한 납세협력 비용을 줄이려는 국세청의 노력을 높이 평가하고 무료 세무상담 등으로 협조하고 있다. 이때 납세자가 반드시 알아야 할 것이 있는데, 스스로 세무신고한 내용에 대한 책임은 본인에게 귀속된다는 사실이다.

🌐 세무공무원의 조언에 따른 신고

세무대리 비용을 절감하기 위해서 많은 사람이 관할 세무서를 직접 방문해 세무공무원의 조언에 따라 세무신고를 한다.

그런데 만약 세법을 잘 몰라 세무신고나 신청을 잘못하면 어떻게 될까? 예를 들어, 종합소득세를 신고할 때 세무장부를 작성한 바 없어 추계 방식으로 신고서를 작성했다고 하자. 이때 업종코드를 정확히 몰라 사실상의 업종과 다른 업종의 경비율을 적용했고, 이후 이 사실을 국세청이 적발한다면 어떻게 될까? 아쉽게도 본세와 가산세는 고스란히 납세자의 몫이 된다.

🌐 신의성실의 원칙과 공적 견해 표시에 대한 판례

간혹 이런 납세자들 가운데는 "세무공무원이 일러준 대로 업종코드를 확인했는데, 왜 세금을 물어야 하느냐?"라고 불만을 제기하는 사람들이 있다. 하지만 판례는 일관되게 "세무공무원의 신고 안내 행위는 행정서비스의 한 방법으로서 과세관청의 공적인 견해 표명이 아니다"라며 모든 책임을 납세자에게 지우고 있다(조심2008서0894 외 다수).

"세무서에 갔더니 세무공무원이 그렇게 일러주었는데 왜 신의를 지키지 않느냐?"라고 반박할 수도 있다. 세법과 판례는 '신의성실의 원칙'이라고 해서 과세관청의 공적(公的) 견해 표시가 있고, 납세자의 신뢰에 귀책사유가 없으며, 과세관청이 당초 견해 표시에 반하는 적법한 행정 처분을 해서 납세자가 경제적 불이익을 받았다면 과세관청이 비록 적법한 행정 처분을 했더라도 그 행정 처분은 취소될 수 있게 하고 있다. 하지만 "세무공무원의 행정서비스는 공적 견해 표시가 아니다"라는 것이 판례의 일관된 내용이다. 신의성실의 원칙에 적용되는 과세관청의 공적 견해 표시란, 행정예규나 행정집행 기준 같은 것을 뜻하기 때문이다.

다른 예를 들어보자. 세무서에 양도소득세 비과세 문의를 했더니 세무공무원이 비과세가 맞다고 확인해 주었다. 그런데 사실은 비과세 요건이 충족되지 않아 양도소득세를 추징당했다면 어떻게 될까? 그렇다고 해도 사실 관계를 정확히 제시하지 않은 납세자의 책임이 있으므로 세금을 물어야 한다고 판단하고 있다(감심 제72호 2007. 7. 12. 외 다수).

사업자등록을 할 때도 마찬가지이다. 부가가치세 일반과세자인데 사업자등록 신청을 할 때 잘 몰라서 부가가치세 면세사업자로 사업자등록을 했다고 해서 부가가치세 신고 · 납부 의무가 면책되는 것은 아니다. 이런 사실이 적발되어 수년간의 부가가치세를 한 번에 추징당하는 일도 있는데, 이때 역시 신의성실의 원칙이 적용되지 않아 납세자는 구제되지 못한다(대법원 2000. 2. 11. 선고, 98두2119).

⚙ 자진신고 시 유의사항

여기서 몇 가지 예를 드는 이유는 "그러니 반드시 세무사에게 대리를 맡겨 세무신고를 하라"는 말을 하기 위해서가 아니다. 스스로 세무신고를 하려면 적어도 세법을 알고 해야 한다는 뜻이다.

가끔 세무신고를 잘못 해놓고는 주변에서 누가 그렇게 하라고 했다는 둥, 아는 전문가가 그러더라는 둥, 공무원 친구가 말한 대로 했다는 둥 안타까운 변명을 늘어놓는 사람들이 있다.

세무사는 그렇게 하라고 하지 않는다. 세무사는 직접 신고하고 신고 내용이나 금액이 맞지 않으면 가산세를 물어준다. 왜냐하면 세무사는 세무신고에 대한 배상책임이 있기 때문이다.

tax
Q66 세무조사의 주된 이슈는 무엇일까?

🏦 세무조사의 개념

국세기본법에 따르면, 세무조사란 국세의 과세표준과 세액을 결정 또는 경정하기 위해 질문하거나 해당 장부나 서류 또는 그 밖의 물건을 검사·조사하거나 그 제출을 명하는 활동을 말한다.

일단, 세무서에서 무엇을 달라고 하고 확인을 요청하면 그게 바로 세무조사이다. 일이 더 커져서 세무조사팀이 방문조사를 나오면 통상 "세무조사 나왔다"라고 표현한다. 대기업의 경우는 정기 세무조사라고 해서 4~5년 간격으로 각 지방 국세청 세무조사팀에서 방문조사 또는 예치조사*를 나온다.

*사업장을 예고 없이 방문해 대표자의 승인하에 회사의 자료 일체를 수거하고 디지털 포렌식(digital forensic) 방식으로 컴퓨터 파일 및 메일서버 파일을 다운로드해 과세관청으로 가져가 조사하는 방식을 말한다.

🌝 세무조사 선정 사유

대기업의 경우, 세무 담당자가 세무조사에 익숙하고 정기 세무조사 전에 여러 방식으로 자기검증을 하기 때문에 뻔히 드러나는 탈세는 거의 없다. 그래서 세무조사팀이 조사 결정을 한 뒤에도 납세자가 불복청구하는 일이 많고 승소 확률도 꽤 높은 편이다.

이와는 달리 중소기업은 4~5년 간격으로 정기 세무조사를 받는 일이 거의 없다. 통계적으로 연간 약 5천여 중소기업이 세무조사를 받는다고 한다. 이렇게 세무조사를 받을 일이 거의 없는 중소기업이 세무조사 대상이 되는 것은 주로 다음 항목에 해당할 때이다.

① 탈루 혐의가 있는 업종 전반에 대한 세무조사
② 탈세 제보가 들어온 경우
③ 의심 금융거래가 통보된 경우
④ 기타 각종 소명 의뢰를 무시하거나 불성실하게 대처한 경우

🌝 세무조사의 주된 이슈

대기업이든 중소기업이든 세무조사에서 주된 이슈가 되는 조사항목이 있다. 바로 매출누락과 가공경비, 이와 연결된 가수금, 가지급금, 거짓 세금계산서, 역외탈세, 특수관계인을 통한 부당한 행위와 계산, 법인의 임원·지배주주에 대한 과다경비이다.

매출누락과 가공경비, 이와 연결된 가수금, 가지급금, 거짓 세금계산서는 주로 중소기업에서 문제가 된다. 중소기업은 세무조사 확률이 낮은 것을 악용해 종종 실물거래를 하고도 매출을 누락하거나 가공경비를 넣어서 세금을 탈루하는 일이 있기 때문이다.

🏵 매출누락

현금거래를 유도하면서 매출을 누락하는 것은 흔한 사례이며, 거짓 세금계산서(매입 자료)를 받아 가공경비를 계상하는 일도 있다. 거짓 세금계산서의 발행은 도소매업체와 같이 사업자와 소비자를 동시에 상대하는 업종에서 하는 경우가 많다. 일반 소비자에게 무자료로 물건을 판 금액만큼 매출 자료가 남기 때문에 거짓 세금계산서가 필요한 사업자에게 돈을 받고 불법적으로 발행해주는 것이다.

매출누락과 가공경비, 이와 연결된 가수금, 가지급금은 해당 거래의 결제가 법인통장으로 오갈 때 회사 장부에 흔적을 남긴다. 매출을 하고 매출대금이 법인통장으로 들어왔는데 매출을 누락하려니 매출 항목 대신 법인 대표자로부터 받은 돈(가수금)이라고 회계 처리한 후 대표자에게 인출해 주는 것이다.

보통예금 100/매출액 100 → 보통예금 100/가수금(대표자) 100

🏦 가공경비

가공경비는 어떻게 흔적이 남을까? 예를 들어 살펴보자. 거래처 갑(甲)과 거래처 을(乙)이 있는데, 갑이 을에게서 상품을 매입한다. 이때 거래처 갑이 경비를 부풀리기 위해 실제 매입(100)보다 더 많은 매입 자료(200)를 발행해달라고 거래처 을에게 요구한다. 하지만 결제는 실제 매입만큼 해주기 때문에 그 차액(100)이 거래처 을의 대표자 가지급금으로 남게 된다.

◢

보통예금 100/외상매출금 100 → 보통예금　　　　100 / 외상매출금 200
　　　　　　　　　　　　　　　　가지급금(대표자) 100 /

그런데 매출누락과 가공경비의 거래를 현금으로 하면 과세관청이 찾아내지 못할까? 찾기가 쉽지는 않지만 실물거래를 추적하거나 대표자 또는 특수관계인의 개인통장에서 그 흔적을 찾아내기도 한다. 금융기관은 이러한 의심거래내역을 금융정보분석원(FIU)에 통보하고, 세금 탈루와 관련되었을 경우에는 국세청으로 자료가 넘어가 세무조사 자료로 활용된다.

🏦 가공자산 또는 역외탈세

중소기업과는 달리 대기업에서는 매출누락과 가공경비, 이와 연결된 가수금, 가지급금, 거짓 세금계산서를 찾아보기가 쉽지 않다. 대기업은 회계감사를 받기도 하고 법인 대표자의 횡령이 사회적으로 큰 이슈가 되므로 눈에 드러나게 탈세를 저지르는 일은 별로 없다.

하지만 가공자산이나 역외탈세를 통해 비자금을 조성하는 일은 있다. 대기업은 부동산이나 공장, 기계설비 등 대규모의 자산투자를 하는 경우가 많고, 자산투자를 할 때는 여러 업체에 의뢰해 자산을 만든다. 그런 가운데 특정 업체를 경유해 자산을 부풀리고 그 대금을 빼돌려 비자금을 조성하는 경우가 있다. 이는 앞서 경비를 부풀린 거래처 갑의 행위와 같은 것이다.

그런가 하면 조세회피처 국가에 페이퍼컴퍼니(paper company)를 만들어 자신의 회사와 상거래를 한 것처럼 꾸민 뒤, 국내에서는 해외결제금액 상당액을 세무상 경비 처리해 탈세하고 해외결제금액은 빼돌려 개인이 착복하는 이른바 '역외탈세' 방식으로 비자금을 조성하는 경우도 있다.

하지만 빅데이터(bigdata) 시대에 탈세를 숨기기는 어렵다. 국가 간 공조로 해외금융계좌 정보가 교류되고 있어서 역외탈세와 연루되면 기업은 물론이고 개인까지 탈탈 털리는 시대가 도래한 것이다.

ⓦ 부당행위계산의 부인

이 밖에도 대기업은 사주(社主)들의 영향력이 지대해 저가 양도, 고가 양수 방식 등으로 기업과 사주 일가가 부당한 거래를 통해 사주에게 이익을 분여(分與)하는 경우가 있다. 이것을 부당행위계산이라고 하는데, 탈세를 동반한 불법적 비자금 형성과는 달리 사법상의 거래가 합법적이면 부당행위계산으로 누락된 세금만 추징한다. 이를 '부당행위계산의 부인'이라고 한다.

또한 대기업의 임원, 특히 지배주주에 대한 과다경비도 세무조사에서 이슈가 된다. 대기업의 임원들이 급여, 상여, 퇴직금을 부풀려서 가져가거나 사주 일가가 여비교통비, 교육훈련비 명목으로 법인에서 가져간 돈, 사외이사 명의로 부당하게 많은 급여를 가져간 사실을 찾아서 세무상 경비에서 부인해 세금을 추징한다.

₩ 기업업무추진비

세무조사 말미에는 기업업무추진비를 찾는데 시간을 할애한다. 어떤 비용으로 어떻게 회계처리를 했든 관계없이 거래상대방이 불분명한 지출항목을 찾아 그 비용이 개인 유용자금이면 상여 처리해 법인세와 소득세를 추징하며, 회사 사용자금이면 기업업무추진비로 보아 기업업무추진비 한도초과분의 법인세를 추징한다.

tax

Q67

FIU가 무엇이고,
돈거래는 어떻게 해야 할까?

🐷 FIU의 개념과 역할

돈은 쓰거나, 어디에 숨겨두거나, 땅에 묻지 않는 한 어떤 형태로든 은행으로 흘러들어가게 된다. 보통은 돈 주인의 통장에 예치하지만, 실제 소득이 밝혀지는 것을 꺼리는 사람들은 가족이나 지인의 이름을 빌려 은행에 예치하기도 한다.

그런데 2010년 이후부터는 금융기관을 통해 금융정보분석원(FIU, Financial Intelligence Unit)에 수집된 의심 금융거래 내역을 국세청에서 받아 탈루 세금을 추징하는데 사용하고 있다. 그렇기 때문에 세금을 내지 않은 자금의 세탁이 어렵게 되었다.

금융정보분석원(FIU)은 금융기관을 이용한 범죄자금의 자금 세탁행위와 외화의 불법유출을 방지하기 위하여 2001년 설립되었다. 금융거래를 이용한 자금세탁행위를 규제하고 외화의 불법유출을 방지함으로써 범죄행위 예방과 건전하고 투명한 금융거래질서 확립에 기여하고자 하는 목적이다.

현행 특정금융거래보고법에 따르면, 일정 금액 이상의 돈이 입출금 및 송금될 때 금융기관은 금융정보분석원(FIU)에 보고해야 한다. 즉, 금융기관은 금융거래 중 의심되는 거래 전부는 의심거래보고제도(STR, Suspicious Transaction Report)로, 하루 동안 1천만 원 이상의 현금이 입출금되는 고액 현금거래는 고액현금거래보고제도(CTR, Currency Transaction Report)에 따라 의무적으로 FIU에 보고해야 한다.

특히 고액현금거래보고제도는 2006년에 이 제도를 처음 도입하였는데 도입 당시는 보고기준금액을 5천만 원으로 하였으나, 2008년부터는 3천만 원, 2010년부터는 2천만 원, 2019년 7월부터는 1천만 원으로 단계적으로 인하하여 운영하고 있다.

그럼에도 불구하고 과거처럼 상속·증여세를 줄여보려고 자신의 계좌에서 하루에 수백만 원씩 수차례 출금해 자녀들에게 주는 사람들이 있다. 또 사업소득세를 줄이기 위해 매출 신고를 누락하고 받은 매출대금을 개인계좌로 입금받기도 한다. 그리고 자신이 하면 들킬까 봐 소득신고도 없는 사람의 차명계좌에 계속적으로 현금을 입금하는 행태도 여전하다.

조세회피처와 FIU의 주요 활동

하지만 모든 의심 금융거래는 FIU를 통해 수집되고, 수집된 금융거래 정보는 사법당국과 수사기관, 세무당국, 금융위원회 등에 제공된다는 것을 알아야 한다.

외화거래도 마찬가지이다. 2016년에 이어 2017년에도 국제탐사보도 언론인협회(ICIJ)는 대규모 조세회피처의 자료를 언론을 통해 공개한 바 있다.

연루자는 엘리자베스 영국여왕을 비롯해 대선 당시 트럼프 후보자에게 고액을 후원한 기업가들과 윌버 로스 상무장관, 쥐스탱 트뤼도 캐나다 총리의 측근 스티븐 브론프먼 등 각국 정치인 120여 명 및 가수나 배우 등 유명인과 다국적 기업 등이 대거 포함된 것으로 보인다.

대표적인 조세회피처(tax haven)인 버뮤다, 영국령 버진아일랜드, 케이만제도, 마셜제도, 세이셸 등에는 이렇듯 각국의 부호와 다국적 거대 기업 등의 페이퍼컴퍼니가 설립되어 있고, 이를 통해 조세회피와 재산은닉의 창구로 사용되어 왔다.

인터넷에 세이셸 등 조세회피처의 이름을 검색하면 홍콩의 페이퍼컴퍼니 설립 사무소를 통해 누구라도 손쉽게 해외가공회사의 주인이 될 수 있다. 그리고 그 가공회사의 이름으로 홍콩이나 싱가포르 등 외환거래에 제약이 없는 나라에 금융계좌개설도 가능하다.

그러나 의심 금융거래와 관련하여 우리나라는 미국, 일본, 영국, 중국 등 40여 개 나라와 금융정보를 교류하고 있다. 그 결과 위와 같은 조세회피처에 숨겨둔 외화비자금까지 찾아내는 세상이 되었다.

당시 국내 언론사가 자료를 분석해 보니 한국인도 2백여 명이 연루된 것으로 나타났다고 한다. 조세회피처에 90여 개 정도의 법인을 설립하였는데 여기에는 코스닥 상장기업, 공기업, 대기업 등도 포함된 것으로 보인다. 지중해 몰타, 버뮤다, 케이만제도와 세이셸 등지에 여러 개 또는 수십 개의 회사를 설립한 것으로 추측된다.

ⓦ 조사하면 다나와!!!(feat. FIU)

그러나 이러한 해외비자금은 너무나 큰 대가를 치르게 될 수 있다. 만약 해외비자금이 국제거래를 통한 탈세로 밝혀질 경우 15년 동안 추징할 수 있고, 신고불성실가산세만 본세의 60%에 이른다. 여기에 조세포탈죄, 해외금융계좌 신고의무위반 과태료, 외환거래 신고의무위반 과태료, 재산국외도피죄, 범죄수익은닉죄 등이 적용되면 그 처벌은 상상할 수 없을 만큼 무겁다.

2015년을 기준으로 지난 5년간 FIU가 국세청과 검찰 등에 넘긴 의심 금융거래 정보는 12만 건에 이른다. 그리고 국세청에서는 2014년을 기준으로 지난 5년간 1조 2천억 원의 세금을 추징하였다.

탈세를 하고 세무조사를 받을 확률이 얼마나 되느냐고 묻는 사람들에게 이렇게 말해주고 싶다. "이제는 돈에 꼬리표가 달려서 피할 길이 없습니다."

tax

Q68 현금매출을 누락해도 될까?

🕎 매출누락과 가공경비 계상의 위험성

사업자가 탈법적으로 세금을 줄이는 방법 가운데 가장 흔한 내용이 매출누락과 가공경비이다. 그런데 이런 매출누락과 가공경비가 적발되었을 때 개인사업자에게는 사업소득세, 부가가치세, 지방소득세가 추징되고, 법인사업자에게는 법인세, 부가가치세, 지방소득세와 아울러 매출누락이나 가공경비로 빼돌린 돈의 귀속자에게 소득세가 추징된다.

그뿐만 아니라 신고불성실가산세가 본세의 40%(부당과소신고가산세)만큼 가산되고, 조세범칙사건에 해당하는 경우에는 본세의 50%가 벌금으로 통고 처분되기 때문에 실제 사례에서 탈세의 대가는 실로 크다.

🕎 매출누락한 개인사업자

예를 들어, 개인사업자가 어느 사업연도에 5억 원을 매출누락 했다고 하자. 이 사업자의 소득세율이 40%라고 가정할 때, 납부지연에 따른 가산세를 제외하더라도 다음 표와 같이 매출누락액의 75.6%인 3억 8천만 원 상당의 세금이 추징된다. 게다가 벌금액(사업소득세 본세의 50%)까지 통고 처분되면 총부담액이 매출누락액에 육박하게 된다.

사업소득세 본세(매출액의 40%)	5억 원×40%	200,000,000원
부당과소신고가산세(본세의 40%)	(5억 원×40%)×40%	80,000,000원
지방소득세(사업소득세 등의 10%)	2억 8,000만 원×10%	28,000,000원
부가가치세 본세(매출액의 10%)	5억 원×10%	50,000,000원
부당과소신고가산세(본세의 40%)	(5억 원×10%)×40%	20,000,000원
추징세액(납부지연가산세 별도)	계	378,000,000원

🐿 매출누락한 법인사업자

법인사업자가 이와 같이 매출누락을 한 경우에는 세금 부담이 더 크다. 법인사업자의 법인세율이 20%라고 가정할 때 법인세, 부가가치세, 지방소득세 외에 대표자 상여에 따른 근로소득세가 있기 때문이다.

법인세 본세(매출액의 20%)	5억 원×20%	100,000,000원
부당과소신고가산세(본세의 40%)	(5억 원×20%)×40%	40,000,000원
근로소득세(매출액+부가가치세)×40%	5억 5,000만 원×40%	220,000,000원
지방소득세(법인세, 소득세 등의 10%)	3억 6,000만 원×10%	36,000,000원
부가가치세 본세(매출액의 10%)	5억 원×10%	50,000,000원
부당과소신고가산세(본세의 40%)	(5억 원×10%)×40%	20,000,000원
추징세액(납부지연가산세 별도)	계	466,000,000원

대표자 상여액을 계산할 때는 매출액과 부가가치세도 같이 빼돌렸다고 보아 5억 5천만 원에 대해 과세하는데, 대표자의 소득세율이 40%라고 가정할 때 납부지연에 따른 가산세를 제외하더라도 매출누락액의 93.2% 인 4억 6,600만 원 상당액이 추징된다. 거기에 벌금액(법인세 본세의 50%)까지 통고 처분되면 총부담액은 매출누락액을 넘어선다.

🏧 가공경비 계상의 위험성

매출누락뿐만 아니라 가공경비도 동일한 방식으로 세금 추징액이 발생 한다. 매출누락과 가공경비는 동전의 앞뒤 같기 때문이다. 만일 실재하 지 않는 가공경비 5억 원을 회사경비로 넣었다가 적발되면, 앞 사례에서 계산된 추징세액(납부지연가산세 별도)을 부담해야 한다.

이런 사실을 안다면 이토록 위험한 매출누락과 가공경비를 아무렇지도 않게 할 수 있을까?

세무대리인이 알고도 눈감아준다고 하자. 이것은 세금보증을 서주는 것이 아니라 적발되지 않기를 바라는 사행심을 나누는 것일 뿐이다. 과 세관청에 발각되면 그 대가는 실로 엄청나다. 사업자는 매출누락과 가공 경비에 따른 세금을 추징당하고 요주의대상이 되며, 세무사는 세무사법 위반에 따른 과태료를 내야 하는 것은 물론, 세무사 등록이 취소될 수도 있다.

🪙 현금 매출누락

이런 매출누락은 현금매출에서 발생하기가 쉽다. 세금계산서 매출이나 신용카드·현금영수증 매출은 국세청에서 확인할 수 있지만, 현금매출은 거래상대방을 확인하기가 어려워 매출한 사업자가 신고를 누락해도 과세관청에서 이를 적발하기가 쉽지 않기 때문이다.

그래서 국세청에서는 그에 대한 차선책으로 소비자 상대업종을 광범위하게 현금영수증 가맹업소로 지정하고, 그 가운데 현금영수증 의무발행 업종을 매년 추가로 고시하고 있다.

🪙 현금영수증 발행 의무

현금영수증 의무발행 업종은 소비자가 현금영수증 발급을 요구하지 않아도 거래금액이 10만 원 이상일 경우 거래일로부터 5일 이내에 국세청 지정번호인 010-000-1234로 현금영수증을 의무적으로 발급해야 한다.

🪙 현금영수증 미발행 시 패널티

만약 현금영수증 의무발행 업종 사업자가 현금영수증을 발급하지 않은 사실이 과세관청에 적발되면 매출누락에 따른 세금 추징은 물론, 거래금액의 20%가 가산세로 부과된다. 그런데 현금영수증 미발급 사실은 현금으로 결제한 사람이 알려주면 되는 것이기 때문에 과세관청에서는 현금영수증 미발급 사실을 신고한 사람에게 미발급 신고금액의 20%를 포상금으로 지급한다. 다만, '세(稅)파라치'가 생길 수 있다는 점을 감안해 포상금의 지급 한도는 거래 건당 25만 원, 연간 200만 원 한도로 하고 있다.

🅦 현금영수증 의무발행 업종

시행일	구 분	업 종
2010.4.1	30개 업종 신규 지정	변호사, 공인회계사, 세무사, 변리사, 건축사, 법무사, 심판변론인, 경영지도사, 기술지도사, 감정평가사, 손해사정인, 통관업, 기술사, 측량사업, 종합병원, 일반병원, 치과병원, 한방병원, 일반의원, 기타의원, 치과의원, 한의원, 수의사, 일반교습학원, 예술학원, 골프장, 장례식장 및 장의관련 서비스업, 예식장, 부동산자문 및 중개업
2010.7.1.	업종 추가	공인노무사, 일반유흥주점, 무도유흥주점, 산후조리원
2014.1.1.	업종 추가	관광숙박시설운영업, 운전학원, 시계·귀금속소매업, 피부미용업, 다이어트센터·기타미용관련 서비스업, 실내건축·건축 마무리공사업(도배들만 영위하는 경우 제외), 인물사진·비디오촬영업, 맞선주선·결혼상담업, 의류임대업, 포장이사운송업
2015.6.2.	업종 추가	자동차종합수리업, 자동차전문수리업, 자동차부품·내장품 판매업, 전세버스운송업
2016.7.1.	업종 추가	가구소매업, 전기용품·조명장치소매업, 의료용기구소매업, 페인트·유리·기타건설자재소매업, 안경소매업
2017.7.1.	업종 추가	출장음식서비스업, 중고자동차소매·중개업, 예술품및골동품소매업, 운동및경기용품소매업, 스포츠교육기관, 기타교육지원서비스업
2019.1.1.	업종 추가	손·발톱관리미용업등기타미용업, 악기소매업, 자전거및기타운송장비소매업, 골프연습장운영업
2020.1.1.	업종 추가	컴퓨터학원·기술및직업훈련학원·속기학원 등 그 외 교육기관, 의약품및의료용품소매업, 가전제품소매업, 묘지분양및관리업, 특수여객자동차운송업(장의차량 운영 및 임대)

시행일	구 분	업 종
2021.1.1.	업종 추가	기숙사 및 고시원운영업, 독서실운영업, 두발 미용업, 철물 및 난방용구 소매업, 신발소매업, 애완용 동물 및 관련용품 소매업, 의복 소매업, 컴퓨터 및 주변장치 · 소프트웨어 소매업, 통신기기 소매업, 전자상거래 소매업
2022.1.1	업종 추가	건강보조식품 소매업, 자동차 세차업, 벽지 · 마루덮개 및 장판류 소매업, 기계공구 소매업, 가방 및 기타 가죽제품 소매업, 중고가구 소매업, 사진기 및 사진용품 소매업, 모터사이클 수리업
2023.1.1.	업종 추가	행정사, 숙박공유업, 가정용 직물제품 소매업, 중고 가전제품 및 통신장비 소매업, 주방용품 및 가정용 유리 및 요업 제품 소매업(유리 제외), 게임용구와 인형 및 장난감 소매업, 모터사이클 및 부품 소매업(부품 한정), 운송장비용 주유소 운영업, 의복 및 기타가정용 직물제품 수리업, 가전제품 수리업, 시계와 귀금속 및 악기 수리업, 여자용 겉옷 제조업, 남자용 겉옷 제조업, 구두류 제조업, 가죽과 가방 및 신발수리업, 전자상거래 소매 중개업, 기타 통신판매업
2024.1.1.	업종 추가	백화점, 대형마트, 체인화편의점, 기타 대형 종합소매업, 서적, 신문 및 잡지류 소매업, 곡물, 곡분 및 가축사료 소매업, 육류 소매업, 자동차 중개업, 이사화물운송주선사업(포장이사 이외), 주차장 운영업, 여객 자동차 터미널 운영업, 통신장비 수리업, 보일러수리 등 기타 가정용품 수리업
2025.1.1.	업종 추가	여행사업, 기타 여행보조 및 서비스업, 수영장 운영업, 스쿼시장 등 기타 스포츠시설 운영업, 실외경기장 운영업, 실내경기 장 운영업, 종합스포츠시설 운영업, 볼링장 운영업, 스키장 운영업, 의복 액세서리 및 모조 장신구 소매업, 컴퓨터 및 주변기기 수리업, 앰블런스 서비스업, 애완동물 장묘 및 보호서비스업, 독서실운영업에 스터디카페 포함
2026.1.1.	업종 추가	기념품, 관광 민예품 및 장식용품 소매업, 사진 처리업, 낚시장 운영업, 기타 수상오락 서비스업

특수관계인을 통한
가공경비·과다경비·부당행위

tax
Q69

사업이 커지고 이익의 규모가 늘어나면 세금을 줄일 방법을 찾아보게 되는 것이 인지상정이다. 그 가운데 한 가지 아이디어가 가족이나 친인척을 이용해 이익을 나누는 것이다. 이익을 나누면 세금이 줄어드는 속성을 이용하겠다는 것인데, 이것이 가능한 것은 소득세가 누진세율 구조이기 때문이다.

🏦 특수관계인을 통한 가공경비와 과다경비

즉, 똑같은 이익이라도 1.5억 원이 1인에게 귀속되면 종합소득세 적용세율이 35%가 되는 반면, 각각 7.5천만 원씩 2인에게 귀속되면 24%, 각각 5천만 원씩 3인에게 귀속되면 15%가 된다. 이처럼 총부담세액은 이익을 나눌수록 적어진다. 이익을 나누는 방법 가운데 가장 손쉬운 방법은 가족이나 친인척을 회사에 고용해 인건비를 주는 것이다.

그런데 실제로 근무하지 않을 경우에는 가공경비로 보아 세무상 경비부인을 당하니 결과적으로 실효성이 없다. 그렇다면 실제로 근무를 시키

되 절세 효과를 극대화하기 위해 경비를 다른 사람보다 많이 지급하면 어떻게 될까? 이것도 좋은 방법은 아니다. 왜냐하면 세법과 판례는 정상적인 경비를 초과한 금액을 세무상 경비에서 부인하도록 규정하고 있기 때문이다.

🔅 특수관계인을 통한 부당행위

이익을 나누는 또 다른 방법은 가족이나 친인척에게 다른 회사를 만들게 하고 상거래를 통해 이익을 나누는 것이다. 이때 정상적 거래로 이익을 나누는 것이 아니라면 부당한 행위나 계산에 따르게 된다.

예를 들어, 아버지가 운영하는 제조회사가 이익이 많이 나서 아들에게 유통회사를 만들게 하고, 아버지의 제조회사 제품을 헐값에 아들의 유통회사에 파는 방식이다. 아버지의 제조회사 제품의 제조원가가 1천만 원이라고 하자. 도매가격은 2천만 원, 소매가격은 3천만 원인 이 제품을 제조원가인 1천만 원에 아들의 유통회사에 넘기면 어떻게 될까?

이 경우 아버지의 제조회사에는 이익이 없고, 아들의 유통회사는 제조원가가 1천만 원인 제품을 사들여 소매가격 3천만 원에 팔아 2천만 원의 매출이익을 얻게 된다. 제3자와 정상적으로 거래한다면 제조업자는 도매가격(2천만 원)과 제품원가(1천만 원)의 차액인 1천만 원의 이익을 얻고, 유통업자는 소매가격(3천만 원)과 도매가격(2천만 원)의 차액인 1천만 원의 이익을 가져가야 한다. 그런데 이 아버지와 아들 간의 거래에서는 제조업자인 아버지는 0원, 유통업자인 아들은 2천만 원의 이익을 남기는 거래를 한 것이다.

이러한 거래가 불법은 아니지만, 세법상으로는 아버지가 정상적인 이익 1천만 원을 얻은 것으로 보아 세금을 추징한다. 그 결과 정상적인 거래에서 얻는 총 이익 2천만 원에 대한 세금보다 더 많은 총 이익 3천만 원에 대한 세금이 추징된다. 왜냐하면 아버지는 이익이 없어도 1천만 원 이익이 있는 것으로 보아 세금을 추징당하고, 아들은 이미 2천만 원의 이익에 대한 세금을 냈기 때문이다. 이를 세무상 용어로 '부당행위계산 부인'이라고 한다.

부당행위계산 부인제도

부당행위계산 부인제도는 특수관계인 간의 부당한 행위·계산으로 조세 부담을 감소시키는 경우 조세 부담이 감소된 자에 대해 과세표준 및 세액을 시가에 따라 재계산해 세금을 추징하는 제도이다. 다만, 사법상 효력이 변경되는 것은 아니고, 세액추징 및 가산세 부담만 지운다. 그런데 부당행위계산 부인은 부당한 행위 또는 계산으로 이익을 줄여 세금을 탈루한 자를 규율하는 것일 뿐 이익을 받아 세금이 늘어난 자를 구제하지는 않는다.

부당행위계산 부인제도를 적용하지 않는 소득

다만, 부당행위계산 부인 규정을 특수관계인 간의 모든 거래에 적용하는 것은 아니다. 예를 들어, 회사 운영이 어려워져서 대표이사가 당분간 급여를 받지 않겠다고 한다면 어떻게 될까?

부당행위계산 부인 규정을 엄격히 적용한다면 대표이사와 회사는 특수관계이며, 대표이사가 급여를 받지 않아 근로소득세를 부당히 감소시켰으니 대표이사에게 당초 급여가 지급된 것으로 간주해 근로소득세를 부과할 수도 있다.

하지만 현행 세법은 사회통념을 고려해 개인의 이자소득, 배당소득, 근로소득, 연금소득, 퇴직소득에 대해서는 부당행위계산 부인 규정을 적용하지 않는다. 따라서 급여를 받지 않고 일하겠다는 대표이사에게 근로소득세를 추징할 일은 없다.

tax

Q70 법인에서 개인적으로 돈을 쓰고
경비 처리하면?

어떤 사업자가 법인세율이 소득세율보다 낮아서 법인으로 사업을 시작했다고 가정해보자. 법인사업으로 많은 소득도 얻고 법인세도 적게 냈으니 매우 만족스러웠을 것이다. 그런데 법인통장에 쌓인 돈을 사업주의 주머니로 가져가려니 생각이 복잡해진다.

왜냐하면 대표이사의 지위를 이용해 급여·상여로 가져가면 높은 세율의 근로소득세를 부담해야 할 것이고, 주주의 지위를 이용해 고액의 배당금을 가져가면 금융소득 종합과세(금융소득이 2천만 원을 초과할 때)로 배당소득세를 부담해야 할 것이기 때문이다.

그래서 복리후생비, 회의비, 기업업무추진비, 판매부대비용 등 각종 경비 명목으로 법인의 돈을 회사 업무가 아닌 개인 용도로 사용했다면 세금은 어떻게 될까?

🪙 법인세 추징과 소득처분

만일 이러한 사실을 과세관청이 알게 되면 일단 법인의 경비를 부인해 법인세를 과세하고, 법인의 소득이 외부로 유출된 것으로 보아 이 유출금액의 귀속자를 찾아 소득세를 과세한다. 이를 '소득처분'이라고 한다. 소득처분은 그 귀속자에 따라 임직원은 상여(근로소득), 주주는 배당(배당소득), 그 외의 자는 기타소득, 소득세 과세가 불필요한 경우에는 기타사외유출로 한다.

그런데 만일 세무사가 법인세를 신고할 때 이런 항목을 찾으면 "사장님, 복리후생비 항목을 살펴보니 사장님이 개인적으로 쇼핑하신 금품을 법인카드로 결제한 것이 있군요. 이것은 법인세법상 손비 부인하고 사장님의 상여금으로 처리하겠습니다."라고 말할 수 있을까?

물론 세법은 법인세 과세표준 신고 및 수정신고 시 납세자(세무대리인 포함)가 스스로 이를 확인하도록 하고 있지만, 현실적으로 이렇게 하기는 쉽지 않다. 따라서 대부분은 과세관청에 의해 발각되어 세무상 경비 부인(임의적인 임원상여)에 따른 법인세 추징과 임원상여 소득처분(인정상여) 통지를 받는 것이 보통이다.

그런데 만약 직원이 주말에 개인적으로 쇼핑한 물건을 법인카드로 결제하고 이를 회사가 승인한 뒤 복리후생비로 처리했다면 어떻게 될까? 이것은 임원상여가 아니라 직원에 대한 현물상여가 될 것이다. 단지, 회계처리를 직원 급여가 아니라 복리후생비로 처리한 것일 뿐이다. 이 경우에는 직원의 상여금으로 처리되어 근로소득세만 추징할 뿐 세무상 경비 부인해 법인세를 추징할 수 없다. 왜냐하면 직원의 상여금은 임원의 상여금처럼 세법상 손비의 제약(임원상여 지급규정)이 없기 때문이다.

🐤 귀속 불분명 시 소득처분

다만, 이와 같은 사례에서 실제로 누가 쇼핑을 했는지 분명히 밝히기는 쉽지 않다. 직원이 사장의 지시를 받고 사장을 위해 쇼핑을 했는지, 아니면 직원 자신을 위해 쇼핑을 했는지는 둘러대기 나름이기 때문이다. 이렇게 귀속자가 불분명한 경우에는 대표자에게 귀속된 것으로 보아 상여 처분한다.

대표자 상여인 만큼 법인세를 추징하고 임원상여에 따른 소득세도 추징한다. 다만, 대표자 상여에 따른 소득세를 회사가 대납해도 법인세법은 이를 문제 삼지 않도록 규정하고 있다.

다시 한번 정리해보자. 사외유출액이 대표자를 포함한 임원 귀속이면 법인세도 추징되고 임원상여금으로 인한 근로소득세도 징수한다. 임직원이 아닌 주주에게 귀속된 경우라면 배당으로 처리해 배당소득세를 징수하고(인정배당), 임직원이나 주주가 아니라면 기타소득으로 처리해 기타소득세를 징수한다(인정기타소득). 반면, 직원 귀속이면(현물급여로 보아) 법인세 추징은 면하고 직원 상여금으로 근로소득세만 징수한다.

🏦 소득처분의 사후관리

위와 같은 소득처분의 사후관리 절차에 대해 알아보자. 과세관청은 세무조사에 따라 밝혀진 과세 사실로 법인세를 추징할 때 납세고지서를 보내서 징수한다. 하지만 소득처분에 따른 근로소득세 등의 징수는 '소득금액 변동통지'라는 안내문을 보낸다. 이 소득금액 변동통지를 수령한 법인은 소득금액 변동통지서를 수령하고 다음 달 10일까지 귀속자의 근로소득세 등 원천징수세액을 납부해야 한다.

그리고 귀속자가 종합소득세 신고·납부를 별도로 하는 자일 경우에는 종합소득세 정산을 귀속자 스스로 해야 한다. 소득금액 변동통지서 수령일 다음다음 달 말일까지 소득처분 사항을 반영한 종합소득세를 정산해 추가로 신고·납부하면 애초부터 정상적으로 신고·납부한 것으로 간주한다.

예를 들어, 2020년 귀속 사업연도에 대표자가 1천만 원 상당의 상품권을 법인카드로 매입하고 개인적으로 유용하면서 이를 복리후생비로 처리한 사실이 세무서에 발각되었다고 가정하자. 일단 대표자는 이 상품권을 접대 목적으로 활용했다고 주장하고, 이를 입증할 수 있으면 기업업무추진비로 보아 법인세만 추징한다. 왜냐하면 기업업무추진비 사용액은 귀속자를 별도로 밝혀 과세하지 않기 때문이다(기타사외유출).

하지만 대표자가 접대 목적으로 사용했다는 것을 입증하지 못하고, 과세관청은 법인세를 추징함과 동시에 대표자 인정상여로 처리해서 법인에 소득금액 변동통지를 2024년 6월 20일에 했다고 하자. 이 경우 법인은 추징된 법인세(가산세 포함)를 납세고지서상 납부기한까지 납부한다. 그리고 2020년 귀속 대표자 연말정산 내역에 인정상여 1천만 원을 추가해 재정산한 뒤, 추가로 나온 근로소득세를 2024년 7월 10일까지 사업장 관할 세무서에 납부해야 한다. 이때 연말정산을 다시 정산한 것에 대한 가산세는 없다.

만일 대표자가 연말정산으로 납세의무가 종결되는 근로소득 외에 신고해야 할 다른 소득이 없다면 이것으로 모든 세무 관리는 종결된다. 반면, 근로소득 외에 다른 소득이 있다면 대표자는 2024년 8월 31일까지 소득처분 사항을 반영해 종합소득세를 정산해 추가 신고하고 자진 납부해야 한다.

법인에서 개인적으로
돈을 빌려쓰고 갚지 않으면?

💮 가지급금의 개념

법인에서 개인적으로 돈을 빌려쓰고 갚지 않은 것은 이른바 가지급금이라 한다. 가지급금(假支給金)이란, 쉽게 말하면 회삿돈을 임직원, 주로 대주주나 대표이사가 인출해 가면서 별도의 사용처를 밝히지 않고 회사로부터 빌려간 돈으로 처리해달라고 할 때 쓰는 계정과목이다.

회계 원리를 배울 때에는, 현금지급은 이루어졌으나 어디에 어떻게 쓰일지 몰라서 회계처리상 용도를 명시하지 않은 지출금을 회계처리할 때 가지급금이라는 계정과목을 사용한다고 배운다.

그러나 출장비 같이 먼저 현금지급이 이루어져 가지급금으로 회계처리한 후, 출장 이후 지출영수증을 가지고 오면 복리후생비, 여비교통비, 기업업무추진비 등으로 사후에 정식 회계과목으로 분류하는 경우도 있지만, 실무상 가지급금은 대주주와 임원 등 특수관계인이 용도 지정 없이 업무와 무관하게 빌려간 돈을 의미하는 경우가 대부분이다.

🪙 가지급금에 대한 세무상 제재

이렇듯 업무와 관련한 가지급금은 업무 종료 후 곧바로 해당 계정과목으로 처리되어 소멸되지만, 업무와 무관한 가지급금은 오랫동안 가지급금으로 남아있는 것이 보통이며, 주로 기업자금을 유용(流用)하는 수단으로 이용되기 때문에 세법상 여러 규정에 의해 규제된다.

하지만 세법상 규제 대상이 되는 업무무관 가지급금은 주식회사나 유한회사 등 법인 형태로 사업하는 경우로, 그 차입 상대방이 대주주 또는 임직원 등 특수관계에 있는 경우에 한한다. 반대로 해석하면, 개인사업자가 자신이 운영하는 사업장에서 인출하는 금전이나 법인사업자가 특수관계 없는 자에게 빌려주는 자금은 세법상 규제 대상 가지급금이 아니다.

세무상 규제 대상이 되는 경우에는 법인이 특수관계인에게 업무무관 가지급금을 대여했다면, 그 대여액에 대해 반드시 이자를 받을 것을 규정하고, 이자를 받지 않는 경우 특수관계인이 이자만큼의 소득을 얻은 것으로 간주하며, 게다가 대출금이 있는 법인이 업무무관 가지급금을 지급한 경우에는 해당 대출금의 이자비용을 세무상 경비에서 제외한다.

이와 같이 법인이 특수관계인에게 업무와 관련 없이 자금을 대여하면 (가지급금 발생 시) 받게 되는 세무상 규제에 대해 살펴보자.

🪙 가지급금 인정이자에 대한 법인세 증가

가지급금이 있는 법인은 약정에 의한 이자 또는 당좌대출이자율과 가중평균차입이자율 중 선택한 이율에 따라 계산한 인정이자 수익에 따라 법인세가 증가하게 된다.

🪙 소득처분에 의한 소득세 증가

법인이 특수관계인에게 금전을 무상 또는 낮은 이율로 대부한 경우, 다음과 같이 계산한 인정이자와 회사가 계상한 이자와의 차이를 익금산입하고 귀속자에 따라 소득처분 해야 한다. 따라서 소득처분에 따른 소득세가 증가하는 부담이 있다.

◢

인정이자=가지급금 등의 적수×이자율×1/365(윤년의 경우 1/366)

🪙 가지급금에 대응하는 지급이자 손금불산입

지급이자는 순자산 감소의 원인이 되는 손비 항목이나, 업무무관 자산 및 업무무관 가지급금에 대한 지급이자에 대해서는 손금불산입하고 기타사외유출 처분한다. 이는 법인이 대출을 받아 가지급금으로 사용하고서 대출이자를 비용 처리하는 행위를 규제하기 위함이다.

🪙 대손충당금 설정 채권 제외, 대손금 채권 제외

내국법인이 보유하고 있는 특수관계인에게 업무와 관련 없이 지급한 가지급금 등에 대해서는 대손충당금을 설정할 수 없고, 채무자의 무재산 등으로 회수할 수 없는 경우에도 이를 손금에 산입할 수 없으며, 그 처분 손실도 손금에 산입하지 않는다.

🪙 기업진단 및 신용평가 시 자산성 부인

기업진단 및 신용평가 등 기업자산 평가 시 특수관계인에 대한 가지급금 및 대여금은 부실자산으로 본다.

tax

Q72 가지급금을 없애는 방법과 실효성

　일반적으로 알려진 가지급금의 해소 방안은 대략 다음의 9가지 정도이다. 이하 각각의 방안에 대한 개념과 활용 가능성에 대해 알아보자.

　① 배당의 활용
　② CEO 급여소득의 극대화
　③ 퇴직금 정산 활용
　④ 자기주식 거래 활용
　⑤ 유상감자의 활용
　⑥ 직무발명 보상제도의 활용
　⑦ 개인 소유 산업재산권의 양도와 대여 활용
　⑧ 서화 등 개인 재산의 양도 활용
　⑨ 기업업무추진비 또는 전기오류수정손실 처리

 배당의 활용

　정기배당과 중간배당을 통해 주주의 안정적인 자금 확보가 가능해 배당을 통한 가지급금 상환 재원 마련은 괜찮은 아이디어가 된다. 다만, 배당을 통해 가지급금을 상환한다는 것은 배당소득세의 부담이 가지급금을 상여 등으로 변제하는 것보다 실효 세금이 더 낮아야 유효하기 때문에 배당으로 지급하는 금액은 종합소득세 실효세율이 배당소득 원천징수세율 15.4%를 크게 웃돌지 않는 수준에서 결정될 수밖에 없다는 한계가 있다.

따라서 과거에는 가족에게 주식을 일부 증여하고, 주식지분율과는 무관하게 소득이 없는 주주들에게 배당금을 더 많이 지급하는 이른바 '차등배당'의 형태로 법인의 잉여금을 인출하는 방식이 유효했다. 그러나 차등배당은 가지급금 상환 재원의 마련 수단이 되기보다는 증여세 부담 없이 배우자 및 자녀에게 부(富)를 이전하는 수단이라 볼 수 있었다.

그런데 2021년부터 차등배당 시 배당소득세와 아울러 증여세를 이중과세하는 것으로 세법이 개정되었다. 따라서 향후에는 차등배당을 통한 증여세 부담 없이 배우자 및 자녀에게 부(富)를 이전하는 방식은 거의 활용되지 못할 것으로 생각된다.

ⓦ CEO 급여소득의 극대화

CEO 급여소득을 높여 가지급금을 상환하는 것은 통상적인 방법으로 활용된다. 다만, 급여소득의 증가에 따른 근로소득세 및 건강보험료 부담 문제는 여전히 존재한다. 왜냐하면 고율의 누진세율을 부담하면서까지 당장의 CEO 급여소득을 극대화시키는 것은 현실성이 없고, 점증적으로 소득을 높이는 전통적인 방식이 현실적이어서 가지급금의 전부 또는 상당 부분을 상환하는 방법으로의 활용 가능성이 떨어지기 때문이다. 장기적으로 퇴직금을 증가시킬 수 있다고 보는 점도 (DC형 퇴직금을 제외하고) 퇴직 전 3개월의 평균임금에 근속연수를 곱하는 퇴직금 산정 방식에 의한다면 크게 유의미한 수단이 되지도 못한다.

🔄 퇴직금 정산 활용

2015년까지는 임원의 연봉제 전환으로 인한 중간정산이 가능했으므로, 임원의 퇴직금 중간정산을 통해 가지급금을 상환할 수 있었다. 그러나 임원 퇴직금 중간정산은 2015년 말로 종결되어 현재에는 장기요양, 주택 구입 등 정당한 중간정산 사유가 있는 경우와 현실적 퇴직이 발생하는 경우 외에는 퇴직금 중간정산을 통한 가지급금의 상환은 어렵다.

그럼에도 불구하고 퇴직금 정산을 통해 가지급금 상환 재원을 마련할 수 있다고 보는 것은 법정퇴사 후 고문으로 취임하는 등 편법을 고려하는 것으로 예상된다. 다만, 국심 2005서3309, 2005. 12. 27.에 의하면 세법상 "법인의 임원이라 함은 직책 및 명칭 여하에 불구하고 사실상 임원의 직무에 종사하는 자"를 의미하기 때문에 법정퇴사 후 재차 법인의 사실상 임원이 되는 경우는 현실적인 퇴직이 아니라 할 것이므로 편법은 무의미하다고 판단된다.

🔄 자기주식 거래 활용

상법의 개정에 따라 2012년 4월 15일부터 비상장법인도 (특정 사유 없이) 자기주식의 취득이 가능해짐으로써 법인이 이를 활용할 수 있는 범위가 확대되었다. 다만, 최대주주가 법인에 자기주식을 양도함으로써 그 양도대금으로 가지급금을 상환할 수 있는 것으로 활용되기에는 두 가지 측면에서 무리가 있다.

첫 번째는 자기주식의 양도에 따른 주식양도소득세율이 종전 10%에서 20~25%로 높아졌기 때문이다. 상당한 양도소득세를 부담하여야 하기 때문에 가지급금 상환의 마지막 수단 정도로 여겨진다.

게다가 현행 세법의 해석과 판례에 의하면 자기주식의 취득이 주식소각 외에 경영권 분쟁 방지 또는 외부투자 유치 등 합리적인 사유에 의한 것이라면 과세관청은 동 자기주식의 양도거래에 대해 큰 문제를 삼지 않지만(법규법인2013-171, 2013. 8. 1.), 만일 자기주식거래가 법인 보유 자금을 자기주식거래를 가장해 대표자가 인출하는 방식으로 활용하는 경우에는 이를 실질상 업무무관 가지급금 거래로 보기 때문이다(조심 2016 서1700, 2016. 7. 7.).

한편, 자기주식의 소각으로 가지급금을 상환하는 재원을 마련하는 아이디어도 있는데, 소각대가가 주식취득가액보다 크면 이는 이른바 주식 소각에 따른 의제배당 세금 문제에 직면한다. 따라서 주주가 보유주식을 바로 소각하지 아니하고 배우자 또는 자녀에게 증여하고 소각하는 방식을 취하기도 하는데, 이는 배우자 또는 자녀에게 법인의 부(富)를 이전하는 방식일 수는 있지만 본인의 가지급금을 상환하는 수단이 될 수는 없다.

자칫 배우자 또는 자녀에는 주식을 증여한 후, 바로 소각하고 그 소각대가를 다시 본인이 취하는 경우 이 모든 거래를 부인당하고 본인이 본인

주식을 소각한 것으로 간주하여 배당소득세가 크게 발생할 수 있으니 유의하여야 한다.

🐹 유상감자의 활용

보유주식의 유상감자를 통해 가지급금 상환 재원을 마련할 수도 있다. 다만, 감자한 주주의 주식취득가액과 유상감자의 대가와의 차액에 대해 (의제)배당소득으로 보아 과세한다. 따라서 보유주식의 취득가액이 높고 취득가액과 감자대가의 차액이 적어서 감자 시 의제배당소득으로 납부해야 할 배당소득세가 낮은 경우에만 유상감자를 통해 개인자금을 확보할 수 있다.

그러나 당초 납입자본금이 적고 주식취득가액이 낮은 대다수의 중소기업에서는 조세 부담 없는 유상감자를 통한 자금 확보는 그다지 실효성이 없는 수단이라고 생각된다.

🐹 직무발명 보상제도의 활용

직무발명 보상제도란 발명진흥법에 따라 종업원 등이 직무발명에 대한 특허권 등을 계약이나 근무 규정에 따라 사용자 등에게 승계하거나 전용실시권으로 설정한 경우 정당한 보상금을 받을 권리를 말한다. 세법은 회사가 직원에게 지급하는 직무발명보상금에 대해 손비 처리가 됨과 아울러 연구 · 인력개발비 세액공제 대상으로 규정하고 있으며, 종업원 등이 받는 직무발명보상금은 종전 소득세 비과세 대상이었다.

따라서 기업의 임직원이 직무발명 보상제도에 의해 개발한 특허 등에 대해 법인이 직무발명보상금을 지급하고 이를 소유 또는 사용하게 하면 임직원의 보상액에 대해서는 종합소득세를 비과세하고, 법인은 연구 및 인력개발비 세액공제를 받을 수 있기 때문에 고액의 직무발명보상금을 설정해 세금 없이 임직원의 가지급금 변제 수단으로 활용하기도 했다.

그러나 이러한 직무발명보상금이 절세 수단 내지 가지급금 변제 수단으로 활용되려면 상당한 금액의 평가를 수반해야 하고, 2024년부터 직무발명보상금을 연 700만 원까지 비과세하므로 활용가능성이 매우 낮아져 전문연구기관 외 일반 기업이 직무발명보상금을 가지급금의 상환 수단으로 활용하는 것은 매우 어려울 것으로 사료된다.

🐜 개인 소유 산업재산권의 양도와 대여 활용

임원 개인 소유의 산업재산권을 법인에게 양도 혹은 대여함으로써 그 매매대금이나 사용대금으로 임원의 자금 확보가 가능하다. 특히 개인의 산업재산권 양도에 대해서는 기타소득세로 과세하고 그 양도대금의 60%를 필요경비로 공제하는 규정을 적용받을 수 있으므로 절세가 가능하며, 법인은 산업재산권을 양수 혹은 임차함으로써 감가상각비 또는 사용료 명목으로 비용 처리가 된다는 장점이 있다.

다만, 이러한 산업재산권의 양수·양도가 절세 수단 내지 가지급금 변제 수단으로 활용되려면 상당한 금액의 평가를 수반해야 한다. 현행 세법체계에 의하면 상속세 및 증여세법상 평가 원칙에 따라 감정평가업자의 평가를 통해 무체재산권의 시가를 확정할 수 있다. 감정평가에 관한 규칙 제23조(무형자산의 감정평가)에 따르면 감정평가업자는 영업권, 특허권, 실용신안권, 디자인권, 상표권, 저작권, 전용측선이용권, 그 밖의 무형자산을 감정평가할 때에 수익환원법을 적용해야 한다고 규정하면서, 감정평가 실무 기준(국토교통부 고시)에서는 수익환원법으로 감정평가하는 것이 곤란하거나 적절하지 않은 경우에는 거래사례 비교법이나 원가법으로 감정평가할 수 있다고 규정하고 있다.

한편, 법인이 대주주가 보유한 산업재산권을 양수할 특별한 사정이 없는 경우에 이러한 산업재산권의 거래가 자칫 횡령의 문제로 붉어질 수 있다는 점에 유의하여야 한다.

ⓦ 서화 등 개인 재산의 양도 활용

보험, 차량, 수익형 부동산, 각종 회원권, 서화, 골동품 등 임원 명의의 재산이 있는 경우로서 환금성이 높지 않은 경우에는 시가 감정을 통해 법인에 유상 양도해 자금을 확보할 수 있다. 특히 보험, 차량, 수익형 부동산, 각종 회원권, 서화, 골동품 등 임원 명의의 재산이 있는 경우 시가 감정을 통해 법인에 유상 양도하면 자금도 확보하면서 계속적으로 사용 수익을 유지할 수 있어 큰 장점이 된다. 다만, 법인에 고가로 양도할수록 개인의 양도소득세 부담이 커지는 경우가 발생할 수 있다.

ⓦ 기업업무추진비 또는 전기오류수정손실 처리

가지급금 발생 원인이 대표이사 또는 대주주가 가지급한 것이 아니라, 무수익 자산이나 부외 비용에서 발생한 경우에는 기업업무추진비(손금불산입) 또는 전기오류수정손실(손금불산입)로 처리하여 부당한 가지급금의 피해에서 벗어나는 방법도 있다. 다만, 무수익 자산의 매입 경위 또는 부외 비용의 발생 경위가 문제될 수 있다.

ⓦ 가지급금 죽이기

앞서 제시한 여러 가지 대안 중에서 기업의 현실과 맞물려 실무상으로 활용될 방안이 있다면 합법적이고 합리적인 방법에 따라 주체적으로 업무를 수행하기 바란다.

세무사 장 보 원

[학력]
- 서울시립대학교 세무학과 졸업
- 서울시립대학교 세무전문대학원 석사 졸업
- 서울시립대학교 세무전문대학원 박사 졸업(세무학 박사)

[경력]
- (현) 장보원세무회계사무소 대표
- (현) 한국세무사고시회 회장
- (현) 한국지방세협회 부회장
- (현) 법원행정처 전문위원
- (현) 한국지방세연구원 쟁송사무 자문위원
- (현) 중소기업중앙회 본부 세무자문위원
- (현) 삼일아이닷컴 자문위원
- (현) 서울시 마을세무사
- (현) 행정안전부 및 한국지방세연구원 직무교육강사
- (전) 서울시 지방세심의위원
- (전) 국세심사위원
- (전) 우리경영아카데미 세법강사 및 온라인직무강사
- (전) 서울지방세무사회 홍보위원장
- 한국세무사회장 공로상 수상
- 조세학술상 수상
- 행정안전부장관상 수상
- 국회사회공헌대상 수상(국회)

[저서·논문]
- 취득세 실무와 중과세 해설(삼일인포마인)
- 주요 부담금의 쟁점과 해설(삼일인포마인)
- 재개발, 재건축 권리와 세금 뽀개기(삼일인포마인)
- 양도 · 상속 · 증여 · 금융 절세의 기초와 노하우(삼일인포마인)
- 창업 · 법인 · 개인사업자 절세의 기초와 노하우(삼일인포마인)
- 가지급금 죽이기(삼일인포마인)
- 국외로 빼돌린 검은돈 이야기, 역외탈세(삼일인포마인)
- 부동산개발관련 부담금의 문제점과 개선방안(박사학위논문)

세무사 **조 현 우**

[학력]
• 서울시립대학교 세무학과 졸업

[경력]
• (현) S&J 세무회계 대표
• (현) 한국지방세협회 평생회원
• (현) 한국지방세제도연구위원회 위원
• (현) 서일대학교 세무회계학과 교수
• (전) 서울시 마을세무사
• (전) 명지전문대 세무회계학과 소득세법 강사
• (전) 한국주택금융공사 은퇴금융아카데미 절세 컨설팅 강의
• (전) 국세공무원 회계실무 강의

[저서·논문]
• 창업 · 법인 · 개인사업자 절세의 기초와 노하우(삼일인포마인)